汉语修辞教学设计与策划

孟建安 ◎ 编著

HANYU XIUCI JIAOXUE
SHEJI YU CEHUA

中山大学出版社

·广州·

版权所有 翻印必究

图书在版编目（CIP）数据

汉语修辞教学设计与策划／孟建安编著．—广州：中山大学出版社，2021.5
ISBN 978-7-306-07168-2

Ⅰ．①汉⋯　Ⅱ．①孟⋯　Ⅲ．①汉语—修辞—对外汉语教学—教学研究
Ⅳ．①H195.3

中国版本图书馆 CIP 数据核字（2021）第 051988 号

出 版 人：	王天琪
策划编辑：	嵇春霞
责任编辑：	罗梓鸿
封面设计：	曾　斌
责任校对：	陈晓阳
责任技编：	何雅涛
出版发行：	中山大学出版社
电　　话：	编辑部 020-84110771，84113349，84111997，84110779
	发行部 020-84111998，84111981，84111160
地　　址：	广州市新港西路 135 号
邮　　编：	510275　传　真：020-84036565
网　　址：	http://www.zsup.com.cn　E-mail：zdcbs@mail.sysu.edu.cn
印 刷 者：	广东虎彩云印刷有限公司
规　　格：	787mm×1092mm　1/16　18.25 印张　461 千字
版次印次：	2021 年 5 月第 1 版　2021 年 5 月第 1 次印刷
定　　价：	56.00 元

如发现本书因印装质量影响阅读，请与出版社发行部联系调换

目　录

引　言 ·· (1)
　　一、编著本书的背景 ··· (1)
　　二、编著本书的目的 ··· (2)
　　三、几个概念的理解 ··· (2)
　　四、教学目标的设定 ··· (3)
　　五、教学内容的取舍 ··· (6)

第一章　汉语修辞教学机制 ·· (8)
第一节　汉语修辞教学理念 ·· (8)
　　一、以实践应用为导向 ··· (8)
　　二、以能力培养为根本 ··· (9)
第二节　汉语修辞教学原则 ·· (10)
　　一、学教结合原则 ·· (10)
　　二、讲练结合原则 ·· (11)
　　三、内外结合原则 ·· (12)
第三节　汉语修辞教学策略 ·· (13)
　　一、语体先行策略 ·· (13)
　　二、语境参照策略 ·· (14)
　　三、文化渗透策略 ·· (15)
　　四、教法互补策略 ·· (17)
第四节　汉语修辞教学模式 ·· (18)
　　一、课堂讲授环节 ·· (18)
　　二、综合分析环节 ·· (19)
　　三、模拟训练环节 ·· (21)
　　四、拓展实践环节 ·· (22)
　　五、反馈检测环节 ·· (23)
　　【思考与练习】 ··· (24)

第二章 修辞原则教学实验 (25)
第一节 修辞原则教学内容取舍 (25)
　　一、什么是修辞原则 (25)
　　二、修辞原则要求 (26)
　　三、修辞原则践行 (29)
第二节 修辞原则课堂教学设计 (30)
　　一、修辞原则课堂讲授构想 (30)
　　二、修辞原则综合分析拟议 (37)
　　三、修辞原则模拟训练设想 (40)
第三节 修辞原则拓展实践策划 (42)
　　一、修辞原则拓展实践要求 (42)
　　二、修辞原则实践策划路径 (43)
　　三、修辞原则实践策划示例 (43)
【思考与练习】 (44)

第三章 语体修辞教学实验 (46)
第一节 语体修辞教学内容取舍 (46)
　　一、语体及其分类 (46)
　　二、分体修辞特征 (47)
　　三、语体创新应用 (48)
第二节 语体修辞课堂教学设计 (49)
　　一、语体修辞课堂讲授构想 (49)
　　二、语体修辞综合分析拟议 (56)
　　三、语体修辞模拟训练设想 (60)
第三节 语体修辞拓展实践策划 (63)
　　一、语体修辞拓展实践要求 (63)
　　二、语体修辞实践策划路径 (63)
　　三、语体修辞实践策划示例 (64)
【思考与练习】 (65)

第四章 语境修辞教学实验 (67)
第一节 语境修辞教学内容取舍 (67)
　　一、语境及其构成 (67)
　　二、语言环境类型 (68)
　　三、语境修辞效应 (68)

第二节　语境修辞课堂教学设计 …………………………………… (69)
　　　　一、语境修辞课堂讲授构想 ………………………………… (69)
　　　　二、语境修辞综合分析拟议 ………………………………… (74)
　　　　三、语境修辞模拟训练设想 ………………………………… (78)
　　第三节　语境修辞拓展实践策划 …………………………………… (80)
　　　　一、语境修辞拓展实践要求 ………………………………… (81)
　　　　二、语境修辞实践策划路径 ………………………………… (81)
　　　　三、语境修辞实践策划示例 ………………………………… (81)
　【思考与练习】 ……………………………………………………… (82)

第五章　语音修辞教学实验 ……………………………………………… (84)
　　第一节　语音修辞教学内容取舍 …………………………………… (84)
　　　　一、语音修辞内涵 …………………………………………… (84)
　　　　二、语音修辞手段 …………………………………………… (84)
　　　　三、语音修辞要求 …………………………………………… (86)
　　第二节　语音修辞课堂教学设计 …………………………………… (86)
　　　　一、语音修辞课堂讲授构想 ………………………………… (86)
　　　　二、语音修辞综合分析拟议 ………………………………… (90)
　　　　三、语音修辞模拟训练设想 ………………………………… (93)
　　第三节　语音修辞拓展实践策划 …………………………………… (95)
　　　　一、语音修辞拓展实践要求 ………………………………… (95)
　　　　二、语音修辞实践策划路径 ………………………………… (96)
　　　　二、语音修辞实践策划示例 ………………………………… (96)
　【思考与练习】 ……………………………………………………… (97)

第六章　词语修辞教学实验 ……………………………………………… (99)
　　第一节　词语修辞教学内容取舍 …………………………………… (99)
　　　　一、词语修辞内涵 …………………………………………… (99)
　　　　二、词语修辞功能 …………………………………………… (99)
　　　　三、词语修辞手段 …………………………………………… (101)
　　　　四、词语修辞要求 …………………………………………… (102)
　　第二节　词语修辞课堂教学设计 …………………………………… (103)
　　　　一、词语修辞课堂讲授构想 ………………………………… (103)
　　　　二、词语修辞综合分析拟议 ………………………………… (107)
　　　　三、词语修辞模拟训练设想 ………………………………… (109)
　　第三节　词语修辞拓展实践策划 …………………………………… (113)

一、词语修辞拓展实践要求 …………………………………… (113)
　　二、词语修辞实践策划路径 …………………………………… (113)
　　三、词语修辞实践策划示例 …………………………………… (114)
　【思考与练习】 ……………………………………………………… (115)

第七章　句子修辞教学实验 …………………………………………… (116)
　第一节　句子修辞教学内容取舍 …………………………………… (116)
　　一、句子修辞内涵 ……………………………………………… (116)
　　二、句子表现形式 ……………………………………………… (119)
　　三、句子修辞要求 ……………………………………………… (120)
　第二节　句子修辞课堂教学设计 …………………………………… (122)
　　一、句子修辞课堂讲授构想 …………………………………… (122)
　　二、句子修辞综合分析拟议 …………………………………… (132)
　　三、句子修辞模拟训练设想 …………………………………… (137)
　第三节　句子修辞拓展实践策划 …………………………………… (140)
　　一、句子修辞拓展实践要求 …………………………………… (140)
　　二、句子修辞实践策划路径 …………………………………… (140)
　　三、句子修辞实践策划示例 …………………………………… (141)
　【思考与练习】 ……………………………………………………… (142)

第八章　辞格修辞教学实验 …………………………………………… (144)
　第一节　辞格修辞教学内容取舍 …………………………………… (144)
　　一、辞格修辞实质 ……………………………………………… (144)
　　二、辞格修辞功能 ……………………………………………… (145)
　　三、辞格综合应用 ……………………………………………… (149)
　　四、辞格修辞要求 ……………………………………………… (150)
　第二节　辞格修辞课堂教学设计 …………………………………… (151)
　　一、辞格修辞课堂讲授构想 …………………………………… (151)
　　二、辞格修辞综合分析拟议 …………………………………… (161)
　　三、辞格修辞模拟训练设想 …………………………………… (165)
　第三节　辞格修辞拓展实践策划 …………………………………… (169)
　　一、辞格修辞拓展实践要求 …………………………………… (169)
　　二、辞格修辞实践策划路径 …………………………………… (169)
　　三、辞格修辞实践策划示例 …………………………………… (169)
　【思考与练习】 ……………………………………………………… (171)

第九章　风格修辞教学实验 ……………………………………………………… (172)
第一节　风格修辞教学内容取舍 ………………………………………… (172)
一、风格修辞内涵与类型 ……………………………………………… (172)
二、表现风格的基本属性 ……………………………………………… (173)
三、表现风格的修辞要求 ……………………………………………… (174)
第二节　风格修辞课堂教学设计 ………………………………………… (176)
一、风格修辞课堂讲授构想 …………………………………………… (176)
二、风格修辞综合分析拟议 …………………………………………… (182)
三、风格修辞模拟训练设想 …………………………………………… (185)
第三节　风格修辞拓展实践策划 ………………………………………… (188)
一、风格修辞拓展实践要求 …………………………………………… (188)
二、风格修辞实践策划路径 …………………………………………… (188)
三、风格修辞实践策划示例 …………………………………………… (189)
【思考与练习】………………………………………………………………… (190)

第十章　修辞语病教学实验 ……………………………………………………… (191)
第一节　修辞语病教学内容取舍 ………………………………………… (191)
一、修辞语病及现象 …………………………………………………… (191)
二、修辞语病的识辨 …………………………………………………… (191)
三、评点与修改原则 …………………………………………………… (193)
四、评点与修改方法 …………………………………………………… (194)
第二节　修辞语病课堂教学设计 ………………………………………… (194)
一、修辞语病课堂讲授构想 …………………………………………… (194)
二、修辞语病综合分析拟议 …………………………………………… (208)
第三节　修辞语病拓展实践策划 ………………………………………… (214)
一、修辞语病拓展实践要求 …………………………………………… (214)
二、修辞语病实践策划路径 …………………………………………… (214)
三、修辞语病实践策划示例 …………………………………………… (215)
【思考与练习】………………………………………………………………… (216)

第十一章　汉语修辞教学效果检测 ……………………………………………… (218)
第一节　检测原则及指标细则 …………………………………………… (218)
一、检测的基本原则 …………………………………………………… (218)
二、检测指标及细则 …………………………………………………… (219)

第二节 检测方式与方法 ……………………………………………（222）
　　一、检测方式 …………………………………………………（222）
　　二、检测方法 …………………………………………………（222）
第三节 试题库建设构想 …………………………………………（223）
　　一、试题库建设要求 …………………………………………（223）
　　二、试题库模板示例 …………………………………………（224）
第四节 考试卷命题设计 …………………………………………（226）
　　一、试卷命题要求 ……………………………………………（226）
　　二、试卷模板示例 ……………………………………………（227）
　　三、试题内容说明 ……………………………………………（228）
　　四、评分标准与参考答案 ……………………………………（228）
　【思考与练习】 ………………………………………………………（229）

附录：教学方案示例 ……………………………………………………（230）

参考文献 …………………………………………………………………（277）

后　记 ……………………………………………………………………（281）

引 言

随着我国综合实力的不断增强以及国际地位的强劲攀升,"汉语热"早已是现实语言生活和语言学界的一个关键词,再加上自媒体、新媒体、融媒体的广泛应用和常态化,各个话语领域内人际交往活动更加频繁,交际主体逐步意识到语言应用的重要性,所以都在主动或被动地采取一些手段和措施,努力促进语言应用能力的不断提升。在新时代大环境下,高校中文背景下各相关专业,尤其是汉语言文学、汉语国际教育、秘书学等专业的课程体系中,较多学校都会以必修课或选修课为包括外国留学生在内的学生据情分别设置汉语修辞学、对外汉语修辞学、对外汉语修辞教学、实用修辞学等类似课程。其目的就是把汉语修辞学课堂作为系统学习和专门训练的重要平台,并把汉语修辞学教学作为提高国内大学生汉语修辞能力、汉语修辞教学能力以及培养外国留学生综合语言应用能力的重要手段。在教学过程中,作为一线教师,我们遇到了不少困惑,亟须解决一系列教学问题。从这个意义上说,系统地讨论汉语修辞学、对外汉语修辞学[①]教学方法论问题是非常有必要的,而且也有其特殊意义。

一、编著本书的背景

多年以来,在给汉语言文学专业、汉语国际教育等相关专业学生以及留学生分别讲授汉语修辞学、对外汉语修辞教学专题、中小学语文修辞实践、语法修辞、修辞应用与语文实践、跨文化交际、言语交际、语言学理论与训练等相关课程的过程中,涉及教学反思、教学理念、教学目标、教学原则、教学策略、教学方法、教学视点、教学技能、教学评价、教学大纲、模拟训练、拓展实践、检测反馈、教案编写、试题库建设、试卷命题等一系列相关教学问题。静下心来进行较为全面而又系统的思考和研究,我们才真正感觉到这是一片广阔的研究天地。在对外汉语教学领域,已经出版了"对外汉语教学精品课程书系",如《汉字教学理论与方法》(周健)、《汉语语法教学理论与方法》(卢福波)、《汉语词汇教学理论与方法》(李红印)等专著。与此同时,我们也看到了不少把外国学生作为培养对象来讨论(对外)汉语修辞学教学方面的单篇论文,以及把国内学生作为培养对象来讨论(对外)汉语修辞学教学的单篇论文。这些大量的弥足珍贵的零珠碎玉,闪现着无限的光辉,照耀着汉语修辞学教学这一片天地。这既是为包括针对外国留学生开展汉语修辞学课教学在内的对外汉语教学做出的重要贡献,也是为针对国内学生开展汉语修辞学课教学提供的丰富营养。遗憾的是,到目前为止,就笔者视野范围内,无论是针对汉语言文学、汉语国际教育等中文背景下各相关专业学生开

[①] 针对就读于汉语言文学专业的外国学生以及就读于汉语言文学、汉语国际教育等中文背景下各相关专业的国内学生,不同学校在课程设置以及课程名称上会略有不同。或开设对外汉语修辞学课程,或开设汉语修辞学课程,叫法虽有不同,但核心教学内容大体一致。为了行文方便,在讨论过程中,我们大多时候会把对外汉语修辞学、汉语修辞学一并统称为"汉语修辞学",有时也会表述为"(对外)汉语修辞学"。

设的汉语修辞学、对外汉语修辞学、汉语修辞教学（专题）课程教学，还是针对外国留学生开设的汉语修辞学、对外汉语修辞学课程教学，都尚缺乏汉语修辞学教学理论与方法的系统性探索，也没有看到相关专门性教学参考书籍或系统性教学研究成果。正因为如此，在汉语修辞学、对外汉语修辞学、对外汉语修辞教学专题等课程教学中较少有较为完整的系统的借鉴材料。遗憾之余，兴奋之外，仔细琢磨似乎还有一些（对外）汉语修辞学课教学、（对外）汉语修辞教学课教学心得，也许会为汉语修辞学课程教学提供一些有益的借鉴与启发，于是产生了开展这一系列性研究并编著这本书的欲望和冲动。

二、编著本书的目的

本书的主体内容是汉语修辞学课程教学，而不是汉语修辞学，所以把主要精力和内容都放在了汉语修辞教学方法论上，而不去过多地纠缠汉语修辞学本体问题。

我们试图站在方法论高度，较为系统地探讨汉语修辞学教学方法的相关理论、训练、实践问题。要解决的基本问题是汉语修辞学课程"教什么学生""为什么教""教什么""怎么教""教得怎么样""哪些学生在学""为什么学""学什么""怎么学""学得怎么样"的系列性问题，从教学方法论意义上形成了汉语修辞学课教学的基本构想。我们把这一构想概括为"12345"系列性教学主张："1"是一个理念，"2"是两个抓手，"3"是三个原则，"4"是四个策略，"5"是五个环节。这一构思是我们所主张的汉语修辞教学联动机制。经过课堂教学实验和检测，效果比较理想。因此，本书要提供的是汉语修辞学课教学的理论方法与实践经验，以及对这一教学理论、经验的践行途径与方法。

三、几个概念的理解

（一）修辞与修辞教学

什么是修辞？学界说法很多，各有侧重。借鉴黄伯荣、廖序东关于修辞内涵的解释，"修辞"有三种意思：其一，修辞是运用语言的方法、技巧和规律；其二，修辞是说话和写作中积极调整语言的行为，即修辞活动；其三，修辞是以加强表达效果的方法、规律为研究对象的修辞学或修辞著作。[①] 对"修辞"含义的理解是有效开展汉语修辞学课程教学应该具备的基本前提。

那么，什么是修辞教学？修辞教学是秉持某种修辞教学理念，遵守特定教学原则，采用不同教学策略，优选多样化教学方法，并以培养和提高学生修辞应用能力为教学目标而实施的教学。

（二）汉语教学修辞与汉语修辞教学

本书是以汉语修辞课教学为基本视点的，所以必须弄明白两个基本概念：一个是汉

---

① 黄伯荣、廖序东主编：《现代汉语》（增订五版，上册），高等教育出版社2011年版，第167页。

语教学修辞，一个是汉语修辞教学。

　　汉语教学修辞是指作为教学内容的汉语修辞学或汉语修辞学理论体系（含著作）。其一是把外国留学生作为教学对象而构拟的专属于外国人学习的对外汉语修辞学理论体系，也包括专门为留学生编撰的用以教学的对外汉语修辞学著作；其二是把汉语言文学、汉语国际教育等中文背景下各相关专业学生作为培养对象而建构的适用于教学的汉语修辞学理论体系（含著作）。如曾毅平《华语修辞》、陈汝东《对外汉语修辞学》等专著就属于这一类。关注的焦点是较为全面而又系统地向外国留学生和国内学生阐释汉语修辞基本理论与基础知识，以及综合修辞能力的培养问题。从课程设置意义上来理解，就延伸为针对外国留学生以及汉语言文学、汉语国际教育等中文背景下各相关专业学生开设的对外汉语修辞学课程、汉语修辞学课程，因此，这类课程从教学内容上说属于汉语修辞本体类课程。目的就是通过教学促使学生学习掌握汉语修辞学基本理论和基础知识，并通过课堂学习、作业训练、课外语文实践而获取汉语修辞应用能力，同时也为相关专业尤其是汉语言文学、汉语国际教育等专业学生开展汉语修辞学教学，夯实理论知识基础，并储存教学能量。这一点是我们开展系列性研究的逻辑基础和必有之义，但不是本书论述的重心。

　　汉语修辞教学则是以汉语修辞教学理论与方法为主体内容所开设的课程以及任课教师所实施的教学行为与教学过程。其一，从课程设置意义上来说，汉语修辞教学课主要是为相关专业尤其是汉语言文学、汉语国际教育等专业学生开设的旨在培养和提高学生汉语修辞教学能力的专业课。这是把相关专业尤其是汉语言文学、汉语国际教育专业学生作为培养对象所开设的教学法课程。比如针对汉语国际教育专业学生开设的类似于对外汉语语法教学、对外汉语词汇教学、对外汉语汉字教学等课程以及所实施的教学行为，它们是指对外汉语教学中某个专题的教学，属于教学法范畴。因此，汉语修辞教学课属于培养和提高相关专业尤其是汉语言文学、汉语国际教育专业学生教学能力的教学法类课程，主要教学目标就是培养和提高学生开展汉语修辞教学的能力，使之能够独立有效地组织实施汉语修辞学教学。这其实就是教国内相关专业尤其是汉语言文学、汉语国际教育专业的学生作为准教师今后如何教学生学习汉语修辞学，通过他们未来的有效教学来培养并提高学生的汉语修辞应用能力。其二，从教学行为意义上看，要讨论的是任课教师如何有效优质开展汉语修辞学教学的问题，也就是针对就读于汉语言文学专业的不同国别的留学生以及汉语言文学和汉语国际教育等中文背景下各相关专业学生开展汉语修辞学课教学的方法论问题。这一点是建立在拥有汉语修辞学理论知识基础之上的，是我们论述的重心。

四、教学目标的设定

　　就我们所论而言，有两大教学目标：一是汉语修辞教学课的教学目标，二是汉语修辞学课的教学目标。前者是从教学法层面确定汉语修辞教学课要达到的教学目标，也就是主要为相关专业尤其是汉语言文学、汉语国际教育专业学生设定的从事汉语修辞学课教学的教学能力目标；后者则是从教学法层面确定汉语修辞学课要实现的教学目标，也就是为就读于汉语言文学专业留学生以及汉语言文学、汉语国际教育等中文背景下各相关学生设定的学习汉语修辞学课而达成的汉语修辞能力培养目标。在研究中，我们把这两种目标糅合在一起，但把讨论的精力与重点聚焦于从汉语修辞学课教师角度来讨论汉语修辞学课教学问题，以及如何培养和提高学生的汉语修辞应用能力问题，并最终实现汉语修辞学课的教学目标。

（一）教学能力目标

教学能力意义上的教学目标，简单地说，就是主要为培养相关专业尤其是汉语言文学、汉语国际教育专业学生汉语修辞教学能力而设定的。比如撰写教案、组织教学、驾驭课堂、分析学情、选择教法、模拟训练、指导实践、综合分析、布置与批改作业、检测教学效果等教学能力。这一目标的实现主要体现在汉语修辞学课教学的实施过程中。

（二）课程教学目标

这是从学生学习汉语修辞学课角度，把掌握汉语修辞理论知识以及培养汉语修辞应用能力作为教学目标。在汉语修辞学课中，其教学目标是系统化的分层次的，处在教学过程的不同教学序列和教学环节上。既有单元教学目标，也有知识性目标，还有能力性目标（含专项能力目标和综合能力目标）。

1. 知识性目标

通过课程教学，引导并促使学生理解并掌握汉语修辞学的基本理论与基础知识，对汉语修辞学的基本概念、主要知识点、主要思想、基本理论等的内涵属性，吃得透，把握得准，熟悉汉语修辞学理论知识，为语文实践和修辞应用提供学理支持。与此同时，也主要为中文背景下各相关专业尤其是汉语言文学、汉语国际教育专业学生从事语文教学、汉语修辞学教学、对外汉语教学工作打好汉语修辞理论与知识基础。

2. 能力性目标

吕必松认为，对外汉语教学目的是培养留学生的汉语能力和用汉语交际的能力。[①]从修辞学意义上理解，汉语能力和用汉语交际的能力其实包含了汉语修辞能力。汉语修辞能力是一种综合性能力。教学中，能力培养就体现为对学生综合修辞应用能力的培养，因此，能力目标自然就是一种综合性修辞应用能力目标，主要涵盖了语感培养目标、理解能力培养目标、表达能力培养目标和得体应用能力培养目标。

其一，修辞理解能力培养目标。修辞理解能力属于逆向听读分析评鉴能力，是由外部语言向内部语言转化的逆向解读能力。通过对语音、词语、句子、篇章等表达形式的接收，根据对汉语形、音、义组合规则的熟悉和掌握程度，吃透修辞现象所输出的言语意义，包括字面意义和言外之意，对语言应用的修辞效果做出恰当分析，对修辞现象的得体状况做出准确判断，等等。教学中，要采用各种手段、方法培养学生的修辞理解能力。

其二，修辞表达能力培养目标。修辞表达能力属于顺向说写创造能力，是由内部语言向外部语言转化的顺向表达能力。教学过程中，主张分级能力逐层同步养成。分级意

---

① 吕必松：《对外汉语教学研究》，北京语言学院出版社1993年版。

味着什么？意味着从什么角度切入把学生的汉语修辞应用能力分多少级别的问题。我们主张分三级，即规范表达能力、变异表达能力和综合表达能力。这三级能力在汉语修辞应用能力结构中分处在不同层级。

首先，规范表达能力培养目标。规范表达能力处在修辞应用能力结构中的第一层级，也就是学生应该拥有的最基本也是最根本的表达能力。什么是规范表达能力？简单地说，就是学生所练就的使用规范语言材料按照语法规则、语义规范和语音标准进行规范表达的本领。相对于变异表达能力来说，它是一种常规表达能力、零度表达能力。规范表达是变异表达的基础，为变异表达提供了基础性条件；规范表达能力是变异表达能力的基础能力，也是做到综合表达的基础能力，是综合表达能力的表现能力之一。

其次，变异表达能力培养目标。变异表达能力是学生的提升性能力，是在规范表达能力的基础上进一步发展并提升的能力，处在汉语修辞应用能力结构中的第二层级。什么是变异表达能力？简单地说，就是学生所练就的利用语言材料突破普通话语音标准、打破语义搭配规范、冲破语法组合规则而进行的超越常规的汉语修辞表达本领。相对于规范表达能力来说，它是一种超常表达能力、正偏离表达能力。表达时，充分利用特定语体规制和具体语境条件提供的可能性，有意打乱停顿的秩序和语音匹配规则，故意背离语法规律，特意对词语进行超常应用等。例如，"抓小偷抓出的官司""OK眼镜不OK""形象工程别败坏形象"等即是。这些用例都不是正常的表达，都是偏离常规的表达，都是变异表达的表现样态，也是说话者具备变异表达能力的具体呈现。

最后，综合表达能力培养目标。综合表达能力是学生表达能力中的最高能力要求，是学生整体修辞应用能力的集中体现。这种能力是建立在规范表达能力和变异表达能力基础之上的一种能力，是规范表达能力与变异表达能力融为一体所形成的一种整体性表达能力，处在修辞表达能力结构中的第三层级。

其三，得体应用能力培养目标。根据以上分析，不管是修辞理解能力培养，还是修辞表达能力培养，最终都以得体应用能力培养为根本。得体应用意味着修辞理解与修辞表达都遵循得体性原则，做到了对题旨情境的适应。适应便是得体，这种得体既有理解意义上的得体，也有表达意义上的得体，还有综合应用意义上的得体。就得体表达能力培养而言，就是要练就学生切题适境的修辞表达本领。是否具备得体表达能力，从宏观层面来说，关键要看表达结果对题旨情境的适应程度。适应度高，表明得体表达能力强；适应度低，则意味着得体表达能力弱。如果做到了切题适境并为受众认可，那么就做到了得体，也就具备了得体表达能力。汉语修辞学教学中，要注重学生得体应用能力的培养。

3. 单元教学目标

单元教学目标是指就不同单元内容所设定的教学目标。在汉语修辞学课中有多少教学单元，便应该设定多少个单元教学目标。比如，有语境修辞单元的教学目标、修辞原则单元的教学目标、语音修辞单元的教学目标、辞格修辞单元的教学目标，等等。在单元教学目标中，同样也有知识目标和能力目标。

（1）知识性目标。

通过单元教学，促使学生熟悉并掌握单元教学内容，包括基本理论和基础知识。例如词语修辞单元教学，就是要通过课堂讲解、综合分析、模拟训练、反馈检测和拓展实践等教学联动机制以及其他具体教学方法，使学生牢记词语修辞的基本属性以及相关理论知识；了解词语修辞在语文实践与汉语修辞应用中的作用与价值；掌握词语修辞常见修辞手段，并善于实现词语修辞手段的功能转化。

（2）能力性目标。

依据课程教学能力目标内容结构，单元教学的能力目标涵盖单项能力目标（宏观意义上的）和综合能力目标（微观意义上的）。简单地说，就是要培养和锻炼学生利用单元教学要求以及所提供的修辞手段进行修辞理解、修辞表达和得体应用的能力。例如词语修辞教学能力目标，就是要培养和训练学生在特定语体规制下和具体语境中，综合利用词语手段表情达意并分析理解相关修辞现象的能力。涵盖对词语修辞理解能力、词语修辞表达能力和得体应用能力等多种能力的培养。其他可以类推，不再赘言。

由上分析可知，修辞教学应该确立明确的目标。只有明确了目标，才能够自觉有效地开展教学活动。按照汪国胜的观点，修辞教学的目标定位主要聚焦于学生正确修辞观的形成以及较好语用能力的获得。[①] 这更进一步坚定了我们所秉持的"应用至上，能力为本"的修辞教学理念。

五、教学内容的取舍

教学内容取舍涉及课程内容、教材内容与教学内容问题。教材是教学的依托，如何使教材内容转化为教学内容，这是课任教师必须思考与解决的问题。教学内容解决的是"教什么""学什么"的问题。在汉语修辞学课教学中，教学内容的取舍就是要确定哪些内容应该成为教师教授的内容以及学生学习的内容。

（一）基本要求

随着汉语修辞学研究的不断深入，研究视野的不断扩大，语音、汉字、词语、句子、辞格、句群、段落、篇章、语体、风格等都被赋予了一些修辞学属性，有不少研究者也把这些内容纳入修辞学范畴。汉语修辞学内容异常丰富，但没必要也不可能都在课堂上讲解。汉语修辞学课教学内容取舍要在教学大纲的统摄之下，坚持实用性原则，[②]要让学生觉得学习之后是有用的，要紧紧围绕着学生汉语修辞能力培养来取舍教学内容。具体地说，要做到符合学生汉语修辞实践需要；内容要适量，应该讲授汉语修辞实践中最需要的内容；要讲通用汉语修辞理论知识，满足学生听、说、读、写的基本修辞需求；内容要尽量全面，但又不必面面俱到，做到点面纵横结合，突出重点难点即可；对例子（语料）的选择要以真实性为核心要求，尽最大可能从不同交际领域、不同语体规制、不同语言环境中收集现实语言成品中动态的真实的语言材料，尽量不虚拟或自造语言材料。

---

① 汪国胜：《修辞教学的目标定位》，载《华中师范大学学报》（人文社会科学版）2010年第2期，第96–100页。
② 曾毅平：《论领域变体性质的职场汉语教学》，载《当代修辞学》2018年第1期，第74–81页。

（二）内容安排

　　汉语修辞学是一个由各模块内容构成的相对自足的理论知识体系。根据以上内容取舍要求，我们主张在汉语修辞学课教学中，把修辞原则、语体修辞、语境修辞、语音修辞、词语修辞、句子修辞、辞格修辞、风格修辞等理论知识作为主要教学内容。在教学过程中，要对语音调配、词语选择、句式锤炼、辞格构拟、语体规制选择、话语风格设定、语境条件利用、修辞原则管控等做系统而又详细的讲解。与此同时，还必须合理安排教学内容的顺序，哪些要先教给学生，哪些可以缓一缓，哪些内容可以自学，努力使课堂教学效果最大化。

　　对应汉语修辞学课教学内容的取舍，在本书中，我们则从汉语修辞学课教学论的角度，把汉语修辞教学机制、修辞原则教学、语体修辞教学、语境修辞教学、语音修辞教学、词语修辞教学、句子修辞教学、辞格修辞教学、风格修辞教学、修辞语病教学、汉语修辞教学效果检测等作为重要的讨论内容。

第一章 汉语修辞教学机制

【教学目标与要求】

通过教学,引导学生强化汉语修辞教学方法论的学习,熟悉并掌握汉语修辞教学的基本理念和教学思路,以及相应的教学原则、教学策略和教学模式,牢固树立正确的修辞教学观。

【教学重点】

教学理念的准确把握,教学原则的合理践行,教学策略、手段与方法的恰当选择,教学模式的巧妙运作,教学技能的培养。

【教学难点】

教学原则的合理践行,教学策略、手段与方法的恰当选择,教学模式的巧妙运作。

汉语修辞教学机制是站在方法论高度较为系统地探讨汉语修辞教学方法的相关理论和实践问题的。解决的基本问题是汉语修辞学课"教什么学生""为什么教""教什么""怎么教""教得怎么样""什么学生在学""为什么学""学什么""怎么学""学得怎么样"的系列性问题。从教学方法论上来审视,汉语修辞学课教学的基本构思可以概括为"12345"系列性教学主张。

"1"是一个理念:应用至上,能力为本。

"2"是两个抓手:修辞表达能力培养、修辞理解能力培养。

"3"是三个原则:讲与练结合、内与外结合、学与教结合。

"4"是四个策略:语体先行教学策略、语境制导教学策略、文化渗透教学策略、教法互补教学策略。

"5"是五个环节:课堂讲授、综合分析、模拟训练、拓展实践、反馈检测。我们把"5"称为"五位一体"教学模式。

这一系列性教学主张实质上就是汉语修辞教学的有效联动机制。

第一节 汉语修辞教学理念

汉语修辞学课教学的基本理念概括为"应用至上,能力为本"。具体可描述为:聚焦于有效教学驱动,把培养学生修辞能力作为教学目标,把讲授、分析、训练、实践、检测"五位一体"教学管控机制作为保障,从而开展汉语修辞学教学的总体指导思想。

一、以实践应用为导向

(一)内容取舍凸显实践应用

周健在谈到对外汉语教学时强调,"在对外汉语教学实践中,确立以培养修辞能力为核心也是可行的,因为学生已经接触到大量的修辞内容,而且他们的偏误也多与修辞有关"[1]。修辞能力主要体现为修辞表达能力与修辞理解能力。汉语修辞学教学中要把修辞能力的培养作为汉语修辞教学的轴心和方向,要紧紧围绕着学生汉语修辞能力的培养来取舍教学内容。要牢牢抓住听、说、读、写语文实践行为,语言环境、修辞原则、语音修辞、词语修辞、句子修辞、辞格修辞、风格修辞、语体修辞、修辞语病等内容的教学都要突出实践应用。

(二)教法选用突出实践应用

知识应用分析与讨论、模拟训练、反馈检测、拓展实践等都是汉语修辞教学必有之义,必须围绕着学生汉语修辞能力培养来展开,都坚持以应用能力培养为导向。要充分利用特定语体规制和具体语境条件开展教学,从而为修辞能力培养提供真实的实践机会和应用环境。

教学示例1 要求学生结合交际环境,充分利用汉文化条件展开交际。比如通过问路、聊天、问候、道谢、告别、打招呼、打电话、讨价还价、购买车票等自由交际活动来训练自己的口语修辞能力。

教学示例2 就文化内容训练教学来看,可以采用自由训练法促使学生掌握汉文化的解释力和作用力,在训练中培养文化阐释能力。如对"万事俱备,只欠东风""不孝有三,无后为大""开绿灯""外甥打灯笼""慢走"等一系列习惯性说法、俗语、谚语、格言、典故、成语的教学,可以通过文化阐释来解读其字面与字里的意思,以帮助学生审慎理解并恰当运用其文化含义。

二、以能力培养为根本

修辞与语言能力、言语技能和言语交际能力有关,因此,应该以言语技能为枢纽,开展修辞教学。[2]

(一)能力培养是核心教学任务和教学目标

从不同角度看,修辞能力反映在要素能力、分层能力、效果能力等方面。
要素能力结构:修辞理解能力、修辞表达能力、得体应用能力。
分层能力结构:规范表达能力、变异表达能力、综合表达能力。
效果能力结构:低层次得体修辞能力、中层次得体修辞能力、高层次得体修辞能力。

据美国保罗·兰金(Paul Rankin)教授统计,在日常交际过程中,听、说、读、写四种主要语文实践活动分别占有不同的份额:"听"大概占据45%,"说"大概占据30%,"读"大概占据16%,"写"大概占据占9%;"听""说"大概占75%。因此,

---

[1] 周健:《对外汉语语感教学探索》,浙江大学出版社2005年版。
[2] 马国彦:《对外汉语教学中修辞的定位、教学原则与策略》,载《世界汉语教学学会通讯》2012年第2期,第19-20页。

汉语修辞教学就要依托听、说、读、写语文实践活动来锻炼学生的综合修辞应用能力。通过说、写实践训练来培养学生的顺向修辞表达能力，通过听、读实践训练来培养学生的逆向修辞理解能力。

（二）基本要求

1."逐层"培养

"逐层"是对分层分级能力培养来说的。"逐层"培养就是按照人类认知、学习、掌握知识技能的基本规律，一层一层地有序开展汉语修辞教学，使学生的修辞能力得到科学有序的培养。教学中，逐层培养的大致思路如下。

第一层级（基础能力培养）：规范修辞能力培养。
第二层级（提升能力培养）：变异修辞能力培养。
第三层级（高阶能力培养）：综合修辞能力培养。

简单地说，首先要进行规范表达能力培养，然后再进行变异表达能力培养，最后才是综合表达能力的培养。这样，由规范到变异再到综合，顺应了语言学习和语言应用的基本规律。

2."同步"培养

"同步"是对要素能力和效果能力培养来说的。修辞理解能力和修辞表达能力的培养要同步，低层次、中层次和高层次得体能力的培养要同步。教学过程中，在培养步调上要做到协调一致，同步进行。

无论是逐层培养还是同步培养，都是在强化修辞能力的训练与培养。虽然强化修辞能力的培养，但并不唯"术"，并不把"术"作为汉语修辞教学达成的唯一目标，而是要把听、说、读、写综合修辞能力的培养作为最高追求。

第二节　汉语修辞教学原则

汉语修辞教学中，为了提高教学效果，必须坚持相应的教学原则。从不同方面看，教学原则有很多，结合汉语修辞教学实际，我们主张要做到三个结合。

一、学教结合原则

"学"是指学生主体、学习方法、学习内容、学习效果、学习过程、学习条件、学习环境等与接受教育教学者有关的因素。"教"是指任课教师、教的方法、教的内容、教的效果、教的过程、教的条件、教的环境等与实施教育教学者有关的因素。

"学"与"教"相结合是要做到因材施教，使汉语修辞教学具有更多的针对性。根据学生国别域别、学习目的、学习要求、汉语水平、修辞能力、接受能力、学习环境、课型课式等的相同性与不同性做出类型化区分，以便优化取舍教学内容并采用适宜的教学方法开展有效教学。具体做法示例如下：

其一，分类教学。要结合学生的不同国别域别分布特征、角色差异、学段差异开展分类指导教学。

其二，分层教学。要结合学生的汉语修辞能力进行具体化分层次教学。

在此基础上，重视示差性但不忽略共同性，做到示差性与共同性相结合，从而体现"以学为中心，以教为引导；教学相长，以学促教，以教导学"的基本教学思想。

教学示例1 教学方法选择（分类教学）。

针对泰国、英国留学生语文实践中的修辞偏误，找出他们发生偏误的不同原因，尤其是受母语负迁移影响、本民族文化影响等原因。然后，寻找分别适应于泰国留学生、英国留学生的纠偏方法。比如结合母语习惯加以比较，结合本民族文化加以阐释。根据留学生国别，优选适应于不同国别留学生的教学方法，把学与教结合起来。

教学示例2 教学内容取舍（分层教学）。

针对汉语水平较低的留学生群体，教学内容应该相对简单一点、容易一点，分析浅显一点。要以规范表达内容为主，兼顾变异表达内容。例如，在教学内容取舍上，把规范表达内容作为主要教学内容；在辞格修辞教学上，则多把比喻、对比、设问等常用辞格作为主要内容教学。

针对汉语水平比较高的留学生群体，教学内容应该相对复杂一点、难度大一点，分析深刻一点。要以变异表达内容为主，兼顾规范表达内容。例如把超常配置、寻常词语艺术化等作为重要教学内容。在辞格修辞教学上，可以考虑引入移就、拈连、回环、通感、婉曲等不常用辞格作为教学内容，当然，也不放弃常用辞格的教学。

二、讲练结合原则

"讲"就是课堂讲授、讲解，要做到精讲，讲得认真精细，讲得透彻深刻。精讲是突出关键的、精华的、实质性的内容，运用演绎法、归纳法、比较法，并辅之以图片、电教等直观手段，要言不烦地把学习者的注意力和思路直接引到定义、内涵、规则或结论上去。[①] 这是课堂教学的基本手段。

"练"就是训练，要求做到多练。多练是让学习者反复再现刚学过的知识而印入大脑并化为能力的心理活动。[②] 这是为了实现某种教学目的而开展的模拟性训练，也是提高教学效果的一种教学手段。在训练过程中，要做到有计划地练、有重点地练、经常性地练，并要讲究训练的成效。[③]

正如汪国胜所说，修辞是对语言各因素的一种综合运用，实践性很强。修辞学的功用，也就是为了更好地指导人们的语言实践，提高语言应用能力。因此，修辞教学要收到实效，就必须做到有讲有练、讲练结合。在讲的基础上练，以练来消化所讲的内容。在教学的过程中，始终抓住"练"的环节。[④] 在汉语修辞教学中，把"讲"与"练"结合起来，实际上就是要把讲授的汉语修辞理论知识通过训练得以强化，以便在相关汉语修辞理论知识的指导之下培养学生的汉语修辞应用能力。按照一般学科的基本教学原

[①] 徐子亮、吴仁甫：《实用对外汉语教学法（第3版）》，北京大学出版社2013年版，第62页。
[②] 徐子亮、吴仁甫：《实用对外汉语教学法（第3版）》，北京大学出版社2013年版，第62页。
[③] 萧士栋、张仲良主编：《中学语文教学法教程》，河南教育出版社1987年版，第57页。
[④] 汪国胜：《修辞教学应使学生树立正确的修辞观》，载《云梦学刊》1994年第2期，第80-82页。

理,讲练结合的方法众多。例如:集中讲+集中练(分单元讲与分单元练);集体讲+分组练(全班讲与合作练);集体讲+单独练(全班讲与个人练);先讲后练,先练后讲;边讲边练,边练边讲(即时讲与即时练)。教学中,要根据实际情况来决定讲与练结合的方式。

三、内外结合原则

"内"即课内,"外"即课外。内外结合就是做到课内与课外相结合,尤其是要做到课内讲授、训练与课外应用、实践相结合。

(一)内外结合的基本特征

把课堂内听、说、读、写教学(含讲、练、评)活动与课堂外听、说、读、写实践活动有意识地结合起来,使学生的汉语修辞学习有更多实践机会,并把课堂上学到的汉语修辞理论知识广泛地应用到课堂外修辞训练与语文实践中,由此来有效地锻炼并提高学生的汉语修辞能力。

(二)内外结合的主要依据

其一,内外结合是理论与实践相结合的具体表现,是理论联系实际原则在汉语修辞教学中的具体落实。

其二,内外结合是缓解课堂教学时间有限性与课外实践机会多样化矛盾的重要手段。课内是教学的主阵地,课外是必要补充和延伸。

其三,学生汉语修辞能力的培养最终还是要在课外现实的语言生活中得以落实,而不能只是纸上谈兵,只停留在课堂之上。课堂上做得再好,还必须在课外实践中加以验证。

(三)内外结合做法[①]

其一,要明确结合的重点。教学中,不需要也不可能使课内与课外一一对应结合。因此,要根据章节教学内容、教学目标与教学要求,找准相互结合的重点。比如词语修辞教学中,结合的重点应该是引导学生在修辞实践中如何恰当地运用广义同义词语手段,以塑造丰满的词语修辞形象。

其二,要强化过程指导。要加强组织、设计、布置、检查、评价等环节的管理,不能放任自流。要有计划,有目标,有方法,有过程,有结果,做到有条不紊、井然有序。

其三,要提供条件。任课教师要利用社会资源,为学生多创造机会,多提供平台。例如要组织、鼓励学生尽可能多地参加演讲比赛、参观旅游、调查访问、文本创作(写作)、修辞成品分析与评点等社会实践活动,并在实践活动中践行所学到的汉语修辞理论知识。

---

① 萧士栋、张仲良主编:《中学语文教学法教程》,河南教育出版社1987年版,第60-61页。

第三节　汉语修辞教学策略

教学策略是从宏观层面设计策划的教学手段与方法。结合"汉语修辞学""学生""教学"等关键词，汉语修辞教学过程中应该采用并强化以下教学策略。

一、语体先行策略

程祥徽认为，个人的一切言语活动首先要符合语体的要求。[①] 李熙宗认为，"在运用语言表达思想感情时首先要求确定适应的体式或文体，并根据体式或文体的要求选择和组织语言材料和表达手段，以借助体式和文体的规范有效地提高语言表达效果"[②]。根据这一主张，在汉语修辞教学中，从语体角度来说就必须贯彻执行"语体先行"这一教学策略。

（一）要培养学生的语体意识

引导学生学会善于利用特定语体规制进行表情达意并理解修辞应用现象，要自觉养成强烈的语体意识，以支配自我听、说、读、写语文实践活动。

（二）培养学生的语体选择能力

要引导学生首先学会知觉、感知、分析、解释、判断并认定交际活动所在的"圈子"，也就是要首先认定语言应用的话语领域，通过对该话语领域语言运用系列性特征的综合研判，选择语言应用的特定语体规制、语言格调，以便采用适宜的修辞表达方式和修辞表达手段。

教学示例1 公文事务语体词语应用。

文件体式　文件装订　文字秘书　专用公文　发文机关　归档范围
标题排列　案卷标题　案卷目录　立卷类目　平时归卷　档案证明
校对程序　阅读范围　归档时间　归档要求　归档制度　立档单位

教学关注点：公文事务语体专用词语，专用词语出现的语体范围，语体及语文体式对这些词语选用的影响，语体词语选择能力培养。

教学法提示：问答法、写作法、语体管控法、课堂讨论法。

教学示例2 通知体对信函体的移植。

中共教育部党组
关于学习贯彻习近平总书记给南开大学新入伍大学生重要回信精神的通知
（教党〔2017〕50号）

习近平总书记的重要回信，充分肯定了学生们怀揣从军报国理想、投身军营的志向

---

①　程祥徽：《略论语体风格》，载《修辞学习》1994年第2期。
②　李熙宗：《"语体"和"语文体式"》，载黎运汉、肖沛雄主编《迈向21世纪的修辞学研究》，广东人民出版社2001年版。

和激情;高度赞扬他们响应祖国号召参军入伍,把爱国之心化为报国之行,为广大有志青年树立了新榜样;亲切勉励他们在军队这个大舞台上施展才华,在军营这个大熔炉里淬炼成钢,书写绚烂、无悔的青春篇章。(节选)

教学关注点:通知体移植信函体,通知体移植信函体的作用,移植信函体的条件,移植信函体的修辞效果,语体移植能力培养。

教学法提示:比较法、课堂讨论法、合作探究法、语体管控法。

这是一则通知,属于事务语体中的通知体。一方面为了突出话语内容的重要性、权威性、真实性,另一方面又为了严格遵守通知体的语言应用规范,这份通知文本的撰制者并没有全文移植习近平的书信。正如黄兵在讨论语体再渗透相关问题时所说,这份文件没有引入书信的格式,而只是抽取习近平书信的部分语句进行改造,并将其转化成文件叙述语句的成分。书信与文件中称谓的转换能直观地显示叙述主体的转换。书信中的人称代词"我""你们",在文件中被转换为"习近平总书记""学生们""他们"。[①] 这是语体交叉、语体渗透性选择。这份通知虽然移用了习近平书信中的词语、句子,但都是在事务语体规制中按照通知体式的语言表达方式来措辞的,符合通知体的语言应用要求。这就是采用语体先行策略的结果。

二、语境参照策略

(一) 语境是修辞应用的重要参考框架

其一,从横向角度看,语境无处不在。这无疑突出了语境在修辞活动中的无所不在性和必然在场性。对学生修辞能力的训练与培养必然要在语境中进行。

其二,从纵向角度看,语境无时不在。语境与修辞活动相伴而生,只要修辞活动存在,就必然伴随有具体语境条件。

(二) 语境的多功能性为修辞应用提供了更多便利条件

要充分发挥语境的功能作用,利用语境功能转化的特征强化教学效果。语境具有多种修辞功能:定位功能、生成功能、预测功能、解释功能、暗示功能、引导功能、过滤功能、匹配功能、转化功能、省略功能、补充功能等。要抓住语境功能的现实转化特征开展汉语修辞教学。

(三) 以语境为教学策略提高教学质量

教学过程中,利用具体语境条件激发学生学习汉语修辞学的兴趣,利用具体语境条件传授汉语修辞理论知识,利用具体语境条件提高学生修辞表达能力和修辞理解能力,利用具体语境条件提高学生综合修辞能力。

[①] 黄兵:《语体渗透再认识:类型、连续统——以公文语体与其他语体的相互渗透为例》,载《秘书》2018年第6期,第16-27页。

（四）对语境参照教学策略的应用

笔者在讨论语文阅读教学以及言语交际学课教学方法论时，曾经专门讨论过语境参照教学策略的利用问题。在我们看来，同样的教学策略可以用于不同的课程教学，关键是在具体操作过程中必须结合课程教学内容做出相应的调整。正是基于这样的考虑，我们认为语境参照教学策略依然适宜于汉语修辞教学。[①][②]

语境参照教学策略体现为语言语境参照教学策略、物理语境参照教学策略、文化语境参照教学策略和心理语境参照教学策略。无论是在听、读逆向修辞理解过程中还是在说、写顺向修辞表达过程中，无论是在口头语言表达中还是在书面语言表达中，教师都要引导学生善于综合利用语言语境条件、物理语境条件、文化语境条件和心理语境条件。

教学示例 讲完有关"句子修辞"内容时，在学生学习完句子修辞的相关理论知识后，教师可以设置特定情境带着学生使用如下相关句子进行对话，以强化对语境参照教学策略的利用。例如：

"哎呀，这么多好东西啊！" // "你要什么？" // "还要别的吗？" // "我要二十斤萝卜。" // "大葱多少钱一斤？" // "七元一斤" // "大米怎么卖？" // "是不是可以便宜一点？"

教学关注点：设置购物情境；恰当使用以上感叹句、疑问句、陈述句等句类，可以据情适当再构拟新句子，完成对话。

教学法提示：课堂讨论法、角色扮演法、语境参照法。

三、文化渗透策略

（一）必须渗透

"文化对语言的影响力是不容忽视的。不同民族、地域的文化差异，造成了人思维的不同，也造成了语言材料和表达方式的不同。尤其是在跨文化交际中，要特别注意交际对象的民族文化背景，遵循语言的文化规范，入乡随俗。"[③] 语言变化和文化的变化呈现出互为因果的共变关系。在对外汉语教学中，汉语修辞特征往往与汉文化思维紧密地联系在一起。[④] 就汉语修辞教学来说，主要聚焦于汉民族知识文化、交际文化和习俗文化。采用文化渗透教学策略，实际上就是在文化世界内来探讨文化与修辞现象之间的相互观照性，用文化解读修辞现象的文化理据，用修辞现象反映文化意蕴，由此强化学生的文化阐释力。

---

① 孟建安：《口语交际教学新思维》，暨南大学出版社 2018 年版，第 108 – 110 页。
② 孟建安：《语文阅读教学语境策略选择》，载《教育理论与实践》2012 年第 B – 20 期。
③ 曾毅平：《华语修辞》，暨南大学出版社 2012 年版，第 30 页。
④ 谭汝为：《修辞文化与对外汉语教学》，载《绍兴文理学院学报》2004 年第 2 期，第 76 – 80 页。

教学示例 到餐馆就餐，看到以下菜肴名。如何解读：

金玉满堂、鲤鱼跃龙门、百鸟朝凤、狗不理包子、乡巴佬卤味、猫不闻水饺

教学关注点：地域文化阐释、菜肴名文化意蕴。

教学法提示：文化阐释法、释义法。

不少人对这些菜名虽然并不陌生，但是要真正读懂理解其文化内涵尚需进一步讨论。该如何开展教学活动？如果单纯地从结构、语意入手，就难以真正懂得这些菜名的文化意蕴。如果用文化世界的眼光来审视，就能够让学生通过对菜名文化含义的深入解读而获取相应的文化认知，寻求一种文化认同，由此来帮助他们训练自己的修辞理解能力，并在此基础之上学会恰当运用。从地域饮食文化层面加以分析与阐释，就能够促使学生去思考、去把握这些菜肴名的地域文化内涵。仅以上述前两个潮汕菜肴名为例来看其本意理解与文化含义：

"金玉满堂"是潮州地区宴席上经常能够看到吃到的一道菜肴。做这种菜所使用的主料是姜薯、芋头，成品色泽显得晶莹剔透。姜薯犹如金灿灿的金块，芋头则像银白色的银条，所以当地人就怀着美好的愿望把这道菜肴叫作"金玉满堂"。在潮汕地域文化中被赋予了"财源滚滚"这一文化含义。

"鲤鱼跃龙门"这道菜肴，使烹制好的鲤鱼昂首立在盘中，给人一种像要飞起来一样的感觉，取其形似，以独特的造型取胜。这在潮汕地域文化中寓意为"飞黄腾达"。

（二）全过程渗透

其一，从讲解环节看，文化阐释贯穿于教师课堂教学的所有环节。

教学示例1 文学作品人物对话片段。

女人们到底有些藕断丝连。过了两天，四个青年妇女集在水生家里来，大家商量：

"听说他们还在这里没走。我不拖尾巴，可是忘下了一件衣裳。"

"我有一句要紧的话得和他说说。"

水生的女人说：

"听他说鬼子要在同口安据点。……"

"哪里就碰得那么巧，我们快去快回来。"

"我本来不想去，可是俺婆婆非叫我再去看看他，有什么看头啊。"（孙犁《荷花淀》）

教学关注点：女人们采用了委婉含蓄的表达方式。文化阐释的基本方向：荷花淀女人们对丈夫们的思念和牵挂，那个时代荷花淀女人们的文化心理。

教学法提示：文化阐释法、课堂讨论。

其二，从教学效果评价看，要把文化审视作为重要检测手段，以考核学生的汉语修辞水平。用文化眼光来查验、评估对汉文化的利用程度和适应程度；检视学生在语文实践中是否能够最大限度地利用汉文化条件为语意表达和理解提供优质服务。

教学示例2 不同国别称呼语使用。

越南人往往用"职业+名字"来称呼对方，例如"老师军""医生安"等称呼语的

使用；汉人则常用"姓（名）+职业"来称呼对方，像"张老师""张国阳老师"等称呼语。

教学关注点：称呼语选择；比较不同国别（越南、泰国、菲律宾、美国等）称呼语构成特征；重点分析汉语称呼语构成的基本要求；文化审视。

教学法提示：文化阐释法、结构分析法。

四、教法互补策略

汉语修辞教学方法的选择要坚持适宜、合理、高效原则。从理论意义上看，广义的教学方法处在不同范畴、不同层面：既有讲解方法，也有训练方法；既有分析方法，也有实践方法；既有教学模式，也有教学手段；既有教学方式，也有教学程序。这里罗列一些供参考：对比法、例证法、例规法、规例法、启发法、问答法、谈话法、演绎法、演讲法、评述法、游戏法、比较法、提问法、别解法、示范法、趣味法、归纳法、拆分法、描写法、联想法、复习法、直观法、定义法、训练法、讲练法、练讲法、变换法、辩证法、模仿法、复述法、思辨法、论辩法、替代法、省略法、位移法、重组法、背诵法、讲座法、试教法、仿写法、续写法、改写法、缩写法、视频法、自学法、翻译法、实践法、纠偏法、扩展法、强调法、诵读法、倾听法、图解法、列表法、预习法、写作法、提示法、猜谜法、释疑法、定性法、定量法、激励法、论证法、悬念法、小结法、比赛法、统计法、暗示法、衔接法、考查法、考试法、类比法、引用法、建档法、讲解法、转述法、点拨法、随机法、设疑法、阅读法、朗读法、学导法、迁移法、点面法、情境演绎法、类比推导法、分类指导法、死记硬背法、理解记忆法、分层指导法、目标导引法、开门见山法、翻转课堂法、词语接龙法、情感驱动法、作业互改法、过程追踪法、设置漏洞法、循循善诱法、课外指导法、句子接龙法、教师点评法、学生自评法、生生互评法、师生互评法、辅导答疑法、板书示意法、任务驱动法、小型论文法、角色扮演法、远程指导法、案例分析法、抓干寻枝法、看图说话法、思维导图法、小组讨论法、阅读指导法、问卷调查法、理解记忆法、合作探究法、问题导引法、语境参照法、文化阐释法、语体管控法、语篇导引法、一对一辅导法、语义特征分析法、语义指向分析法、小型课题研究法、单项能力训练法、综合能力训练法、项目式教学法，等等。从理论意义上看，教学方法非常多，难以一一列举。这些方法可以从三个方面加以归类：其一，哲学意义上的教学法，比如辩证法、思辨法、归纳法、演绎法等；其二，一般学科意义上的教学法，比如问答法、启示法、引导法、自学法、理解记忆法、小组讨论法、合作探究法等；其三，专业学科意义上的教学法，比如语境参照法、语义指向分析法、阅读指导法、抓干寻枝法、层次分析法等。

这些教学方法，都可以根据需要加以优化选择。正所谓"教学有法，教无定法，贵在得法"。教育界通常都说，在实施教学过程中要坚持以学生为主体，以教师为主导。汉语修辞教学也不例外，学生是主体，要尊重学生的生命意识，紧紧围着学生所学所需开展汉语修辞教学。教学法教材中经常提到的一般学科教学法、专业学科教学法都可以根据需要用于汉语修辞教学。可以用，不是说必须用，而应该坚持"以学定教，教法互补"原则。在具体教学过程中，教学法选择是极为重要的，但是更为重要的不在于选择什么样的教学方法，而在于所选用的教学方法是不是合适的。因此，要看到每一种教学方法的优点与缺点，辩证地对待，并做到在多种教学方法中取长补短、优势互补。

第四节　汉语修辞教学模式

教学模式属于教学方法论范畴，是为了达到一定的教学目标，根据客观教学规律和一定的教学指导思想形成的或是在教学实践中总结归纳出来的，用来设计课程、编写（或选择）教材的，教师在整个教学过程中必须遵循的，比较稳定的教学程序和教学范式。① 本研究坚持新颖的教学理念，构拟课堂讲授、综合分析、模拟训练、拓展实践、反馈检测"五位一体"教学模式。这一教学模式更多时候突出了任课教师作为督学者、促进者和引领者的主导作用，彰显了学生作为践行者、实践者、求知者的主体作用。

一、课堂讲授环节

课堂讲授就是课堂讲解，也就是通常所谓教师在课堂上的"教"，属于我们所拟定教学模式中的第一个环节。这个环节主要是教师讲解、学生学习并掌握相关修辞理论知识的基础阶段。教学关注点是如何促使学生理解并掌握汉语修辞理论知识。从教学角度看，要解决的主要问题是：给哪些学生讲？讲什么？讲多少？为什么讲？怎么样讲？重点与难点怎么处理？（教法）哪些学生在学？为什么学？学什么？学多少？怎么学？（学法）这个环节解决的主要问题是汉语修辞理论知识的讲解与传授。

（一）要有明确指导思想

讲是为了达到用不着讲的目的。学生是学习主体，教师通过讲授、引导、点拨、启发，帮助他们尽可能自学、自我探索，吃透汉语修辞的奥妙，掌握汉语修辞的规律、技巧和方法。讲是为了用，为了学，要坚持不死讲、不讲死，要围绕着能力培养、实践应用讲授相关修辞理论知识。在讲的时候，要确定明确的教学目标，包括课程教学目标、单元教学目标和章节教学目标，以及教学重点难点。

（二）要做到精讲、少讲、巧讲

"精讲"说的是讲授"质量"。要开展有效教学，分析深刻，分清主次，把握好重点难点，讲课的效率要高。在教学过程中，要根据教学大纲要求以及学生实际，设计好精讲的内容与项目，做到有根有据且科学合理。

"少讲"说的是讲授"数量"。讲的内容少，讲的时间少。讲课不是说讲得越多越好，但也不是讲得越少越好。少讲是为了不讲，因此，必须与精讲结合起来。若一味追求"少讲"，忽略了"精讲"，则必然会削减讲授内容，压缩讲授时间，这样则必然会增加学生学习的盲目性。

---

① 周健、陈群：《语感培养模式——对外汉语教学的理念与实践》，外语教学与研究出版社2011年版，第88页。

"巧讲"就是要会讲,要有技巧、有艺术地讲授。除了优选教学方法之外,有两点必须做到:其一,要使深奥的修辞理论转化为浅显的道理。教师讲解相关修辞理论时,要举例求证,深入浅出,做到有理有据,以使深奥的理论知识浅显化,使学术内容教学化。要把所讲内容讲清楚、讲明白,让学生理解吃透。其二,教学语言要通俗易懂。教师要用通俗易懂的语言把艰涩难懂的专业术语、概念等表达明白,使学术语言教学化,要让学生听得懂、听得清。

(三)要以学定讲,优选讲法

吕必松认为,教学方法是在教学理论和教学原则指导下,在教材编写和课堂教学中处理语言要素和文化知识、训练言语技能和研究交际技能的具体方法,包括编排教学内容顺序的方法、讲解语言点的方法、训练听说读写等言语技能的方法、训练言语交际技能的方法。[①] 如上文所列,不同范畴、不同层次、不同情境、不同内容、不同对象、不同单元、不同环节等意义上的教学方法(涵盖手段、方式、方法等)难以穷尽。比如,如何复习、如何回忆、如何记忆、如何提炼、如何归纳、如何演绎、如何提问、如何导入、如何衔接、如何过渡、如何启发、如何引导、如何点评、如何测试、如何布置作业、如何评改作业、如何组织教学、如何设计教学语言、如何讲解理论知识、如何组织讨论等,都会有不同的多样化的教学法选择。但是,再多再好的教学方法、教学手段、教学方式,最终都要服从于教学目的。汉语修辞教学的目的就是提高学生汉语言表达能力和语言理解能力以及综合修辞能力,因此,汉语修辞教学就十分强调教学方法的优化选择,就要努力做到以学定讲,优选讲法。

(四)内容取舍要合理

根据汉语修辞学课程以及各章节教学目标和教学要求,合理取舍教学内容。教学内容取舍的基本宗旨是:围绕着学生综合修辞能力培养选讲内容。要选讲重点内容、难点内容、核心内容,以及实用性强的内容、学生特别关注的内容、容易发生混淆或修辞偏误的内容,等等。

二、综合分析环节

综合分析是教学模式中的第二环节,是引导学生进一步利用相关汉语修辞理论知识分析理解修辞现象的重要阶段,也是巩固汉语修辞理论知识,培养并提升学生修辞理解能力的阶段。把理论知识应用于对修辞现象的讨论、评价和分析,以提升学生品鉴、分析与阐释的能力。教学关注点是培养与提升学生的修辞理解能力和修辞批评能力。从教学角度来看,要弄清楚的主要问题是:分析理解什么?为什么分析理解?怎么分析理解?分析理解得怎么样?这个环节解决的主要问题是如何培养、锻炼并提高学生修辞理解能力。

---

① 吕必松:《对外汉语教学概论(讲义)》,载《世界汉语教学》1992年第2期至1996年第4期(连载8篇)。

（一）目的与要求

1. 要设定适宜的目标，提出具体而又明确的要求

要提出具体而又明确的要求，对要达到的目的做到心中有数。要根据目标和要求，结合所学相关修辞理论知识，从不同角度设计多样化的应用分析题或引用分析足够量的相关语例，强化锻炼学生应用分析的能力。

2. 培养和提升学生的修辞理解能力与修辞批评能力

应用分析对应于修辞理论知识就体现为对单一修辞理论知识的应用和对多项修辞理论知识的应用。综合分析就是用所学修辞理论知识来阐释相关修辞现象，要达到的目的就是培养修辞理解能力和修辞批评能力。因此，要引导学生善于运用相关修辞理论知识分析相关修辞现象的得失、优劣，尤其要注重广义同义修辞手段之间异同的比较分析。

3. 要采用恰当的分析方法

分析评鉴的方法多种多样，训练过程中要立足于"听""读"语文行为，可以根据具体分析内容适当采用合作探究法、自由讨论法、文化阐释法、语体管控法、问答法、交际法、比较法、语境参照法、问题导引法、任务驱动法、归纳法、演绎法等不同的分析方式方法。

（二）语料收集与引用

（1）要根据各单元教学目标、教学要求以及教学内容，收集不同语体规制下和具体语境中的相关修辞用例。要教育学生平时多留心多积累例子，不要到用时才想到去专门收集，功夫在平常。选例要有助于具体修辞内容教学，能够帮助学生理解相关修辞理论知识。

（2）收集范围要尽量广泛，可以从不同交际领域以及诸如谈话语体、文学语体、科学语体、事务语体、政论语体、新闻语体、网络语体、广告语体、演讲语体等各种语体及其语文体式中收集与所讲内容一致的汉语修辞用例。

（3）要收集并引用具体语境中活生生的语料，要充分考虑语言语境、物理语境、文化语境和心理语境对语料的约束力。除非不得已，尽量不自造符合自己心意的理想例子。

（4）要尽可能地收集相关修辞语例，为分析理解提供足够数量的实证性材料，以使所得结论更加可靠。要多角度收集修辞语料，既要收集引用语音修辞、词语修辞、句子修辞等语言要素修辞语料，也要收集引用辞格修辞、语体修辞、风格修辞、语境修辞等非语言要素修辞语料；既要收集规范用例，也要收集变异用例，还要收集修辞偏误语例。

（5）对例子的运用一定要坚持原则。这个原则就是论点和例子的统一。也就是说，修辞学研究和修辞学论著中，例子要能够证明理论观点。只要在这一基本原则的支持之下，我们就可以科学地、合理地对待例子，对例子做出恰当的处理，使例子有用武之地，从而减少对例子的浪费，提高例子的功效。[①] 用以分析讲解的语例要具有针对性、实用性、可

[①] 王希杰、孟建安：《关于修辞学论著中的用例问题》，载《浙江树人大学学报》2003年第5期，第59－61、65页。

靠性、有效性、可解释性，也就是要讲究语料的质量与效度，要"理想化"。

（6）要强化学生有效开发语料资源的意识，要正确引导学生充分利用所收集到的各种语料资源。要让学生认识到，各种语体规制下和具体语境中的语料、各种语言要素修辞语料和非语言要素修辞语料、各种恰当得体的修辞语料和各种修辞语病语料等，都是可以反复运用于课程教学的，都是可以从不同角度进行分析和研究的，要引导学生最大限度地发挥语料资源的功能和效用，不要白白浪费语料资源。

三、模拟训练环节

模拟训练是教学模式的第三个环节，是学生把所学汉语修辞理论知识应用到现实修辞实践前的模拟性演练阶段，也是各单元教学中引导学生综合应用相关修辞理论知识开展表达能力训练的阶段。关注点是培养与提升学生的修辞表达能力。本环节以假定的模拟训练为手段强化培养学生的修辞表达能力。从教学角度来说，要解决的主要问题是：训练对象是谁？训练什么？为什么训练？怎么训练？训练的效果怎么样？这个环节解决的主要问题是如何培养、锻炼并提高学生的修辞表达能力。

（一）目的与要求

正如前文所述，训练是汉语修辞教学常用的方法和手段。教学过程中，要强化多练与巧练。多练就是要反复地练。训练的意识要强，类型要多，题量要大，时间要足。巧练是说不能搞题海战术，要讲究训练的科学性、艺术性、技巧性，要强化训练的质量。训练过程中，要从学生实际出发，做到题量适中，要有目标、有计划、有步骤、有要求，通过多练与巧练把相关修辞知识理论的学习落到实处。

（二）设定训练目标

要考虑模拟训练究竟要达成什么样的目标；要做到既关注差异性又兼顾共同性，例如要考虑国别不同、能力差异等因素；要做到既把握重点又兼顾全面，要立足于"说""写"语文行为，并在"想""敢""能""会"四个字上下功夫，重点放在"会"这个字上。

（三）选择训练策略

策略选择是模拟训练的凭借与依托。要做到：

其一，从大处着想。要从方法论原则高度做好训练规划，从整体上去设计运用训练模式、手段、方法的总体思路，确定训练活动在方法论层面的基本原则，并把训练规划作为整个训练过程的指导思想。[①] 训练规划要根据学生实际，经过深思熟虑，做出总体设计，包括对训练话题、训练目标、训练方法、训练要求等的规划。训练策略选择要坚持以学生为本，在尊重学生生命意识前提下做好训练前的所有准备工作，仔细思考训练的策略，认真设计训练的路径，周密选择训练的手段与方法。

---

① 孟建安：《口语交际教学新思维》，暨南大学出版社2018年版，第153页。

其二，从小处切入。要做到策略有着落，训练有方法。要考虑怎么策划训练方式，怎么构拟训练手段，怎么选用训练方法，等等。

四、拓展实践环节

拓展实践是教学模式的第四个环节，是学生完全进入交际领域开展汉语修辞活动的阶段，也是把课堂上学到的相关汉语理论知识和语文实践真正结合的实战阶段。要促使学生走出学校、走出课堂开展语文实践活动，以课外拓展实践形式来锻炼学生的汉语修辞能力。教学关注点是培养锻炼并全面提高学生的综合汉语修辞能力。从教学角度看，要解决的主要问题是：拓展实践的目的与要求是什么？如何有效地进行拓展实践？拓展实践的路径如何策划？拓展实践的效果如何？这个环节解决的主要问题是如何培养、锻炼学生综合性修辞应用能力。

（一）把实践作为课外延伸与拓展

实践是汉语修辞理论知识的现实应用。任课教师、学生都必须树立强烈的实践观念，始终绷紧"实践应用"这根弦。从教师教、学生学以及观念意识层面、实际操作层面，把实践应用贯穿在整个教学过程中。教师要重视实践指导，学生要做到学以致用。实践环节要牢牢抓住话语实践领域和语文实践活动。

1．要研判并确认话语实践领域

粗略来看，话语实践有三大领域，各领域的基本修辞追求如下。

日常交际话语领域：以规范化表达为主导，但不排斥艺术化表达。

社会交际话语领域：坚持规范化表达与艺术化表达并重。

艺术交际话语领域：以艺术化表达为主导，但不拒绝规范化表达。

2．要抓住四种语文实践活动

要把修辞应用的最终落脚点放在听、说、读、写四种主要语文实践活动，即四种语文行为上。即如本书前文所论，主要观察：

（1）顺向修辞表达（修辞创造、描写）能力培养：在"说""写"语文实践活动中对语言的应用。

（2）逆向修辞理解（修辞解读、阐释）能力培养：在"听""读"语文实践活动中对语言的应用。

（二）通过拓展实践巩固学生的理论知识基础

汉语修辞课是注重实践的课程。汉语修辞理论来源于实践并必然要应用于实践，以促使学生夯实汉语修辞理论知识基础。要鼓励并组织学生参加各种言语交际活动，在语文实践中完善并巩固自己的汉语修辞知识结构。

（三）要做好总体规划

有组织的拓展实践活动，要在开展活动之前就实践的目标、原则、要求、途径、平台、方式、方法等做全方位的思考与运作；学生自发的拓展实践活动也应该有清醒而又强烈的意识,要知道自己想干什么、想从实践中学到什么、想要到达什么目的。各章节拓展实践活动策划的大致思路举例如下。

(1) 第一步:要落实参加语文实践的话语领域。根据实践目的确定在什么样的交际领域开展修辞实践活动,也就是要先行圈定修辞实践所在的范围。比如,可以在日常交际领域,通过拜访亲友、聊天闲谈、逛街吃饭等活动来完成;也可以在社会交际领域,通过撰写法律文书、写通知、写请假条、写邀请函、写演讲稿、写新闻稿件、写网络推文,或参加辩论比赛、主持人大赛等修辞活动来完成;还可以在艺术交际领域,通过朗诵表演、小品话剧演出以及创作小说、诗歌、散文、剧本、小品、相声等文学作品来完成。

(2) 第二步:在确定话语交际领域后,要认知并确认所要选用的语体及其下位文体式。根据话语交际的实际,合理选用谈话语体、事务语体、新闻语体、网络语体、演讲语体、科学语体、政论语体、文学语体、广告语体等不同语体及其下位语文体式。

(3) 第三步:在做到以上两点的前提下,要求学生依赖于听、说、读、写语文实践活动,坚持得体性原则,并在特定语体规制下和具体语境中选用恰当修辞手段开展话语实践活动,以顺利完成交际任务。

教学示例1 组织实践活动。

组织演讲比赛、辩论比赛、主持人大赛、朗诵表演、小品话剧演出、广告文案策划、活动总结、自我介绍等实践活动。

教学关注点:做好实践规划;确定能力培养目标;指导撰写修辞文本;点评与反思学生修辞实践成果。

教学示例2 自由实践活动。

由学生主动创造实践机会,如讨价还价、闲谈聊天、见面打招呼、电话沟通、写日记、写学习总结、撰写发言稿、写小说散文、自由辩论等。

教学关注点:指导学生做好实践规划,促使学生确定能力培养目标,及时点评学生所撰写的修辞文本;学生自我反思总结。

五、反馈检测环节

反馈检测是教学模式的第五个环节,贯穿于整个汉语修辞学教学过程,既是对学生学习汉语修辞知识与获取汉语修辞能力的评价活动,也是对汉语修辞学课教学效果的检查考核环节。除了课堂提问、小测验、单元测试、单项能力考核、布置作业、小型论文写作、微型学术问题讨论与辩论等检测手段之外,课程结业考核(考试或考查)是对学生汉语修辞学课学习成绩认定的一种重要教学评估手段。从教的角度来看,通过反馈检测(测试),可以及时改进教学,减少盲目性,使教学更具有针对性和适应性,从而取得理想的教学效果;从学生学的角度来看,学生能够经常从教师那里得到自己对知识掌握程度和应用能力的反馈,以测定自己的学习成绩,了解自己掌握目的语的水平。[①]

[①] 徐子亮、吴仁甫:《实用对外汉语教学法(第3版)》,北京大学出版社2013年版,第254页。

这个目的语水平在这里自然是指汉语修辞能力所达到的程度。因此，在汉语修辞学教学过程中必须重视这一环节。有关反馈检测的相关问题，在本书最后列专章做较为详细的讨论，这里不再赘言。

　　需要说明的是，"五位一体"中的"五位"即教学过程中的五个环节，可以浓缩为"讲""解""练""做""测"这五个字，分属三个教学序列。教学序列一包括课堂讲授（"讲"）、综合分析（"解"）、模拟训练（"练"）等三个教学环节，教学序列二为拓展实践（"做"）环节，教学序列三为效果检测（"测"）环节。在分析阐释"五位一体"教学联动机制时，可采用"第一环节""第二环节""第三环节""第四环节""第五环节"这种说法。实际上，这只是语言表达上的一种修辞策略而已，并不意味着必须按照从一到五的顺序开展汉语修辞学教学。五个环节的顺序并不具有强制性，可以根据教学需要做适当调整。

【思考与练习】

1. 如何理解"修辞能力"？教学中，应聚焦于哪些方面？请举例做简要分析。
2. 在汉语修辞教学中，怎么样做才能使"讲练结合"原则得到很好的落实？
3. "语体先行"教学策略的基本要求有哪些？具体实践中该如何落实？
4. 如何理解"文化渗透"教学策略的实质？具体实践中该如何落实？
5. "语境参照"教学策略的优势主要体现在哪些方面？请举例做简要分析。
6. 你赞成"教学有法，教无定法，贵在得法"这一主张吗？请给出足够的理由。
7. 汉语修辞学教学方法非常多，请举例说明如何才能做到"教法互补"。
8. 汉语修辞学教学模式中，课堂讲授环节、综合分析环节、模拟训练环节、拓展实践环节分别要解决哪些关键性问题？请稍加说明与分析。
9. 汉语修辞学教学中，例子问题是必须解决的一个重要问题。就语料在修辞教学中的重要性、如何才能收集到足够数量的有效的修辞语例、如何才能把恰当适宜的例子引用到课堂教学中来这些问题，谈一谈自己的看法与体会。
10. 关于课外拓展实践活动，不同的任课教师都会有自己的想法与思路。就汉语修辞学教学拓展实践环节，请策划2～3个话题，并设计相应的路径，提出切实可行的要求和做法。
11. 你觉得汉语修辞学课拓展实践教学环节应该如何策划？
12. 高校现代汉语教学，尤其是中小学语文教学中，长期以来关于修辞知识教学存在着较大的误区，即把修辞教学等同于修辞格式教学。你认为应该如何看待这种现象？怎么做才能走出这一误区？
13. 中学语文教学中，修辞知识教学应该如何进行？请谈谈你的看法。
14. 你觉得中学语文教学中，哪些修辞内容应该作为教学重点？哪些修辞内容是教学难点？
15. 你认为汉语修辞学课教学的重点和难点主要有哪些？为什么？

第二章 修辞原则教学实验

【教学目标与要求】

通过讲授、分析、训练与实践，促使学生掌握得体性原则的基本内涵和相关要求，逐步形成正确的修辞观与辩证得体观，培养并提高学生按照得体性原则要求进行恰当理解、得体表达的能力。

【教学重点】

辩证得体观形成、恰当理解能力培养、得体表达能力培养、综合修辞能力培养。

【教学难点】

得体理解能力培养、得体表达能力培养。

第一节 修辞原则教学内容取舍

一、什么是修辞原则

有学者说，修辞原则是为使话语达到理想交际效果的具有普遍指导意义的运用语言的法则和准则，是指导一切修辞活动的总纲。[①] 任何语文实践和修辞活动都必须坚持修辞原则。修辞原则是语文实践活动中修辞应用的纲领，也是取得理想修辞效果的纲领性要求。

在汉语修辞学发展史上，关于修辞原则的主张非常多，而且特别强调修辞原则在修辞实践中的重要性。比较有代表性的观点，比如：

远溯古代，从汉语修辞学角度看，孔子、荀子、理学家二程等都从不同角度提出了语言运用中应该坚持的原则。比如孔子主张"修辞立其诚""质胜文则野，文胜质则史。文质彬彬，然后君子""辞达而已矣"，并认为："可与言而不与之言，失人；不可与言而与之言，失言。知者不失人，亦不失言。"（《论语》）

中达现代，早在20世纪30年代，陈望道在《修辞学发凡》中就提出了"适应题旨情境"的主张。他指出："修辞以适应题旨情境为第一义，不应仅仅是语词的修饰，更不应是离开情意的修饰。"[②]

近至当代，20世纪80年代，汉语修辞学研究成果丰硕，对修辞原则的讨论如火如荼，为学界所认同接受的主流观点和主张引领着修辞学人不断地探索汉语修辞学的奥妙。比如说，张志公提出了"得体"说，认为"所谓得体，就是在这样的场合，同这

---

① 曾毅平：《华语修辞》，暨南大学出版社2012年版，第24页。
② 陈望道：《修辞学发凡》，上海教育出版社1932年版。

样有关系的一些人说一件事,怎样说最恰当,合乎这种场合的要求,合乎听话人和说话人相互关系的要求","就是在真实的、实事求是的前提之下,根据具体的场合、具体的对象,采取恰当的说法,表现出自己一种应有的修养,一种比较高尚的思想精神面貌,这就是得体"。① 宗廷虎则认为:"修辞的标准和原则,大致包括以下几方面的内容:修辞必须处处围绕题旨;修辞必须适应不同的对象;修辞必须适应不同的语境;修辞必须适应上下文;修辞必须适应不同的语体。"② 到了20世纪90年代,王希杰在其系列性修辞学论著中提出并系统地论述了得体性原则的基本内涵、基本要求、基本内容和重要地位。他认为,"得体性指的是语言材料对语言环境的适应程度",是"一种社会群体的文化心理的价值评价",并把得体性原则确定为修辞的最高原则和根本原则。在他看来,"修辞的最高原则只有一条,那就是:得体性原则。一切其他的原则都从属于这个原则,都是这个最高原则的派生物。这个原则制约着和控制着一切其他的原则"。③

学界关于修辞原则的主张和观点,表述各异,重心各有不同,但做到适应得体则是多数学者达成的基本共识。按照得体性原则,修辞必须做到得体,要以得体为最高追求目标。得体是什么?得体就是要把话语说得恰到好处、适宜得当,要使语言运用与题旨相适应,和四个世界语境条件相匹配,与特定语体规制相协调,与修辞主体的角色身份相吻合。得体性原则作为一种纲领性原则,坚持以得体为初始点并以得体为终结点,由此就要求修辞主体必须围绕着话语是否得体来说话、来写作、理解和解读。修辞主体只有根据特定语体规制和具体语境条件来确定适宜话题,选择恰当表达方式,构拟有效的修辞手段,才能获取不同层级的得体效果。正由于此,修辞话语是否得体,就要看对得体原则要求和标准的满足程度。满足程度越高,则得体程度就越高;满足程度越低,则得体程度就越低。满足得体标准和要求的过程其实就是修辞选择过程,就是由不得体状态到得体状态的实现过程。按照一般的逻辑来推导,这个修辞选择过程应该经历了很不得体—不很得体—得体—比较得体—非常得体等几个阶段。当然,修辞能力强的修辞主体在实际选择过程中不一定都经历这几个阶段,完全可以一次到位,直接通达非常得体阶段。

二、修辞原则要求

得体性原则作为修辞的最高原则、根本原则,从方法论层面规定了语文实践与修辞应用必须遵守的根本大法,也是宏观意义上的修辞要求。那么,把这一根本大法进一步细化为得体准则时,则必然会反映在语言、语义、文化、心理等不同侧面的具体要求上。

(一)语言范畴内的要求

语言范畴内的要求属于语言原则,是得体性原则在语言世界内对修辞应用提出的基本条件。如果这些条件满足了语言世界的基本规范和要求,做到了对语言世界的适应,

---

① 张志公:《修辞是一个选择过程》,载《修辞学习》1982年第1期,第3-5页。
② 宗廷虎:《修辞的原则和标准》,载《修辞学习》1986年第5期。
③ 王希杰:《修辞学通论》,南京大学出版社1996年版,第343页。

与语言世界达成了某种程度的一致性，那么就是做到了修辞上的得体。语言范畴内的得体要求是得体性原则在微观层次的得体要求。

其一，规范表达层级的要求。在语言世界内，把话说正确、说通顺、说明白，是修辞表达最基本的要求，也是规范修辞的重要内涵。规范表达是得体性原则在微观层面上的基本修辞体现。或者说，规范表达是得体的低层级形式，同时也是学生基本修辞能力的根本表现。

规范性表达是指修辞主体在语音、词汇、语法方面所遵循的基本标准和规则，就是要使语言应用做到合规合法。语音方面，要符合普通话语音的规范要求，尤其是在口语修辞中要尽可能避免大量同音现象以及拗口和歧解现象；词汇方面，要符合普通话词汇的规范要求，包括同义词、反义词、同音词、多义词、成语、歇后语、惯用语、缩略语、文言词、方言词、历史词等的使用都要符合规范；语法方面，组词造句要合乎语法规律，做到话语通顺畅达，没有语病。

其二，变异表达层级的要求。变异表达是指超常表达，也就是超越了语音、词汇、语法使用规范并取得预期修辞效果的修辞表达。这种超越是对常规的突破，是在特定语体规制下和具体语境中的艺术化表达，是变异修辞的重要表现样态，同时也表明学生的修辞能力上了一个新的台阶。像成语变用（义变、音变、形变、色变、效变）现象、同音词构成的谐音现象、词语色彩的变异、句式的变用等，都是化病句和常规句为艺术佳句的变异表达，都属于变异修辞现象。

其三，综合表达层级的要求。综合表达是规范表达与变异表达的统一体，融入了符合汉语言规范的表达和突破语言规范的表达，是修辞主体综合修辞应用能力的体现。

满足了得体性原则在规范表达、变异表达和综合表达三个层级的要求，就意味着修辞应用做到了对语言规范的得体、对变异规律的得体、对综合修辞条件的得体。说到底，就是满足了得体性原则对语言世界的要求，做到了依规合体。从修辞能力梯级来看，也正突出了规范修辞能力、变异修辞能力和综合修辞能力的逐步获得过程。

（二）语义范畴内的要求

语义范畴内的要求属于语义原则或情景原则，就是得体性原则在物理世界内对修辞应用提出的基本条件。如果这些条件满足了物理世界在语意表达和理解上的基本规范和要求，做到对物理世界相关条件的适应，与物理世界达成了某种程度的一致性，那么就是做到了修辞上的得体。语义范畴内的得体要求是得体性原则在微观层次的得体要求。

语文实践和修辞应用过程中，得体性原则对语意表达的基本要求是什么？简单地说，就是要做到合情合理，不仅要做到有理适常，而且还要做到无理而妙。

其一，有理适常。合乎情理自然要以客观真实为逻辑基础，语言所输出的语意内容要与物理世界的真实性保持高度一致。说话要实事求是，说出的话要有可靠的根据和理由。通常情况下，哪些词语经常和哪些类型的词语相搭配，往往是约定俗成的，由此而对语义内容的表达和理解才会合乎常理，并能够找到之所以这样表达的事实根据。这是语意表达的基本要求，也是语意表达的常规。

其二，无理而妙。这是对语意表达的更高要求。为什么这样表达，为什么不这样表达，看似无情无理的语言表达一定能够在物理世界内找到在情理上最具说服力的条件和根据。从语意表达本身来看，虽然违背了客观真实性，但是由于特定语体规制和具体语境提供的帮助，又使得修辞话语能够在逻辑深层发掘出存在的情与理。

（三）文化范畴内的要求

文化范畴内的要求属于文化原则，就是得体性原则在文化世界内对修辞应用提出的基本条件。如果这些条件满足文化世界在语言应用上的基本规约，做到了对文化世界相关条件的适应，与文化世界达成了某种程度的一致性，那么就是做到了修辞上的得体。文化范畴内的得体要求是得体性原则在中观层次的得体要求。

得体性原则在文化世界的基本要求就是修辞话语能够在文化意义上得到合理的阐释，能够解释得通。语文实践和修辞应用离不开修辞主体所在文化世界因素，包括文化传统、文化背景、地域文化、时代环境、文化心理、知识文化、交际文化、习俗文化等因素的制约。由于文化是语言世界反映物理世界并通向心理世界的中介，因此修辞话语是否得体，必须从文化世界角度去诠释，看它是否能够得到文化世界的合理解释，是否能够得到文化世界的有力支持。具体地说，要看修辞话语同本民族文化传统是否一致，与特定文化氛围是否一致，①与民族文化心理是否一致，与时代环境是否吻合，与地域民风民俗是否一致。如果做到了一致，能够用文化世界因素来解释相关修辞话语，能够找到相应的文化理据，那么修辞话语就遵循了得体性原则，就是恰如其分的、得文化之体的。正如陈光磊所说，使用语言"要求话语合乎语言交际的文化规约，也就是所说和所写的话语在社会的人际关系的表达方面是正确的、合适的——这讲究的是语用的得体性"，"从言语行为的文化规约上去审察语用：合乎文化规约的话语就是得体的；反之，就是不得体的"。②

（四）心理范畴内的要求

心理范畴内的要求属于心理原则，就是得体性原则在心理世界内对修辞应用提出的基本条件。如果这些条件满足了心理世界在语言应用上的基本要求，做到了对心理世界相关条件的适应，与心理世界达成了某种程度的一致性，那么就是做到了修辞上的得体。心理范畴内的得体要求是得体性原则在宏观层次的得体要求，也是得体性原则最高层次的得体要求。

得体性原则对心理世界的基本要求就是接受主体能够认可接受表达者所构拟的修辞话语，能够与表达主体在心理上保持高度的一致性，能够找到双方在语言运用认可度上的最大公约数。修辞话语能否被认可接受，在某种程度上是由接受主体个人心理状况、社会群体心理状况、文化心理状况等条件来决定的。通常情况下，修辞话语与心理状况需求的吻合度越高，则修辞话语被接受的程度就越高，那么修辞话语的得体度也就越高；反之，修辞话语被接受的程度就越低，得体度也就越低。之所以把心理范畴内的得

---

① 孟建安：《汉语修辞转化论》，暨南大学出版社2013年版，第230页。
② 陈光磊：《对外汉语的语用修辞教学》，载《修辞学习》2006年第2期，第6-10页。

体要求确定为最高层次的得体要求，就是因为修辞话语是否得体最终还是要看接受者的认可度，心理世界的可接受性是判断修辞话语是否得体以及得体程度的最终因素。正因为如此，如果心理世界可以接受，做到了宏观层次上得体，那么不管语言世界是否合规合法、物理世界是否合情合理、文化世界是否解释得通，整个话语都是得体的；如果心理世界不能接受，宏观层次上不得体，那么不管语言世界是否合规合法、物理世界是否合情合理、文化世界是否解释得通，整个话语都是不得体的。①

三、修辞原则践行

何自然说："如果我们把话语修辞提到应有的高度加以重视，运用语用学的顺应说，将修辞的目的放在多维的顺应上面，如对语境关系作出顺应，对语言结构作出顺应，注意顺应的动态性、顺应的意识程度等，则听话人接受取效就有了较大的把握，言语交际就会取得满意的结果。"② 根据顺应理论，要做到得体就必须学会顺应，学会在语体意识和语境意识支配之下利用相关语境条件创造适应具体语境和特定语体规制的修辞话语。

语言环境是语言世界语境、物理世界语境、文化世界语境和心理世界语境的统一体。要做到得体，就是要使修辞话语顺应语言环境，要结合语境来构拟修辞话语，要努力使修辞话语与具体语境保持高度的吻合与一致性。具体如下：

其一，在语言世界内，要解决的根本问题是语言与语言的关系问题。就是要做到修辞话语对语言语境，包括内容题旨、上下文（前言后语）、语体规范、风格特征等的适应与得体。一方面，要顺应语言规范，做到对语言规范的适应与得体；另一方面，要顺应语言变异条件，做到对语言变异条件的适应与得体。

其二，在物理世界内，要解决的根本问题是语言与现实的关系问题。就是要做到修辞话语对物理语境，包括具体场合、交际氛围、修辞主体、时间地点等的适应与得体。比如，对修辞主体的得体就是要保持自我，自我定位准确；要把握好交际对象，充分尊重对方；要把握好双方角色关系与人际关系。

其三，在文化世界内，要解决的根本问题是语言与文化的关系问题。就是要做到修辞话语对文化语境，包括合作精神、礼貌传统、适度理念、文化风貌、民风民俗、文化心理、时代文化、审美文化等的适应与得体。俗话说，"十里不同风，百里不同俗，千里不同情"，因此就要做到"入境而问禁，入国而问俗，入门而问讳"，这样才能使话语与文化世界的要求相符合。

其四，在心理世界内，要解决的根本问题是语言与心理的关系问题。就是要做到修辞话语对心理语境，包括修辞目的、修辞动机、效果追求、个体心理、认知心理、群体心理等的适应与得体。

---

① 孟建安：《人际交往语言学》，世界图书出版广东有限公司2019年版，第31页。
② 何自然：《话语修辞理论与实践·序言》，载李军主编《话语修辞理论与实践》，上海外语教育出版社2008年版，"序言"第Ⅷ页。

第二节 修辞原则课堂教学设计

一、修辞原则课堂讲授构想

课堂讲授是学生学习并掌握汉语修辞原则的第一阶段,也是修辞原则单元教学中培养学生践行得体性原则的基础阶段。教学关注点是学生对得体性原则基本属性、分原则、相关准则和具体标准的理解与掌握程度。

修辞原则教学的重点、难点有哪些?教学过程怎么设计?如何才能通过讲授让学生理解并掌握修辞基本原则与根本原则?如何才能促使学生在汉语学习与修辞应用过程中始终贯彻得体性原则?怎么样才能培养学生得体表达和恰当理解修辞现象的能力?如何利用得体性原则来评点修辞现象的得体状况?类似的问题都是教学过程中要特别关注的教学内容。

(一)目的与要求

(1)通过课堂上教师的讲解与阐释,引导学生系统学习得体性原则,要求学生理解掌握得体性原则的本质属性、基本特征,并把握好得体性原则的基本要求。

(2)要求学生学会运用得体性原则理论知识分析修辞现象的得体状况,从修辞原则角度为培养学生的分析理解能力打下理论知识基础。

(3)要求学生熟练掌握并认真践行得体性原则理论知识、得体要求与得体认知标准,为培养学生的得体表达能力提供理论支撑。

(二)重点与难点处理及教法选用

得体性原则是汉语修辞过程中应该坚持的根本原则,对得体性原则使用是否到位、运用是否合适,都不同程度地综合制约着修辞主体说什么、写什么、如何说、如何写、说写效果以及对语意的准确把握。遵循修辞原则顺畅达意并准确释意,是从修辞原则角度锻炼和培养学生汉语修辞应用能力的基本要求。

1. 通过讲解与阐释,促使学生熟练掌握得体性原则理论知识

(1)要促使学生熟练掌握微观得体表达的基本要求。

其一,要引导学生掌握分级表达的基本要求和做法。首先,要促使学生掌握规范表达的基本要求。把话说通顺说明白,做到规范合格,这是学生学习汉语、开展修辞活动的基本功,也是得体性原则对得体效果的最基础性要求。其次,要促使学生掌握变异表达的基本技巧。变异表达是建立在具有较强规范表达能力基础之上的修辞表达。最后,要促使学生掌握综合表达的基本要求。规范表达、变异表达都是单项修辞活动,而综合表达则是综合性修辞活动。学生得体表达能力的高低,主要是看综合修辞能力的强弱。

<u>教学示例 1</u>

①人家说他早已不在人世了,其实他还活着。(周建用例)

②茫茫的衣服笑笑的脸,大街小巷,认识的不认识的人们全都乐融融的,祥和了这

片天地。(晓荷《春节日记》)

教学关注点：规范表达、变异表达、得体状况。

教学法提示：对比法、分析法、语体管控法。

例①符合现代汉语普通话规范的话语，是合格表达。例②中，"茫茫的衣服笑笑的脸，大街小巷，认识的不认识的人们全都乐融融的"是规范表达；后半句"祥和了这片天地"属于变异表达，"祥和"由形容词而临时用作动词，并被赋予了"使……祥和"这一语境义。显然，该例引自文学语体，为"祥和"的变性提供了语体条件。

其二，要引导学生熟悉合情合理表意的基本要求。教师要采用讲授、示范等不同手段，培养学生学会利用可靠理据来表情达意，并在此基础上利用语境条件进行"无理据"达意，以收到有理有据而巧、无理无据而妙的效果。

教学示例2

①肇庆是广东省的一个地级市。这个地方风景美丽，有七星岩、鼎湖山、羚羊峡栈道、北岭山森林公园等几个不错的风景区。

②说个谎，道个谎，干灰里头筷子长，蛇蚤拉的铁绳响，三十黑夜出月亮，贼娃子翻院墙，聋子先听着，跛子跳上房，抓住个辫根子，才是个秃子光。(贾平凹《故里》)

教学关注点：语意真实性、无理而妙、得体状况。

教学法提示：分析法、文化阐释法、小组讨论法。

例①尊重事实，是对客观实际的介绍与说明，符合得体原则对语意表达真实性合理性的要求，因此是合情合理的得体表达。例②从物理世界来看，显然是不真实的，是虚假的，违背了语意表达与物理世界之间逻辑上的真值关系，这种表达是无理的。但是，如果联系《故里》语篇以及该作品所反映的时代背景和地域文化环境，就会发现这段话是与北方地域文化以及文化贫瘠时代的社会环境相吻合的，做到了对地域文化、时代环境的高度适应。因此，该例又是看似无理但其实理在言外的得体表达。

(2) 要促使学生熟练掌握中观表达的基本要求和做法。

从教学角度来说，按照中观层面的得体要求来锻炼学生的修辞能力，就是要培养学生汉语修辞应用的文化阐释能力。也就是要让学生从文化世界角度，把文化作为修辞阐释的条件和根据，通过对修辞现象的文化认知、文化解释和文化认同来掌握汉语修辞应用的技能。

教学示例1

雨村拍案笑道："怪道这女学生读至凡书中有'敏'字，皆念作'密'字，每每如是，写字遇着'敏'字，又减一二笔，我心中就有些疑惑。今听你说的，是为此无疑矣。"(曹雪芹《红楼梦》)

教学关注点：避讳心理、缺省现象、得体状况。

教学法提示：文化阐释法、问题导引法、合作探究法。

该例中，贾雨村说林黛玉在说到或写到自己母亲名字时，都会把"敏"说成"密"，或书写时少写一二笔，换成其他字或者写成错别字。从修辞学意义上说，这种做法其实就是一种同义手段选择或者说是一种借代手法。从语言世界和物理世界看，这种选择显然是错误的，违背了事实，也不符合语音规范和书写规则，因此应该是不得体的修辞选择。但当把这种修辞现象和林黛玉所生活的那个时代的文化背景、所受到的传统文化教育、其内心的避讳文化心理等文化因素对接起来时，就会发现林黛玉的这种修辞选择是完全可以说明白的。传统文化心理促使林黛玉必然要采用避讳手段来表情达意。林黛玉的修辞选择能够在文化世界找到理由和根据，得到了传统文化心理强有力的支持，做到了对文化世界的适应与得体，因此是可以解释得通的，是符合中观得体要求的。

【教学示例2】

我告诉你，大小姐，一个女人就像一个风筝。别看她花红柳绿的，在半空中摇摇摆摆，怪美的，其实那根线儿在人家手里呢？不服气你要挣断那根线儿，好，你就头朝下，不是落在树上，就是挂在电线上，连尾巴带翅膀，全扯得稀烂，比什么都难看！（老舍《四世同堂》）

教学关注点：比喻手段、文化心理、时代环境、得体状况。

教学法提示：文化阐释法、小组讨论法、联想法。

该例表达主体大赤包在教训自己的女儿时，非常巧妙地运用了比喻手段：把一个女人比作"一个风筝"，而把封建礼教比作牵着绳线的男人。无论什么时候男人始终都在牵制着女人，如果女人挣断了那根线，必然会被撞得头破血流。大赤包为什么会对女儿说出这样的话？我们可以用传统文化心理做较为深入的分析。由于受传统文化影响，在大赤包心目中，"女子无才便是德"，坚守"三从四德"才是好女子。女性就是男权社会的附属品，不必有社会地位、经济地位、政治地位。女人打扮得再花枝招展，再怎么漂亮贤惠，都不过是男人的玩物，都必须听命于男人。女人一旦离开了男人，失去了男人的掌控，也就失去了生存的基本保障。显然，大赤包对女儿说的话是能够在文化世界得到合理解释的，因此，这样的修辞话语就做到了对时代环境、文化背景、文化心理的最大适应，既形象生动，又符合人物心理需求，也与社会时代的文化规约完全吻合，因而获取了好的修辞效果。

（3）要促使学生熟练掌握宏观得体表达的基本要求和做法。

按照宏观得体要求锻炼学生的修辞表达能力，就是要让学生说出或写出的修辞话语被交际对象认同并接受。宏观得体要求其实就是要使修辞话语满足交际对象的心理需要，能够为交际对象所接受。汉语修辞教学的重要目的就是让学生的修辞表达符合得体性原则的最高标准。教学过程中，要因势利导，让学生学会利用心理语境条件开展修辞实践活动。

【教学示例1】

① 小妹告诉我，目光勾勾的，左边的那只眼变成了绿色。
② 原来父亲每天夜晚变为狼群中的一只，绕着这栋房子奔跑，发出凄厉的嗥叫。
③ 她指着自己的太阳穴，那里爬着一条圆鼓鼓的蚯蚓。
④ 她告诉我，在天明的那一瞬间，一大群牛从窗口飞了进来，撞在墙上，落得满地皆是。（残雪《山上的小屋》）

教学关注点：错乱的思维、虚幻的事实、文学语体、创作心理、得体状况。

教学法提示：联想法、讲解法、心理认知法、合作探究法。

从物理世界来看，这四例都是无法解释的，都违背了基本的逻辑事理。在文学语体中，由于作者是在刻画人物形象，描写的是"她"的精神裂变、一种超常的心理状态，因此这些修辞话语所表现出的虽然是非常态的、非理性的、异常虚幻的、变了形的，但却满足了作者的创作心理需求和修辞表达动机，而且也符合人们对文学语体语言笔法的基本认知。正因为如此，这些话语得到了读者的认可并为读者所接受，达到了宏观得体的基本要求，是对作者心理、人物心理和读者心理的最大顺应，因此是获取理想修辞效果的得体表达。

教学示例 2

甲：我穿这件深红色的衣服好看吗？

乙：还不错，就是颜色有点鲜艳了。

教学关注点：视点转换、委婉表达、接受心理、得体状况。

教学法提示：讲解法、心理探究法、情境演示法。

该例中，乙实际上想要表达的意思是：你的皮肤还不够白，穿这么鲜艳的衣服不好看。但是，乙并没有把甲作为评论的焦点，而是把衣服颜色作为视点，说衣服颜色有点艳丽，不适合甲穿。这种婉转表达不仅不会使甲由于乙说自己皮肤不白而可能产生不快，相反还使得甲能够推导出乙的言外之意，并十分乐意接受乙的意见。可以说，乙的话语是对甲心理语境的得体，满足了得体性原则在心理范畴内对得体的要求，因此整个话语就是得体的。这也说明乙很会说话，能够利用对方心理状况说出让对方容易接受的话语。

2. 通过讲解与阐释，引导学生熟练掌握修辞表达适应语境的基本要求和做法

要培养学生的语境适应意识，引导他们充分认识语境对修辞应用的重要作用，要始终把语境作为修辞应用的重要参考条件。

（1）修辞要适应语言语境。

语言是内容与形式的统一，语言语境就是语篇语境。修辞要适应语言语境，就是要使学生的修辞应用，包括语音手段、词语手段、句子手段、辞格手段、风格手段等的运用与内容题旨、上下文、语体、风格特征等保持一致性，或者语言世界内各相关修辞要素或修辞手段之间彼此要相互契合、相互适应。

教学示例 1

翠姑却留神到魏东亭身后还站着一个少年，约莫十岁上下，文文静静地站在门旁，忙问："这位少爷是跟随魏大爷一起来的罢？"魏东亭见问，忙笑道："这是我家龙公子，一同出来闲逛，不想就闯到这儿来了——咱们看看就走罢！"那少年拱手对众人一揖，笑道："既来之，则安之，咱就坐坐再去不妨。"众人见他虽然年少，却举止稳重，落落大方，又见魏东亭对他尊礼甚笃，也都不敢轻慢。伍次友忙说："请一同入座。"魏东亭欲将少年让至上首，说道："以位而论，爷最尊，自应坐在上头。"

少年将手一摆，说道："这又不是在家里，你也太多礼了！"说着便挨着翠姑坐下，"我们已进来了多时，方才听伍先生高论说功名，有趣得很，请接着往下讲。"（二月河《康熙大帝》）

教学关注点：话题、上下文条件、文学语体、得体状况。

教学法提示：追寻话题法、情境再现法。

该例中的修辞应用做到了与语言语境相关条件的吻合与适应。其一，与话题内容相吻合。该例的内容焦点是"少年"，整段话都是围绕着"少年"来展开。其二，适应上下文意。上文翠姑的提问与下文魏东亭的回答、下文少年回答的内容与魏东亭提出的请求是一致的。其三，所采用的口头词语、成语、祈使句、疑问句、陈述句等修辞手段彼此相互适应，也符合话语整体风格和口头语体的要求。

教学示例2

（他）用小烟锅在羊皮烟包里挖着、挖着，仿佛要挖出悲惨生活的原因，挖出抗拒命运的法子。（杜鹏程《飞跃》）

教学关注点：上下文语境、词语变异、得体状况。

教学法提示：语境参照法、仿造句子法、小组讨论法。

该例中，"在羊皮烟包里挖"是没有问题的，但是挖着、挖着，"挖出悲惨生活的原因，挖出抗拒命运的法子"，无论是从语法规则上说还是从语义搭配习惯来看，都是有问题的。如果仅仅从语法和语义，也就是从语言规范和逻辑角度看，这句话是不得体的。但是，联系语篇语境，就会发现上下文语境对这种表达方法起到了协调作用。由于上下文的关系，表达者在说用小烟锅从羊皮烟包里挖烟丝的时候，就把本来可以用在烟丝上的动词"挖"顺势用在了"悲惨生活""抗拒命运"上了，对这个动词做了变异处理。这又使得这句话变得合情合理，做到了对上下文语境的适应。

（2）修辞要适应物理语境。

对物理语境的适应是得体性原则在物理世界范畴内的要求，目的就是培养学生充分利用物理语境条件进行修辞表达的能力。要求修辞应用与话语情境、表达主体、接受主体、人际关系、角色关系、第三者潜显存在情况、时间场合、交际氛围等具体物理语境条件相适应。

教学示例1

"我倒不派老太太的不是，老太太倒寻上我了？"贾母听了，和众人都笑道："这可奇了！倒要听听这个'不是'。"凤姐道："谁叫老太太会调理人？调理得水葱儿似的，怎么怨得人要？我幸亏是孙子媳妇，我若是孙子，我早要了，还等这会子呢！"（曹雪芹《红楼梦》）

教学关注点：角色及其角色关系认知、现场情境、潜在物理语境条件、得体状况。

教学法提示：角色认知法、情境演绎法、情境认知法、问题导引法。

该例中，当时的交际气氛相当紧张，缘于贾赦要娶贾母身边的贴身丫鬟鸳鸯为妾，而贾母气得"浑身打颤"，并责怪眼前的王夫人、宝玉、凤姐等人不会做事。因为贾母、贾赦、鸳鸯的地位以及和周边人的错节关系，在场的人都不敢说话，不知道怎么说，也不知道说什么。正是在这种人人自危、不置可否、寂静压抑、紧张恐惧的氛围中，大观园中拥有一定的实际发言权而又伶牙俐齿的凤姐打破了僵局。她简单梳理了人物之间的关系，又见机抓住了这种关系并把它作为修辞建构的有利条件，化被动为主动，用一种赞誉策略来构拟修辞话语，从而缓解了本已紧张的气氛。王熙凤所构拟的以上修辞话语，既奉承了疼爱自己的贾母，也没有触犯公公贾赦，又夸奖了贾母的丫鬟鸳莺，更深得在场人的认同，把在场的人都说得非常开心。王熙凤说的话做到了左右逢源，是对在场所有人现场情境的最大适应，尤其是得到了贾母的认可与赞同，因此是非常得体的。①

教学示例2

公共汽车紧急刹车，一位男乘客站立不稳，倒在一位女乘客身上，于是便有了下面的对话：

女乘客：瞧你那德性！

男乘客：这不是德性，是惯性。（王绍龄《言语交际》用例）

教学关注点：现场情境条件、男女乘客关系、得体状况的辩证性。

教学法提示：现场情境利用法、小组讨论法。

该例中的物理语境条件是在公共汽车上、男女乘客、偶遇关系、汽车急刹车、女乘客的愤怒情绪等，语言语境条件是女乘客的话。在这一交际情境中，男乘客利用了这些物理语境和语言语境条件，顺口说出了"这不是德性，是惯性"这句话。这句话可以起到缓和双方紧张关系的作用，因此是对现场语境的适应，是得体的修辞表达。但要注意的是要慎用，当男女乘客为偶遇关系时更应该谨慎，以免引起不必要的误会。如果引起了误会，那就不得体了。

（3）修辞要适应文化语境。

每个民族都有自己的民族文化，每个地域也都有别样的地域文化，来自不同国别、地域的学生自然也都有自己的民族文化背景和地域文化特质。他们学习汉语言，一方面要学习汉语言本体，掌握汉语言规则，另一方面还要学习汉文化、地域文化。语言与文化、文化与语言关系密切，语言记录文化、传承文化，语言又是文化的一部分。汉语言、汉文化与学生的母语、方言、（地域）文化传统虽有一定区别，但是也有某种意义上的同构性。正因为如此，在教学过程中就要通过对不同语言文化的比较和阐释，尤其是与学生自己的母语、文化背景做比较分析，才更有助于学习汉语修辞。学习汉语修辞，必然要使修辞与汉文化、地域文化相适应，做到对汉文化、地域文化的得体。

教学示例1 汉文化背景下常用的告别话。

我该走了。你一定很累了，早点休息吧！

明天你还要上班呢，我得走了。

不好意思，浪费你这么多时间！

慢走！常联系！

走好！过几天再一起吃个饭吧！

教学示例2 汉文化背景下常用的招呼语。

吃饭了没？

你去哪呀？

上课去呀！这么早就来了。

---

① 孟建安：《汉语修辞转化论》，暨南大学出版社2013年版，第215页。

这一段都干啥去了？怎么也不见你。

早就听说过您，久仰久仰！

教学关注点：交际文化，告别话、问候语和招呼语使用的文化心理，交际主体；得体状况。

教学法提示：现象罗列法、比较法、文化阐释法、合作探究法。

示例1、示例2中的这些告别语和招呼语都是汉文化背景下的产物，是受到汉文化心理、文化传统、时代环境、礼仪规范的制约和影响而创造出来的。不难看出，这些话语的总体特点就是：以体谅对方为出发点，事事都替对方着想，并且蕴含着自谦、敬人等较多的文化心理因素。在中国人看来，所有的这些告别辞、招呼语、问候话语都不难理解，都是与汉文化语境相适应的修辞话语，都是得体的修辞话语。

（4）修辞要适应心理语境。

修辞表达和修辞理解都离不开心理语境条件。修辞应用必然要受到修辞冲动、修辞动机、修辞目的、修辞愿望、情感情绪、审美心理、认知心理以及其他个人心理状况的管控。修辞手段的构拟、话语风格的确定与调适、语文体式的选择、主旨内容的表达等都要做到与修辞主体心理语境相适应，以便得到接受主体的最大认同。换句话说，在教学过程中，一定要让学生认知交际双方的心理状况，并结合此时此刻的心理状况进行修辞表达。要说或写足以让对方认可并接受的话语，以获取理想的得体效果。

教学示例1

作为一名中医工作者，我有幸参与了青蒿素的研发工作，但我不是以获得诺贝尔奖为终极目的。

我唯一的追求是：抗疟、治病。

因此，我不想对于自己已经没有多大价值的诺贝尔奖，给我的晚年生活带来巨大的困扰、烦恼和质疑。

我喜欢宁静，蒿叶一样的宁静。

我追求淡泊，蒿花一样的淡泊。

我向往正直，蒿茎一样的正直。

所以，我请求您能满足一个医者小小的心愿。（引自屠呦呦诺贝尔奖颁奖现场获奖感言）

教学关注点：心理语境条件、修辞手段、得体状况。

教学法提示：分析法、心理认知法、逻辑推演法、现场情境条件利用法。

该例中，屠呦呦的话是在现场领取诺贝尔奖时的真情流露，是对个人情感、对获奖感受、对科研事业的执着等心理状况的顺应。这段话语中，比喻、排比、夸饰等修辞手法的构拟，"唯一""追求""抗疟""治病""困扰""烦恼""质疑""喜欢""宁静""淡泊""向往""正直""小小"等词语的使用，铿锵错落并富有情感的话语风格，连续使用的陈述句，这些都是屠呦呦宁静、淡泊等心境在修辞上的具体表现。因此，屠呦呦的修辞话语是与自我的心理语境相吻合的，保持了相当程度的一致性，所以是得心理语境之体的修辞话语。

[教学示例2]

罗汝才……同吉圭原来料想李自成会给他个副元帅的称号,却未料到给他个大将军的头衔……罗汝才虽然心中不愉快,但是他连连点头,说:"这样好,这样好。理该如此。"(姚雪垠《李自成》)

教学关注点:心理需求、谎话、得体状况。

教学法提示:心理语境条件分析法、问题导引法、小组讨论法。

该例中,罗汝才对大将军这个头衔显然是不满意的,但是他深知李自成及其文臣武将对自己一直存有戒心,看出来自己投靠李自成只是权宜之计。为了掩盖自己的真实想法,以避免李自成他们的任何怀疑,于是就把这种不满隐藏了起来,口中连连说"这样好,这样好",以此来突出自己投靠李自成的真心与诚意。显然,罗汝才的话是不真实的,是虚假信息,不是发自内心的,违背了物理世界语意表达的真实性要求,没有做到微观得体。但是,由于这句话与罗汝才当时的心理状况是吻合的,满足了其彼时彼刻的心理需求,因此这句话是对心理语境的适应,做到了高层次得体。

二、修辞原则综合分析拟议

综合分析是引导学生进一步利用得体性原则分析理解修辞现象的重要阶段,也是修辞原则单元教学中促使学生牢牢掌握得体性原则,并根据得体性原则分析修辞现象得体状况的阶段。关注点是培养并提高学生利用得体性原则分析理解汉语修辞现象得体状况的能力。

(一) 目的与要求

(1) 利用得体性原则对具体修辞现象得体与否进行评价分析,以强化学生对所学得体性原则的掌握和践行能力。比如,通过对语音修辞现象、词法修辞现象、句子修辞现象得体状况的综合分析与评价,引导学生掌握得体性原则。

(2) 培养学生善于运用得体性原则分析理解相关修辞现象,尤其要注重广义同义修辞手段之间异同的比较分析,以提高其利用得体性原则综合评点和分析相关修辞现象的能力。主要体现为:培养学生对得体性原则的利用能力,提高学生对修辞现象得体状况的修辞批评能力。

(3) 引导学生能够通过语例分析,反向分析修辞表达和理解遵循了得体性原则中的哪些分原则,坚持了哪些准则并执行了哪些标准。

(二) 语料收集与引用

(1) 用以分析的例子要与得体性原则有较高关联度,并要具有针对性和实用性。

(2) 得体性原则是分析、阐释、推断所有修辞现象是否得体、得体程度的根本原则,因此要把语体修辞、语境修辞、词语修辞、句子修辞、辞格修辞、风格修辞、修辞语病等各个方面的语料都纳入收集范围。

(3) 选例要有助于得体性原则单元教学,能够帮助学生理解并论证得体性原则的本质特征及相关要求。这就要求教学得紧紧围绕着得体性原则来收集、整理和引用语料，要屏蔽不适宜于得体性原则教学的语料。

（4）选例要注意特定语体和具体语境。修辞效果怎么样，关键不在于语言应用本身，而在于语言应用是否与特定语体规制和具体语境相匹配。因此，教学用例的收集、甄别与引用必须以特定语体规制和具体语境为参照。

（三）综合分析示例

教学示例1 运用得体性原则，从人际关系、话语风格角度分析语例得体状况。

贾母笑道："我才好了，你倒来招我。你妹妹远路才来，身子又弱，也才劝住了，快再休提前话。"这熙凤听了，忙转悲为喜道："正是呢！我一见了妹妹，一心都在他身上了，又是喜欢，又是伤心，竟忘记了老祖宗。该打，该打！"又忙携黛玉之手，问："妹妹几岁了？可也上过学？现吃什么药？在这里不要想家，想要什么吃的、什么玩的，只管告诉我；丫头老婆们不好了，也只管告诉我。"一面又问婆子们："林姑娘的行李东西可搬进来了？带了几个人来？你们赶早打扫两间下房，让他们去歇歇。"（曹雪芹《红楼梦》）

教学关注点：角色关系、人际关系、话语风格、得体状况。

教学法提示：人际关系认知分析法、人际语境参照法、情境法、问题导引法。

教学示例2 下列语例中，主编为什么会这样回答学生的提问？请结合得体性原则相关要求做简要分析。

陕西《女友》杂志社的编辑们与西北工业大学的学生们座谈，征求对杂志的意见。一位学生问主编："请问，当主编和编辑各需要什么才能？"主编回答："当编辑需要会写稿、会编稿，如果什么都不会，只好当主编了。"在座的人都会意地笑了。

教学关注点：角色关系、现场情境、含糊其词策略、自嘲策略、得体状况。

教学法提示：角色关系认知分析法、心理分析法、情境再现法。

教学示例3 结合文化语境条件分析台湾要员以及美方要员修辞话语的得体状况。要考虑他们的话语是否得体、得体或不得体的程度如何。

某台湾要员夫妇访美，美方要人到机场迎接。美方人士对台湾要人讲了这样一句客气的奉承话："Your wife is very beautiful."（您的夫人非常漂亮。）

台湾要人按照中国习惯表示谦虚，忙说："哪里，哪里。"

不料美方译员中文不佳，直译为"Where?"（应译"Thank you."）逼得美方要人只得说："Everywhere!"（到处都漂亮。）

教学关注点：中西文化差异、谦逊策略、得体状况。

教学法提示：比较分析法、文化阐释法、情境再现法、问题导引法。

教学示例4 语例中，船长为什么能够在很短时间内做通不同国别商人的思想工作？请结合得体性原则相关要求做简要分析。

一群商人在一条船上谈生意。船在航行中出了故障，渐渐下沉，必须让乘客跳水。船长深谙世事，知道这些商人的文化背景不同，必须采取不同的方式分别去说服他们。于是他对英国商人说："跳水是一种体育运动。"英国人崇尚体育，听罢即跳。他对法国商人说:"跳水是一种时髦,你没看见已经有人在跳了吗?"法国人爱赶时髦,遂跟着跳下。他对德国商人说:"我是船长,我命令你跳水。"德国人严于纪律,服从了命令。他对意大利人说:"乘坐别的船遇险可以跳水,但在我的船上不行。"意大利人多有逆反心理,说不让跳他偏要跳。对非常现实的美国人,船长就说:"跳吧,反正有人寿保险,不跳就死定了。"对中国商人则说:"你家中还有80岁的老母,你不逃命怎么对得起她老人家的养育之恩!"于是,观念不同、想法各异的人全部按船长的要求去做了。

教学关注点:角色关系、文化差异、修辞策略、得体状况。

教学法提示:角色关系认知分析法、情境再现法、比较分析法、心理分析法、文化阐释法。

教学示例5 结合心理语境分析下列语例中括号内提示方面的得体效果。

①然而现在呢,只有寂静和空虚依旧,子君却决不再来了,而且永远、永远地!(鲁迅《伤逝》)(提示:变式句、话语风格)

②春风像醉了,吹破了春云,露出月牙与一两对儿春星。河岸上的柳枝轻摆,春蛙唱着恋歌,嫩蒲的香味散在春晚的暖气里。我听着水流,像给嫩蒲一些生力,我想像着蒲梗轻快地往高里长。小蒲公英在潮暖的地上生长。什么都溶化着春的力量,然后放出一些香味来。我忘了自己,忘了自己,像化在了那点春风与月的微光中。(老舍《月牙儿》)(提示:词语修辞、句子修辞、辞格修辞、风格修辞)

教学关注点:文学语体、修辞手段、得体状况。

教学法提示:语体管控法、风格分析法、语境参照法、合作探究法。

教学示例6 从顺应表达主体角度,分别分析语例中作者与孔乙己词语修辞手段使用的得体性。

"什么清白?我前天亲眼见了你偷何家的书,吊着打。"孔乙己便涨红了脸,额上的青筋条条绽出,争辩道:"窃书不能算偷……窃书!……读书人的事,能算偷么。"……

他不回答,对柜里说:"温两碗酒,要一碟茴香豆。"便排出九文大钱。(鲁迅《孔乙己》)

教学关注点:文学语体、创作心理、词语修辞手段、得体状况。

教学法提示:语体管控法、语境条件分析法、心理分析法、问答法。

教学示例7 从顺应物理语境角度,分析语例中三个表达主体修辞话语的得体状况。

一家人家生了一个男孩子,合家高兴透顶了。满月的时候,抱出来给人家看,——大概自然是想得到一点好兆头。

一个说:"这孩子将来要发财的。"他于是得到一番感谢。

一个说:"这孩子将来要做官的。"他于是收回几句恭维。

一个说:"这孩子将来是要死的。"他于是得到一顿大家合力的痛打。(鲁迅《立论》)

教学关注点:角色关系、文化心理、修辞策略、得体状况。

教学法提示：角色关系认知分析法、角色扮演法、心理分析法。

教学示例8 根据得体要求综合分析下列语例的得体状况。

①房子不是用来炒的，是用来住的。

②绿色省运，砚玉肇庆。（广东省九运会主题宣传口号）

③熊猫看起来很笨，其实很狡猾。（《可爱的熊猫》，载贾益民主编《中文》）

④我绝不会错，这真是一匹小野猪！它还在咦咦嗡嗡的叫！不止一个，大约是三位，或者是四位，就在我的棚外边嚼那红薯皮。（沈从文《猎野猪的故事》）

⑤今年过节不收礼，收礼只收脑白金。//今年过节不收礼，收礼还收脑白金。//今年爸妈不收礼，收礼还收脑白金。（脑白金电视广告语）

⑥来自巴基斯坦的留学生见到中国同学时，非常热情地打招呼："王小米，你身体好吗？"

教学关注点：修辞手段综合运用、表现风格、表达心理、语言环境变化、得体状况。

教学法提示：语境参照法、心理分析法、合作探究法、问答法。

三、修辞原则模拟训练设想

模拟训练是学生利用得体性原则进入现实语文实践前的模拟性演练阶段，也是修辞原则单元教学中引导学生综合运用得体性原则的能力训练阶段。关注点是培养并提高学生综合利用得体性原则进行修辞表达的能力。

（一）目的与要求

（1）考查学生掌握得体性原则的程度以及对得体性原则的践行情况。对得体性原则把握程度不同，语言应用中得体状况的呈现就会有差别，所以要通过训练以强化学生对得体性原则的高度关注。

（2）考查学生遵守得体性原则构拟修辞手段的能力，重在培养学生坚持得体性原则，使用语音、词语、句子、辞格、风格等修辞手段进行修辞表达的能力。

（3）要围绕修辞原则单元的教学目标、教学重点和教学难点设计不同的训练话题，让学生选用相应训练方法在假定情境下进行模拟性修辞表达，以培养学生得体表达能力。

（二）模拟训练思路

（1）紧紧围绕着修辞原则教学总目标来精心拟定专项能力训练目标或综合能力训练目标。

（2）根据拟达成的得体性专项能力目标或综合能力训练目标，寻找并确定适合于学生训练的话题。做到话题大小适中，具有特定训练目的。

（3）根据确定的训练话题，提出具有针对性的训练要求以及需要满足的训练条件。做到难易适中，便于学生操作。

（4）根据训练要求选用恰当的训练手段和方法，比如合作训练、口头训练、书面训练以及复述、转述、陈述、对话、演讲等具体手段。

（三）模拟训练示例

模拟训练1

训练目标：培养学生的规范表达能力。

训练话题：利用所提供词语，按照要求写一段话。

训练要求：

（1）给出词语：您、麻烦、朋友、英国（或泰国、马来西亚、俄罗斯、菲律宾、日本、印度尼西亚、老挝、越南、美国等）、习惯、可能。

（2）规范使用所给出的这几个词语，话语要符合规范修辞要求。

（3）立意要正确，表意要明确，思路要清晰。

（4）所构拟的修辞话语要适应具体语篇语境。

（5）语体不限。

（6）篇幅控制在150字以内。

模拟训练2

训练目标：培养学生的变异表达能力。

训练话题：利用所提供词语，按照要求写一段话。

训练要求：

（1）给出词语：开后门、红、诚实、贵族、骄傲。

（2）变异使用给出的这几个词语，话语要符合变异修辞要求。

（3）立意要正确，表意要明确，思路要清晰。

（4）所构拟的修辞话语要适应具体语境。

（5）语体不限。

（6）篇幅控制在200字以内。

模拟训练3

训练目标：培养学生修辞表达适应语言语境的能力。

训练话题：以记述一件事情为话题，按照要求写一段话。

训练要求：

（1）立意要正确，表意要明确，思路要清晰。

（2）使用2个"把"字句、1个"被"字句、2个感叹句，并使这些句式、句类适应上下文语境。

（3）至少分别使用3个形容词、3个动词、2个成语，并适应修辞表现风格。

（4）至少使用2个修辞格式，并做到对内容题旨的得体。

（5）篇幅控制在500字以内。

模拟训练4

训练目标：培养学生修辞表达适应物理语境的能力。

训练话题：自定话题并按照要求写一段话或会话。

训练要求：

（1）立意要正确，表意要明确，思路要清晰。

（2）至少分别使用5个短句、3个省略句、1个疑问句，并做到与具体物理语境条件（比如时间、场合、地点、氛围、自然物等）相适应。

（3）至少分别使用3个同义词、2个反义词，并做到与修辞主体角色以及角色关系相适应。

（4）篇幅控制在300字左右；如果是会话，则要不少于15个话轮。

模拟训练5

训练目标：培养学生修辞表达适应文化语境的能力。

训练话题：以春节或清明节为话题，按照要求写一段话。

训练要求：

（1）立意要正确，表意要明确，思路要清晰。

（2）至少分别使用3个忌讳词语、3个吉利词语、3个自谦词语，并做到与汉民族文化心理或民风民俗相适应。

（3）在语音修辞方面要满足语意内容、话语格调（比如低沉、悲伤、欢快、兴奋等）的基本要求。

（4）篇幅控制在300字以内。

模拟训练6

训练目标：培养学生的综合表达能力。

训练话题：以人、物、事、景、情为话题，按照要求写一段话。

训练要求：

（1）以不同国别（如泰国、马来西亚、俄罗斯、英国、菲律宾、日本、印度尼西亚、老挝、越南、美国等）身份，任选一个话题（比如"人"）进行汉语修辞表达。

（2）立意要正确，表意要明确，思路要清晰。

（3）在调音、炼字、选词、造句、设格、择体、定调等方面，要做到对具体语境和主旨内容的得体。

（4）语音、词语、句子、辞格、风格等修辞手段的使用要适宜得当。

（5）语体不限。

（6）篇幅控制在500字以内。

第三节　修辞原则拓展实践策划

拓展实践是学生把课堂上所学到的得体性原则与汉语修辞实践真正结合的实战阶段。主要目的是以课外拓展实践形式来锻炼学生的得体修辞能力。关注点是培养锻炼并全面提高学生的综合性得体修辞能力。

一、修辞原则拓展实践要求

（1）要求学生始终绷紧得体这根弦，努力强化学生的得体意识，引导其把得体意识贯穿于汉语修辞应用与语文实践的全过程。

（2）锻炼学生在特定语体规制下和具体语境中践行得体性原则的能力，促使学生善于恰当应用各种修辞手段进行恰当的理解与表达。

二、修辞原则实践策划路径

第一步：弄清楚参加语文实践的话语领域。在三大话语实践领域中，研判并确认当下的话语实践活动属于哪个领域。如果是日常私人聊天、讨价还价等话语实践活动，那么就要把这一话语实践活动归属于日常交际领域；同理，如果确认是演讲、辩论等话语实践活动，那么就要把这一话语实践活动归属于社会交际领域。以此类推，此不赘述。

第二步：在确定交际领域后，要认知并确认所要选用的语体及其下位语文体式。在众多语体及其下位语文体式中，确定究竟选用哪种语体及其下位语文体式。比如，是选用事务语体及其信函体式，还是选用谈话语体及其随意谈话体式；是选用谈话语体，还是选用演讲语体；等等。语体、语文体式选择问题必须解决好，这是做好下一步教学工作的必备条件。

第三步：修辞应用最终是要落实在听、说、读、写语文行为上的，所以要引导学生以得体性原则为统领，以各个分原则为指导，认真践行各相关标准，以有效开展各种各样的听、说、读、写修辞实践活动。

三、修辞原则实践策划示例

实践活动示例1 日常交际领域话语实践。

实践目的：锻炼学生日常交际领域中的得体表达能力。

实践任务：学生到某咖啡屋喝咖啡。

实践者：2～3位学生、咖啡屋服务小姐。

实践时间：某个周日下午。

实践地点：某咖啡屋。

实践过程：

（1）打招呼，开始交流。

（2）交流内容：表达喝咖啡的意愿、喝什么品牌的咖啡、要什么牌子的牛排、牛排成熟度的要求以及其他合理要求。

（3）喝咖啡过程中学生之间的交流。

（4）付账过程交流。

（5）告别。告别语要符合汉民族文化习俗和基本的交际礼仪。

实践活动示例2 社会交际领域话语实践。

实践目的：锻炼学生在社会交际领域中的得体表达能力。

实践任务：写述职报告。

实践过程：

（1）作为汉语教师回忆自己一年来教授汉语的工作情况。

（2）确认选择事务语体。

（3）思路要清晰，有较强的逻辑性，结构安排合理，形成完整篇章。

（4）根据事务语体语言要求，从语音修辞、词语修辞、句子修辞和辞格修辞等方面进行综合表达，形成完整的述职报告书面文本。

（5）表达要与话题内容、教学工作、具体语境条件相吻合。

（6）请老师或其他同学提意见，并根据意见反复修改并最终定稿。

（7）篇幅控制在800字以内。

实践活动示例3 艺术交际领域话语实践。

实践目的：锻炼学生在艺术交际领域中的得体表达能力。

实践任务：根据话题和修辞要求写一篇微小说。

实践过程：

（1）话题为"等待"。

（2）根据小说语文体式语言应用要求开展修辞表达，要重点关注比喻、比拟、夸张、借代等修辞手法的运用以及其他变异应用，以突出小说体的语言应用特点。

（3）强化上下文语篇和语意内容条件对语言表达的制约作用，表达要顺应小说体式的基本语言要求。

（4）立意要正确，构思要巧妙，篇章要完整。

（5）篇幅控制在500字以内。

【思考与练习】

1. 如何理解"得体性原则"的实质？
2. 在汉语修辞学课教学中，要引导学生从哪些方面着手，怎么样做才能践行好得体性原则？
3. 请收集20个修辞语例。其中，从日常交际领域分别收集5个得体、5不得体的不同类型的修辞话语，从社会交际领域分别收集5个得体、5个不得体的不同类型的修辞话语。
4. 请以语音修辞的得体性为教学内容，设计微型教学方案。
5. 请以词语修辞的得体性为教学内容，设计微型教学方案。
6. 请以句子修辞的得体性为教学内容，设计微型教学方案。
7. 请以辞格修辞的得体性为教学内容，设计微型教学方案。
8. 请以语体修辞的得体性为教学内容，设计微型教学方案。
9. 请以风格修辞的得体性为教学内容，设计微型教学方案。
10. 请以语境修辞的得体性为教学内容，设计微型教学方案。
11. 请以得体应用能力培养为教学内容，设计微型教学方案。
12. 结合本章拓展实践环节提出的要求，就得体性原则教学设计实践话题，策划出相应的实践路径，并提出切实可行的要求和做法。
13. 为了锻炼学生的修辞表达能力，结合本章模拟训练环节提出的要求，就得体性原则教学设计2~3个话题，并就不同话题提出不同的要求与做法。学生每个话题为一组，每组5人，独立拟写不超过300字的短文。就所撰写的短文，本组内学生互评，老师点评总结。请以此作为教学内容，设计出微型教学方案。

14. 根据本章教学重点与难点，设计课外作业题。要求：设计综合应用题5道、简答题5道。

15. 根据本章教学重点与难点，设计课外作业题。要求：填空题5道，答案均为知识性内容；选择题10道，答案均为分析理解性内容；判断题10道，答案均为分析理解性内容。

16. 为锻炼学生的修辞理解能力，请从人教版九年级上册《语文》教材中选择一篇课文，从综合分析角度认知、解读、品评其修辞表达的得体状况。请据此要求设计微型教学方案。

17. 你认为修辞原则单元教学的重点和难点有哪些？为什么？

第三章 语体修辞教学实验

【教学目标与要求】

通过学习、训练与实践，要求学生掌握汉语语体修辞的基本理论知识，弄清楚语体修辞在语文实践与修辞应用中的作用与价值，牢固树立语体优先意识，培养恰当选择语体以及根据特定语体规制构拟修辞手段表情达意的能力。

【教学重点】

语体修辞理论知识、语体创新能力培养、语体选择能力培养、在特定语体管控下构拟修辞手段能力的培养。

【教学难点】

语体选择能力培养、在特定语体管控下构拟修辞手段能力的培养。

第一节 语体修辞教学内容取舍

一、语体及其分类

（一）什么是语体

如何界定语体，学界历来有不同说法，但大多聚焦于语体是语言应用的功能变体。比如，袁晖、李熙宗在《汉语语体概论》中认为："语体就是运用民族共同语的功能变体，是适应不同交际领域的需要所形成的语言运用特点的体系。"[①] 黎运汉和盛永生《汉语修辞学》把语体看作"长期的语言使用过程中，因为交际领域、交际方式、交际目的、交际对象的不同，而逐渐形成的具有相对稳定的一系列语言使用特点的综合体"[②]。由此可见，语体实际上就是在不同交际领域和具体语境中，全体社会成员为了表情达意的需要，经过长期修辞运作而形成的模式化言语体式和稳定性系列化语言应用特点的综合体，是运用民族共同语的功能变体。

（二）语体分类

学界一般把语体二分为口头语体和书卷语体，书卷语体又分为文学语体、科学语体、公文语体和政论语体。随着社会实践活动越来越丰富以及语体研究的不断深入，语体研究的视野更为开阔，研究触角也更进一步向语言应用的纵深方向伸展，语体分类也

[①] 袁晖、李熙宗：《汉语语体概论》，商务印书馆2005年版，第260页。
[②] 黎运汉、盛永生主编：《汉语修辞学》，广东教育出版社2006年版，第428页。

便有更为新颖的观点。不少学者对语体及其下位语文体式进行了较为详细的分类。这里有选择性地举其要者分列如下。①

谈话语体：随意谈话体、专题谈话体。
事务语体：法律体、通报体、约据体、函电体。
科学语体：论著体、报告体、说明体、辞书体。
政论语体：论证体、评论体。
演讲语体：鼓动性演讲体、说服性演讲体、传授性演讲体。
文学语体：散言体、韵文体、剧文体。
新闻语体：消息体、通讯体。
广告语体：电视广告体、广播广告体、平面广告体。
网络语体：微信体、短信体、聊天体。

这些不同层次的语体类型是不同交际领域内话语实践的类型化区分，是汉语言功能在实际修辞应用过程中的多样化体现。

二、分体修辞特征

汉语修辞教学中，不必过分追求语体类型及其语言应用特征的繁复性和细密化，而应该致力于学习并掌握较为常用的语体类型及其语言应用的系列性特征。结合学生汉语修辞实践，这里主要讨论几种常用语体及其修辞应用特征。

（一）谈话语体及其修辞特征

谈话语体是指在日常交际领域内，运用汉语表情达意时所形成的较为稳定的系列性言语特点的综合体。表情达意时，要做到情真向善并亲切自然，要做到准确清晰并把握好节奏，要做到对现场情境条件的充分利用，要做到简洁明了、通俗易懂。

（二）演讲语体及其修辞特征

演讲语体是适应口头演讲需要而运用全民语言所形成的一种较为稳定的系列性修辞应用特点的综合体，可以说是谈话语体与书卷语体结合的一种交融性语体。在长时期语文实践中，演讲语体逐渐明确了适合自身语体的修辞需求，那就是要做到简洁明了、生动有力、通俗易懂、灵活有度。

（三）事务语体及其修辞特征

事务语体也叫公文语体，是在处理公务或私务活动中，运用汉语表情达意时所形成的较为稳定的系列性言语特点的综合体。要求做到措辞准确规范，格调平稳庄重；内容客观真实，表意实事求是；语篇依规合体，结构程式规范。

（四）科学语体及其修辞特征

科学语体是指在科学技术领域内，运用汉语准确系统地阐述、论证自然、社会和思

---

① 黎运汉、盛永生主编：《汉语语体修辞》，暨南大学出版社2009年版，第29页。

维现象时所形成的较为稳定的系列性修辞应用特点的综合体。在表达时,要求做到内容阐述客观,语意表达准确,论证过程严密,逻辑思维缜密,语言手段规范。

(五) 政论语体及其修辞特征

政论语体也称宣传鼓动语体或时评语体,是为了适应社会政治生活领域的交际需要,而用汉语表情达意时所形成的较为稳定的系列性修辞应用特征的综合体。在表达时,要求做到语言要有感染力,富有鼓动性;论证要严密,富有逻辑性。

(六) 文学语体及其修辞特征

文学语体又称为文艺语体或艺术语体,是根据文学艺术交际领域的需要,运用民族共同语进行文学创作而形成的较为稳定的系列性修辞应用特征的综合体。① 文学语体是最丰富多彩、最灵活多变、最富有创造力和想象力的一种语体。在修辞表达过程中,它常常要扭断语法的"脖子"。正如普希金所说,犹如朱唇没有微笑,没有语法错误,我就不爱俄罗斯语言了。可见,文学语体修辞应用是以变异应用为常态的。要求做到情感表达丰富准确,表达手段变化多端,话语风格多姿多彩。

三、语体创新应用

(一) 如何理解语体创新

在语言运用过程中,所有语体及其下位语文体式都可能会根据需要被表达者创新变异应用,使语体及语文体式发生转化,生成正偏离语体现象。语体创新应用或者说语体转化就是所谓的语体渗透、语体交融、语体移植现象。张弓认为:"各类语体虽然各有独立特征,但是它们又互相关联,互相影响,彼此交错,彼此渗透。我们对于语体类别的看法要辩证灵活的,切不可以绝对化。"② 创新或转化就意味着对基本语体规范的"超越"与"突破",而不是"违背"和"违反",其目的就是利用语体差别来创拟让人耳目一新的言说方式,以更有效地实现修辞主体期望的表达效果。"超越"与"突破"是正面的,是语体向零点以上的偏离;"违背"和"违反"则是负面的,是语体向零点以下的偏离。③ 王希杰说:"既然变异是对规范的一种反动,一种突破,那么在这反动和突破之前就应该有一个规范,这是不言而喻的。变异是以已有的规范形式作为存在条件的,只有有了规范形式作为参照物才能显示出变异来的。因此规范是变异的基础,变异是规范的补充。"④ 显然,语体创新或者说语体转化是以长期以来所形成的语体规范为参照物的。这个语体规范就是"在语境类型作用下的言语功能变体,在特定语境中表现出来的使用语言材料特点的体系"⑤。

---

① 黎运汉、盛永生主编:《汉语语体修辞》,暨南大学出版社2009年版,第209页。
② 张弓:《现代汉语修辞学》,河北教育出版社1993年版,第239页。
③ 孟建安:《汉语修辞转化论》,暨南大学出版社2013年版,第287页。
④ 王希杰:《修辞学通论》,南京大学出版社1996年版,第188页。
⑤ 王德春、陈晨:《现代修辞学》,江西教育出版社1989年版,第60页。

（二）语体创新表现形式

语体创新主要体现为语言要素的渗透和语体或语文体式的渗透。

1. 语言要素的渗透

每一种语体都有对语言要素方面的使用要求或者说使用原则，一般情况下不会轻易改变。但是，有时为了表意的需要，尤其是在文学语体中常常会突破文学语体语言应用规范的约束而把其他语体中专用的语言要素渗透其中，从而使文学语体的语言应用更富有文学情趣。语言要素的渗透，通常是在不改变本有语体的基本语体特征或语言运用特征的前提下，把其他语体专用的个别语言要素或部分要素交叉运用在本有语体中，为本有语体增加不同的灵活新奇的语体色彩。比如在日常谈话语体中适度使用公文语体专用词语或表达形式、科学语体专用词语或表达形式，会使日常谈话语体的语言应用更富有灵动性和多彩性。

2. 语体或语文体式的渗透

这是在不改变本有语体或语文体式前提下，适度移植或交叉使用其他语体或语文体式的一种语体创新现象，比如在文学语体中的小说语文体式中植入演讲语体、通知体，在微信语文体式中植入对联体、诗歌体、散文体等。这些现象都是语体或语文体式渗透现象，也就是语体或语文体式的移植现象，当然应该属于语体创新应用现象。

第二节　语体修辞课堂教学设计

一、语体修辞课堂讲授构想

课堂讲授是学生学习并掌握汉语语体修辞理论知识的初始阶段，也是语体修辞单元教学中培养学生选用特定语体及其下位语文体式，并在特定语体规制下采用恰当修辞手段进行修辞实践的基础阶段。关注点是要求学生学习、理解并掌握汉语语体修辞理论知识。

（一）目的与要求

（1）要求学生熟悉并掌握汉语语体修辞的基本属性、常用类型及系列性语言应用特征，尤其要注重分辨不同语体及其下位语文体式在语言应用上的差异性与共同性。

（2）引导学生熟练掌握语体修辞理论知识、各主要语体及其下位类型的修辞要求，为综合分析语体修辞现象以及培养学生分析理解语体修辞现象的能力打下坚实的理论基础。

（3）引导学生熟练掌握语体修辞理论知识、各语体修辞应用原则以及下位语文体式修辞要求，为在特定语体规制下和具体语境中恰当采用语言要素手段和超语言要素手段开展修辞实践活动，锻炼并提高学生依照不同语体修辞要求进行修辞表达的能力提供语体理论支持。

（二）重点与难点处理及教法选用

汉语语体及其下位类型很多，要根据学生的汉语水平，坚持分类教学，有选择性地讲授语体修辞内容。

1. 要注重学生研判并恰当选用语体能力的培养

语文实践都分处在日常交际话语领域、社会交际话语领域和艺术交际话语领域。不同话语领域对语言应用的基本要求是不同的，因此必然会表现出各不相同的系列性语言应用特征。根据语言应用在语音修辞、词语修辞、句子修辞、辞格修辞、风格修辞等方面所表现出的系列性特征，修辞表达又归属于不同的语体或语文体式。汉语修辞教学过程中，要引导学生在牢固掌握各语体修辞要求前提下，坚持"语体先行"。要善于综合利用相应条件和手段来知觉、分析、解释、判断并认定交际活动的领域，并学会识别、确认语言表达的语体归属。

袁晖曾说过，除了通用成分和跨体成分外，各语体都有自己的语体专用成分，各有自己的专用语体词语、专用语体句子、专用语体辞格，甚至是专用语体篇章程式等系列性语言运用特征。① 这些都为学生研判、确认语体或语文体式提供了正确的思考方向和条件。作为教师，要培养锻炼学生利用这些条件做出正确的语体判断与语体选择，要具备在口头语体、文学语体、政论语体、科学语体、新闻报道语体、广告语体、演讲语体、公文语体、网络语体及其下位语文体式中进行恰当选择的能力。比如，在与同学面对面聊天时，要学会综合考虑面对面交谈、话题不集中、具体情境、在场的人、口语等因素，优先选用口头语体（随意性谈话语体）。然后，再根据口头语体的语言应用要求采用适宜的修辞手段进行修辞表达。

教学示例

文纨女士：

我没有脸再来见你，所以写这封信。从过去直到今夜的事，全是我不好。我没有借口，我无法解释。我不敢求你谅囿，我只希望你快忘记我这个软弱、没有坦白的勇气的人。因为我真心敬爱你，我愈不忍糟蹋你的友谊。这几个月你对我的恩意，我不配受，可是我将来永远作为宝贵的回忆。祝你快乐。（钱钟书《围城》）

教学关注点：信函体及其修辞功能、语体移植及其能力培养、心理语境条件利用。

教学法提示：比较法、例证法、心理语境参照法、语体管控法。

该例中，方鸿渐没有把面对面交谈作为首选，放弃了口头交际中的随意性谈话语体，而是非常坚定地选择了书卷语体中的信函体式。这种选择显然是基于方鸿渐对信函体修辞功能的基本认知。在他看来，写信不是面对面交流，完全可以把许多当面不好说的话说出来，不必担心会使双方处于尴尬境地，无颜以对。而这正好符合当时方鸿渐和苏文纨的心理状况。信中"我没有脸再来见你，所以写这封信"这句话就说明了一切。显然，方鸿渐是基于对情势的研判以及情感上的心理需求而主动放弃了口头语体，又主动地采用了信函体。而且，小说中后来情节的发展也证明了方鸿渐的语体选择是明智

---

① 袁晖、李熙宗主编：《汉语语体概论》，商务印书馆2005年版。

的、确当的。这就是一种主动选择，足以表明方鸿渐有很强的语体选择意识和较高的语体选择能力。

2. 引导学生熟练掌握特定语体的语言应用要求

根据各语体的语言应用特征，针对具体语料进行分析阐释，以帮助学生吃透并掌握不同语体类型在语音修辞、词语修辞、句子修辞、辞格修辞、风格修辞等各个方面的语言趋向和修辞追求，以期培养并提高学生在特定语体规制下采用适宜修辞手段表情达意的能力。

（1）促使学生熟练掌握谈话语体的基本要求。

第一，语音修辞要求。充分利用语调、语速、停顿、谐音、摹声、轻重音等语音修辞手段。第二，词语修辞要求。较多使用内容具体的词语，较少使用意义抽象的词语；经常运用口语词、语气词、叹词、主观色彩和感情色彩浓厚的词语，以及使用富有时代气息的词语。第三，句子修辞要求。大量使用非主谓句、省略句；多用语音短句、单句，较少使用长句、复句。第四，辞格修辞要求。一般不使用修辞格式；如果使用，则以比喻、拟人、借代、夸张、双关、反语、设问、反问、对比等辞格为主。第五，态势语要求。由于是面对面交际，大量使用体态语和副语言来表情达意。第六，话题上的要求。通常情况下，话题不太集中，交流过程中转换比较快，更多时候不需要特别的话语衔接手段。第七，风格修辞要求。以简洁明快、朴实通俗的话语风格为主。

> **教学示例**
>
> 甲：你吃什么？
>
> 乙：你要出去吗？随便。
>
> 甲：好。待会儿我去买菜。
>
> （沉默一会儿）
>
> 甲：等下你叫收垃圾的上来。
>
> 乙：哦。你去顺便买点挂钩吧。
>
> 甲：儿子——快起床啦。（黎运汉、盛永生主编《汉语修辞学》用例）

教学关注点：语体识别、随意性谈话体及其修辞功能、上下文语境条件利用。

教学法提示：比较法、角色扮演法、小组讨论法、问题导引法、语体管控法。

该例属于典型的谈话语体。从话轮转换方面看，甲和乙借助于面对面交流的优势，在总共6个话轮中充分利用语境条件，先后快速转换了5个话题；从语音手段选用方面看，普遍运用了语音短句，交叉采用了疑问语气、陈述语气、祈使语气，并恰当利用破折号来延缓说话的节奏；从词语锤炼方面看，选用了口语化词语，还根据表意需要使用了3个语气词，没有使用艰涩难懂的书面词语；从句式选择方面看，站在不同角度就会发现，该例分别使用了9个短句、2个疑问句、3个独词句、4个陈述句、3个语气弱化的祈使句；从辞格运用方面看，没有选用修辞格式；从风格修辞方面看，做到了简洁明快、明白如话。这些语言应用特征完全符合谈话语体尤其是随意性谈话语体的基本修辞要求。

（2）促使学生熟练掌握演讲语体的基本要求。

第一，词语修辞要求。为了达到以情动人、鼓动宣传的目的，经常使用感情色彩强烈的词语、适于口说的词语。第二，句子修辞要求。汉语中的感叹句、祈使句、疑问句、陈述句、短句、主谓句、单句、整句、散句等多样化句子形式，都可以根据需要适时加以创造和运用，以做到以理服人。第三，辞格修辞要求。经常采用设问、反诘、排比、比喻、引用、反复、警策、借代、对偶、夸张、双关、比拟等多种修辞格式，以表达丰富的情感，激发听众的热情与兴趣。第四，风格修辞要求。以简明、生动风格为主体。

> 教学示例

我们这几天庆祝战胜，实在是热闹的很。可是战胜的，究竟是那一个？我们庆祝，究竟是为那个庆祝？我老老实实讲一句话，这回战胜的，不是联合国的武力，是世界人类的新精神。不是那一国的军阀或资本家的政府，是全世界的庶民。我们庆祝，不是为那一国或那一国的一部分人庆祝，是为全世界的庶民庆祝。不是为打败德国人庆祝，是为打败世界的军国主义庆祝。（李大钊的演讲《庶民的胜利》）

教学关注点：语体识别，演讲体及其修辞功能，词语、句子、辞格和风格手段。

教学法提示：问答法、语体管控法、语势演绎法、朗读体会法。

该例中，从词语修辞方面看，较多运用了口语化词语以及诸如"军阀、庶民、军国主义、资本家、新精神"等富有时代气息的词语；从句子修辞方面看，整段话使用了设问句、"不是……是……"结构；从辞格修辞方面看，通篇应用了设问、排比、反复等辞格；从风格修辞方面看，该例采用总分式言说方式，话语直截了当，观点明确，语句简洁，感情浓烈。

（3）促使学生熟练掌握事务语体的基本要求。

第一，词语修辞要求。大量使用相对固定的专用的公文语体词语、书面词语。如文种用语"通知、公告、请示"等，起始用语"自、关于、为、兹定于"等，结尾用语"此复、当否、请批示、此致"等，经办用语"试行、公布、发布、抄送、转发"等，表态用语"严禁、必须、参照执行"等。第二，句子修辞要求。大量使用"的"字短语、介词短语和联合短语，大量使用完全句、长句、复句、陈述句、祈使句。第三，辞格修辞要求。多平铺直叙，不用通感、婉曲、比喻、夸张、比拟等描绘性修辞格式，有时甚至完全排斥修辞格式。第四，语篇修辞要求。公文语体都有较为固定的行文格式，语篇要依规合体，结构程式要规范；内容表达要条理化，分段分条标示，并注重内在的逻辑关联性。第五，风格修辞要求。以庄重严谨风格为主体。

> 教学示例

关于印发《××学院财务报销管理规定（2020年修订）》的通知

校属各单位：

为加强会计核算管理，规范经济活动和财务报销行为，提高资金使用效益，保障学校教育事业的健康发展，依据有关制度和法律法规，结合我校实际，对《××学院财务借款及报销管理规定》（×学院〔2014〕3号）进行了修订，修订后的《××学院财务报销管理规定（2020年修订）》经校长办公会审定，现印发给你们，请遵照执行。

××学院

2020年8月10日

教学关注点：通知体及其修辞要求，词语、句子、风格等修辞手段的选用。

教学法提示：语体管控法、讨论法、分析法、仿拟法。

该例属于公文事务语体中的通知体。从词语修辞方面看，标题中运用文种词语"通知"，文中还使用了"请、遵照、执行、印发、审定、经、现"等通知体中常用的礼貌词语、专用词语、书面语色彩浓的词语；从句子修辞方面看，标题采用"关于……"表示范围意义的介词结构，文中采用"为……"表示目的关系的介词结构以及具有强制性、威严性的"请遵照执行"这样的祈使句，句子的构拟符合通知体句子选择的基本要求；从篇章修辞方面看，遵循了较为严格的公文格式，包含标题、主送单位、正事、具体要求、落款、时间等格式要素；从风格修辞方面看，通篇用语规范平稳，格调严肃庄重，语气坚决，没有商量的余地。学生可以分组展开讨论，分析总结出该通知体的语言应用特征。在此基础上，可以拟定多个话题，按照例文仿造出内容各不相同的通知语体文，由此进一步引导学生熟练掌握通知体语言应用的基本要求。

(4) 促使学生熟练掌握科学语体的基本要求。

第一，词语修辞要求。大量使用科学术语、国际通用语、外来词，书面词语较多，讲究词义的单义性、精确性，不使用甚至排斥表情性、夸饰性词语。第二，句子修辞要求。大量使用常式句、陈述句、长句、多重复句，较多使用限定性定语、状语从多方面限制和修饰中心语，以使语意表达精确严谨；要力避歧义和多义现象。第三，辞格修辞要求。更强调规范修辞，注重语言表达的合格化规范性，较少甚至是拒绝使用修辞格式。如果要应用修辞格，则以比喻、设问、引用、对比等较为常见。第四，篇章修辞要求。专门性科学语体在结构上有非常明确的格式化要求，其结构要素及其程式为标题、署名、摘要、关键词、正文、注释、参考文献等。第五，风格修辞要求。以庄重严谨风格为主体。

教学示例

认知心理学家与神经心理学家的矛盾在哪里呢？
我觉得，这也许是认知心理学家从心理水平来看待分离现象，而神经心理学家是从生理水平（或脑的结构机能的角度）来看待分离现象的缘故。……（朱滢《启动效应——无意识的记忆》）

教学关注点：科学语体及其修辞要求，句子、风格等手段的利用。

教学法提示：语体管控法、合作探究法、问题导引法、任务驱动法、问答法。

该例中，从辞格修辞方面看，通篇只用了一个设问，自问自答；从句子修辞方面看，使用了1个疑问句、1个长单句，有问有答，表意严密；从风格修辞方面看，整段话透露出庄重平稳、语意严谨的话语格调。

(5) 促使学生熟练掌握政论语体的基本要求。

第一，词语修辞要求。较多运用政治性词语，诸如"长征精神""文化自信""新型政商关系""和谐""民主""自由"等；适当运用表现力较为丰富的口语词以及谚语、惯用语、俚俗语、歇后语等熟语；为了提高宣传鼓动作用，还较多使用诸如"一带一路""高峰论坛"等富有时代气息的新词语。第二，句子修辞要求。句类上，较多选用陈述句、祈使句；句式上，经常混合使用长句和短句；句型上，主要选用主谓句并较多运用复句尤其是多重复句，从而形成变化多端的句子使用特点。第三，辞格修辞要求。政论语体较多运用比喻、排比、比拟、设问、对偶、对比、反复、引用、借代等辞格。第四，风格修辞要求。以庄重严谨、雄健幽默风格为主体。

> **教学示例**

人们常说一把手是标杆，是关键，是领头雁。"敲钟问响"这四个字，声声震耳，对把方向、带队伍、促改革的领头雁们来讲，既是新要求，更是新方法，必须勉力做到"重要改革亲自部署、重大方案亲自把关、关键环节亲自协调、落实情况亲自督察"。

头雁勤，群雁能"春风一夜到衡阳"；头雁惰，结果只会"万里寒云雁阵迟"。面对改革任务的千头万绪，领头雁们须臾不可懈怠。（周人杰《敲钟问响看头雁（人民论坛）》，载《人民日报》2017年8月8日第4版）

教学关注点：政论语体及其语言应用特征，词语、句子、辞格和风格手段。

教学法提示：分析法、合作探究法、问题导引法、文化阐释法、语体管控法。

该例中，从词语修辞方面看，广泛使用了"惰""部署""督察""勉力""须臾""懈怠"等书面词语，同时还穿插运用了"既是""更是""领头雁""把方向""一把手""带队伍"等接地气的口头习惯用语；从句子修辞方面看，长句、短句、整句、散句交叉应用；从辞格修辞方面看，构拟了排比、引用、比喻、夸张、借代、对比、对偶、比拟等辞格，而且连用、兼用、套用共现；从风格修辞方面看，既做到了生动形象，又雄健疏放，既严肃郑重，又带有亲切感和轻松感，这是把明快疏放、庄重严肃、诙谐洒脱的话语格调糅合在一起所形成的多姿多彩的话语风格特征。

（6）促使学生熟练掌握文学语体的基本要求。

第一，词语修辞要求。几乎所有词语都可以根据创作需要应用到文学语体之中，注重词语的变异应用，努力做到寻常词语的艺术化应用。在词语色彩上，尤其注重利用富有主观感情色彩、形象色彩、风格色彩的词语；在词语意义上，善于巧妙使用单义词、多义词、同义词、反义词、引申义、比喻义、联想义等；在词语声音上，常常会在谐音双关、和谐韵脚、双声叠韵、匀称音节等方面多下功夫。第二，句子修辞要求。常常会根据语境条件对句子进行超常规配置，做到有整有散，运用自由，以使句子形式多样、灵活多变、不拘一格。像陈述句、疑问句、祈使句、感叹句等句类，以及主谓句、非主谓句、被动句、兼语句、连动句、双宾句、存现句等句型句式都可以被广泛使用。第三，辞格修辞要求。在文学语体中，修辞格式随处可见，而且使用灵活，基本上不受什么限制。像比喻、比拟、夸张、排比、对偶、反复、借代、回环、设问、引用、顶真、通感、婉曲、映衬、移就、换算、拈连、引用等辞格都会经常被作家们广泛运用，以塑造出更加生动活泼的语言形象。第四，风格修辞要求。文学语体的表现风格可以是多种多样的。根据表情达意的需要，可以在刚健、柔婉、藻丽、平实、明快、含蓄、简洁、繁丰、严谨、疏放、庄严、诡奇、典雅、通俗等不同话语格调中做出选择，也可以是多种风格混合存在。①

---

① 王希杰：《修辞学通论》，南京大学出版社1996年版，第510－522页。

> **教学示例**

桃树、杏树、梨树，你不让我，我不让你，都开满了花赶趟儿。红的像火，粉的像霞，白的像雪。花里带着甜味；闭了眼，树上仿佛已经满是桃儿、杏儿、梨儿！花下成千成百的蜜蜂嗡嗡地闹着，大小的蝴蝶飞来飞去。（朱自清《春》）

教学关注点：散言体及其语言应用特征，语音、词语、句子、辞格等手段运用，上下文语境条件。

教学法提示：思考感悟法、语体管控法、小组讨论法、语境参照法。

该例属于文学语体中的散言体。从语音修辞方面看，较多使用双音节、三音节、四音节词等语音短句，并充分利用长短停顿、儿化音、叠音，形成长短不齐却富有情趣的欢快的语音形象；从词语修辞方面看，广泛使用了双音节词语、儿化词语、反义词语、叠音词语、口语词语等；从句子修辞方面看，使用了整句、散句、独词句、套叠句等多样化句式；从辞格修辞方面看，使用了回环、拟人、通感、排比、对比、映衬等辞格，而且辞格连用、兼用、套用并存。由此描写了一个生机勃勃、充满春气息的欢快场景，语言表现出生动形象、雅致纯净的风格特征。

3. 要引导学生熟练掌握语体创新的基本要求和做法

遵守语体规范，循规蹈矩，这是修辞应用的基本要求。仅仅如此还没有达到更高的境界，因此还要培养和锻炼学生的语体创新能力。这就意味着在坚持语体规范的前提下，还要适当地对语体规范做出超越与突破。那就是要通过各种教学手段，促使学生学会对语体及其语文体式以及语体要素进行交叉运用，以创造别致的新奇的语体形象。王蒙在《倾听着生活的气息》中说："小说首先是小说，但它也可以吸收包含诗、戏剧、散文、杂文、相声、争论的因素。"语体创新选择就是把叙述体与诗体、小说体与档案体、诗体与档案体、诗体与小说体、小说体与公文体等不同语体及其语文体式完美地结合在一起，以及彼此渗透、相互交叉使用不同语体及其语文体式中的核心语体要素。

> **教学示例**

建筑物的五楼　锁和锁后面　密室里　他的那一份
装在文件袋里　它作为一个人的证据　隔着他本人两层楼
他在二楼上班　那一袋　距离他50米过道　30级台阶
与众不同的房间　6面钢筋水泥灌注　3道门　没有窗子
1盏日光灯　4个红色消防瓶　200平方米　一千多把锁
明锁　暗锁　抽屉锁　最大的一把是"永固牌"挂在外面
上楼　往左　上楼　往右　再往左　再往右　开锁　开锁
通过一个密码　最终打入内部　档案柜靠着档案柜　这个在那个旁边
那个在这个高上　这个在那个底下　那个在这个前面　这个在那个后面
……（于坚《0档案》）

教学关注点：诗歌体及其语言应用特征、档案体的移植、语体创新。

教学法提示：联想法、分析讨论法、比较法、移植法、语体管控法。

于坚在长诗《0档案》中就采用了档案体的语言笔法，属于体式移植现象。诗中运用了大量的标点空位的短句。诗句所展现的画面犹如在档案室门口以及进入室内所看到的门锁一样，好像看到的都是档案室的门锁摆在面前。"明锁""暗锁""抽屉锁""最大的一把是'永固牌'"等都是名词性成分构成的诗句，看似毫无生气，冰冷乏味，但在作者构拟的诗歌语体中，借助于丰富想象力和强烈的情感驱动，使得诗句突破了诗歌体的基本修辞要求。把档案体式规范移植到了诗歌体中，而且移植得毫无缝隙、没有瑕疵，最大程度上做到了对诗歌体的适应，因此能让人耳目一新，产生一种新奇感。这就是作者对语体及语文体式的创新应用，是语体创新能力强的表现。

二、语体修辞综合分析拟议

综合分析是引导学生进一步利用语体修辞理论知识分析理解语体修辞现象的重要阶段，也是语体修辞单元教学中巩固语体修辞知识，培养并提升学生语体修辞分析能力的阶段。关注点是培养并提高学生理解语体修辞现象的能力。

（一）目的与要求

（1）通过对各类语体及其语文体式的认知、评鉴与分析，以巩固学生所学语体修辞理论与知识。比如，通过对科学语体语例分析，引导学生进一步学习巩固科学语体修辞理论知识。

（2）引导学生学会运用语体修辞理论知识分析相关语体修辞现象，尤其要注重不同语体间广义同义修辞手段差异性与共同性的比较分析，以提高对语体修辞现象的简单分析能力和综合评点能力。

（3）引导学生通过对语体修辞现象的分析理解进行反向思考，以寻求运用相应修辞手段的语体条件。这是通过语料分析，反过来探求究竟是什么语体因素制约影响了修辞手段的构拟与选择，以便找到修辞手段背后的语体背景，由此来加深学生对语体条件与修辞手段关系的理解。

（二）语料收集与引用

（1）根据教学需要，可以从所有语体及其下位语文体式，诸如谈话语体、文学语体、科学语体、事务语体、网络语体、政论语体、新闻语体、演讲语体等各种语体中收集足够数量的语体修辞用例。

（2）选例要有助于语体修辞教学，更要考虑学生对语体修辞现象的理解能力和接受能力。例子是为教学服务的，不能脱离语体修辞教学、学生语体修辞能力来选择例子，否则就失去了语料收集与引用的实际意义。

（3）选例要注意特定语体的制约性。比如要结合通知体、信函体、法规体、契约体、启事体、命令体、报告体、总结体等某种特定语文体式的修辞要求，来选择适宜某个教学项目的恰当的有用的语料。

（4）不仅要收集引用"好"的语体修辞语料，还要收集利用"不好"的语体修辞语料。前者用作"示范"语料来分析，后者则作为"失范"语料来讨论。

（三）综合分析示例

（1）分析下列语例的语言应用特征，研判各例分属于哪种语体。

> **教学示例**

①第十八条　有下列情形之一的，不予立案：

（一）涉及党和国家秘密的；

（二）国家明令禁止的；

（三）中共党员对党内有关组织、人事安排等方面有意见的；

（四）民主党派成员反映本组织内部问题的；

（五）进入民事、刑事、行政诉讼以及仲裁程序的；

……（《中国人民政治协商会议全国委员会提案工作条例》）

教学关注点：语例语言应用特征、公文语体及其辨识能力的培养。

教学法提示：复习法、语料分析法、合作探究法、语体管控法。

②妈：今天晚上你想吃什么？

儿：我作业还没有做完呢！

妈：这个周末的作业很多吗？那明天还能去爬白云山吗？

儿：明天林琳约我去他家玩呢！

妈：什么时候啊？他不是要上跆拳道吗？

儿：他已经不上啦，改打羽毛球了！

妈：那你要不要也去学打羽毛球？（孟建安主编《实用语体修辞训练教程》用例）

教学关注点：语例语言应用特征、随意性谈话语体、谈话语体辨识能力培养。

教学法提示：问答法、语料分析法、角色扮演法、情境法、语体管控法。

③通常我们也说生命起源、意识起源是个漫长的过程。可是比之心理系统发生过程要短得多，从非生命到生命的转化时期无非是几亿年。人类起源与发展不过几百万年。追溯心理发生，如果从真核细胞开始，有二十多亿年；如果从原始生命开始，有三十几亿年。即使如此，也还没有解决从完全没有感觉的物质如何产生感觉的问题。因此，上溯的终点就不能停留于有机界，而应追溯到无机界，从物质的普遍特性开始，这一过程就地球的历史来说有四十多亿年！过程不可谓不长。（胡文耕《信息、脑与意识》）

教学关注点：语例语言应用特征、科学语体及其辨识能力培养。

教学法提示：逻辑分析法、语体管控法、问题导引法。

④自由市场。百货公司。香港电子石英表。豫剧片《卷席筒》。羊肉泡馍。醪糟蛋花。三接头皮鞋。三片瓦帽子。包产到组。收购大葱。中医治癌。差额选举。结婚筵席……在这些温暖的闲言碎语中，岳之峰轮流把体重从左腿转移到右腿，再从右腿转移到左腿。（王蒙《春之声》）

教学关注点：语例语言应用特征、文学语体及其辨识能力培养。

教学法提示：联想法、语料分析法、阅读感悟法、语体管控法。

⑤我们纪念台湾光复60周年，就是要告诉人们：中国人民遭受侵略、割地赔款的屈辱历史再也不能重演，维护国家主权和领土完整，实现中华民族伟大复兴，是全体中华儿女的光荣使命和神圣职责。（《人民日报》社论《纪念台湾光复让历史昭示未来》）

教学关注点：语例语言应用特征、政论语体及其辨识能力培养。

教学法提示：复习法、语料分析法、审读法、语体管控法、启示法。

⑥但我们要想一想：人类生活，只有物质方面完事吗？燕窝鱼翅，或者真比粗茶淡饭好吃，吃的时候果然也快活，但快活的不是我，是我的舌头；我操多少心弄把戏，还带着将来担惊受怕，来替这两寸来大的舌头当奴才，换他一两秒钟的快活，值得吗？绫罗绸缎挂在我身上，和粗布破袍有什么分别？不过旁人看着漂亮些；这是图我快活呢？还是图别人快活呢？须知物质上的快活，性质都是如此。这种快活，其实和自己渺不相干，自己只有赔上许多苦恼。（梁启超《教育家的自家田地》，选自《历史上最伟大的演说辞》）

　　教学关注点：语例语言应用特征、演讲语体及其辨识能力培养。
　　教学法提示：讨论法、语料分析法、问答法、语体管控法。
　　（2）根据语体规范分析语例中修辞手段使用的得体状况。

教学示例

①中秋节到了，送你一份纯情月饼。成分：真心＋快乐。有效期：一生。营养：温馨＋幸福＋感动。制造商：真心的朋友。（节日祝福短信）
　　教学关注点：短信体、特殊表达手段的应用、异体要素渗透、得体与否及其理由（提示：得体）。
　　教学法提示：渗透法、小组讨论法、语体管控法。
②他抗议无用，苏小姐说什么就要什么，他只好服从她善意的独裁。（钱钟书《围城》）
　　教学关注点：小说体、大词小用、得体与否及其理由（提示：得体）。
　　教学法提示：分析法、小组讨论法、语体管控法、上下文语境参照法。
③请综合分析下列语例语言应用的得体状况，并指出其语体归属。

××学院关于承办省第十届大学生运动会定向越野比赛器材经费的请示

省教育厅：
　　将于2011年8月举办的省第十届大学生运动会定向越野比赛由我校承办。鉴于我校目前比赛场地简陋，比赛用器材也较缺乏，为保证比赛顺利进行，需要改善设备和补充器材，望省厅能拨给专用经费。经核算，共需经费305000元，请审批。
　　附：省大学生定向越野比赛器材设备预算表

××学院
2010年10月11日

　　教学关注点：请示体及其修辞要求，词语、句子、风格等修辞手段的选用。
　　教学法提示：语体管控法、讨论法、分析法、仿写法、合作探究法。
　　（3）下列语例是否属于语体创新应用？为什么？

教学示例

①中学校长的开学致辞：
某位中学校长开学致辞，令家长们肃然起敬、醍醐灌顶——"天将降大任于斯人也，必先卸其QQ，封其微博，删其微信，去其贴吧，收其电脑，夺其手机，摔其iPad，断其Wi-Fi，剪其网线，使其百无聊赖，然后静坐、喝茶、思过、锻炼、读书、弹琴、

练字、明智、开悟、精进，而后必成大器也。"（引自微信群）

教学关注点：语例语言应用特征、演讲语体、网络词语应用、时尚风趣、中学生接受能力、语体创新能力培养。

教学法提示：朗读法、语料分析法、合作探究法、语境参照法、语体管控法、心理认知法。

②钱钟书《围城》中张先生与方鸿渐的对话：

"Sure! have a look see!"张先生打开橱门，请鸿渐赏鉴。鸿渐拿了几件，看都是"成化""宣德""康熙"，也不识真假，只好说："这东西很值钱罢？"

"Sure! 值不少钱呢，Plent of dough。并且这东西不比书画。买书画买了假的，一文不值，只等于 waste paper。磁器假的，至少还可以盛饭。我有时请外国 friends 吃饭，就用那个康熙窑'油底蓝五彩'大盘做 salad dish，他们都觉得古色古香，菜的味道也有点 old-time。"

方鸿渐道："张先生眼光一定好，不会买假东西。"

张先生大笑道："我不懂什么年代花纹，事情忙，也没工夫翻书研究。可是我有 hunch；看见一件东西，忽然 what d'you call 灵机一动，买来准 O.K.。他们古董掮客都佩服我，我常对他们说：'不用拿假货来 fool 我。O yeah，我姓张的不是 sucker，休想骗我！'"关上橱门，又说："咦，headache——"便捺电铃叫用人。

教学关注点：语例语言应用特征、小说体、外语词语的直接植入、语体创新能力培养。

教学法提示：语料分析法、小组讨论法、角色分析法、角色扮演法、语体管控法。

③秘书的情书片段：

我们的感情，在组织的亲切关怀下、在领导的亲自过问下，并在我们双方的共同努力下，一年来正沿着健康的道路蓬勃发展。这主要表现在：

（一）我们共通信 121 封，平均 3.01 天 1 封。其中你给我的信 5l 封，占 42.1%；我给你的信 70 封，占 57.9%。每封信平均 1502 字，最长的达 5315 字，最短的也有 624 字。

（二）约会共 98 次，平均 3.7 天 1 次。其中你主动约我 38 次，占 38.7%；我主动约你 60 次，占 61.3%。每次约会平均 3.8 小时，最长达 6.4 小时，最短的也有 1.6 小时。

（三）我到你家看望你父母 38 次，平均每 9.6 天 1 次；你到我家看望我父母 36 次，平均 10 天 1 次。……

以上事实充分证明经过一年来的交往，我们已形成了恋爱的共识，我们爱情的主流是互相了解、互相关心、互相帮助，是平等互利的。当然，任何事物都是一分为二的，缺点的存在是不可避免的。我们二人虽然都是积极的，但从以上的数据看，发展还不太平衡，积极性方面还存在一定的差距，这是前进中的问题。（《秘书的"情书"》，载《温州都市报》2007 年 10 月 24 日）

教学关注点：语例语言应用特征、信函体、公文体的直接应用及其理由、语体创新失当。

教学法提示：语料分析法、设疑法、交流心得法、角色分析法、语体管控法。

三、语体修辞模拟训练设想

模拟训练是学生利用语体修辞理论知识进入现实语文实践前的模拟性演练阶段，也是语体修辞单元教学中引导学生综合应用语体修辞知识进行修辞表达的能力训练阶段。关注点是培养并提高学生按照特定语体规制要求进行修辞表达的能力。

（一）目的与要求

（1）考查学生对所学语体修辞理论知识的掌握情况，是对学生学习语体修辞理论知识状况的进一步实验和检测。通过模拟训练，从多角度检验学生对语体修辞理论知识的记忆程度、掌握情况。

（2）引导学生学会在特定语体规制下运用恰当的修辞手段进行修辞表达，掌握使用语音、词语、句子、辞格、风格等手段的技巧和能力，让学生能够根据特定语体规制恰当构拟并使用修辞手段。

（3）围绕着语体修辞单元的教学目标、教学重点和教学难点设计不同的训练话题，以锻炼学生恰当选择语体及语体要素的能力。这其实是在训练学生的宏观修辞策划能力，以使学生正确研判、认知并恰当选择适宜的语体及其下位语文体式。

（二）模拟训练思路

（1）以实现语体修辞教学总目标为原则来设计语体修辞专项能力训练目标或者综合能力训练目标。

（2）根据要达成的语体修辞专项能力目标或者综合能力训练目标，确定适合于学生训练的语体修辞话题。根据不同语体类型及其语言应用特征，分类型设计较多不同的训练题目，以强化训练某项专门性语体应用能力或综合性语体应用能力。

（3）根据训练话题，提出难易适中的具体训练要求以及可供操作的训练条件。不同语体、同一语体下，都可以设置很多不同的训练话题，而不同的训练话题自然也可以提出不同的训练要求并设置不同的训练条件，促使学生在训练时必须满足这些要求与条件，以达到专项能力训练的目的或者综合能力训练的目的。

（4）根据训练要求选用恰当的训练手段和方法。比如，让学生按照要求编制会话，依据给出的语体条件拟写相应的修辞文本，等等。

（三）模拟训练示例

在修辞学范畴内，从不同角度训练并提高学生语体选择以及在特定语体规制下的修辞表达能力。

> **模拟训练1**

训练目标：训练学生在谈话语体规制下构拟修辞手段用以表情达意的能力。

训练话题：以到菜市场买菜为话题，按照要求编制会话。

训练要求：

（1）选用谈话语体中的随意性谈话体。

（2）综合使用疑问、祈使、感叹和陈述句调，并酌情调配停顿（书面上可用相应标点标识）、轻重音、语速等语音或类语音手段。

（3）使用语气词和叹词 3 个以上、口语词语 4 个以上。

（4）使用省略句 5 个以上、独词句 3 个以上、倒装句 2 个。

（5）采用简洁明了的说话风格。

（6）可据情适时转换话题，至少要有 20 个话轮。

（7）立意要正确，内容要具体。

模拟训练 2

训练目标：训练学生在公文语体规制下构拟修辞手段用以表情达意的能力。

训练话题：根据以下"批复"，请代湖南省地方税务局给国家税务总局写一份"请示"。"批复"如下：

国家税务总局关于风景名胜景点经营收入征收营业税问题的批复

湖南省地方税务局：

你局《关于张家界风景名胜区景点经营收入适用税目的请示》（湘地税发〔2007〕83 号）收悉。经研究，批复如下：

对单位和个人在旅游景区经营旅游游船、观光电梯、观光电车、景区环保客运车所取得的收入应按"服务业—旅游业"征收营业税。

单位和个人在旅游景区兼收不同税目应税行为并采取"一票制"收费方式的，应当分别核算不同税目的营业额；未分别核算或核算不清的，从高适用税率。

国家税务总局
2008 年 3 月 21 日

训练要求：

（1）选用事务语体中的"请示"体。

（2）使用"请示"公文体的文种词语、核心专用词语、书面词语。

（3）使用陈述句、语气弱化的祈使句、限制成分较多的长句，以及"关于……"等公文体常用表达方式。

（4）采用庄重平实的说话风格。

（5）仔细审读"批复"内容，并据此安排"请示"内容。理解要到位，立意要准确，思路要清楚。

（6）篇章结构要符合"请示"的基本程式规范。

模拟训练 3

训练目标：训练学生在演讲语体规制下构拟修辞手段用以表情达意的能力。

训练话题：以竞选学校社团或班级某个职位为话题，根据要求撰写论述性演讲体（说服性演讲体）演讲稿。

训练要求：

（1）自我介绍要有针对性，重点突出自己有能力胜任这个职务，切忌用鉴定式或大而空的语言来勾画自己。

（2）尽量多使用与竞选职位相关的词语，并做到与演讲语体相匹配。

（3）适当构拟感叹句、祈使句，多使用便于口说的短句。

（4）适度利用诸如排比、比喻、引用、设问、反复等辞格手段，以增加演讲语言的生动性。

（5）可采用幽默、简明的话语风格，使演讲诙谐风趣。

（6）立意要正确，思路要清楚，观点要明确。

（7）篇章结构要合理，注意采用有效手段（比如词语手段、辞格手段等）衔接语篇，做到层次明晰。

（8）篇幅控制在800字左右。

模拟训练4

训练目标：训练学生在科学语体规制下构拟修辞手段用以表情达意的能力。

训练话题：以网络语言是否泛滥化为话题，按照要求完成训练。

训练要求：

（1）选用科学语体中的论著体，撰写小型论文。

（2）尽量较多地使用专业性比较强的词语，避免使用口语化词语、俚俗词语。

（3）尽量较多地使用陈述句、长句、复句、完全句，可适当使用疑问句。

（4）注意适当采用论证方法，做到有理有据，用例要而不繁，能够论证观点。

（5）采用严谨庄重的说话风格，尽量不使用修辞格式。

（6）篇幅限制在1000字以内。

（7）因为篇幅较短，所以结构上不再拘泥于学术论文格式要求。

模拟训练5

训练目标：训练学生在政论语体规制下构拟修辞手段用以表情达意的能力。

训练话题：以新近发生的社会新闻事件为话题，按照要求完成训练。

训练要求：

（1）关注新近发生的社会新闻事件，自拟题目，围绕主题展开评论。

（2）立意要正确，内容要具体，思路要清晰。

（3）采用叙述、议论、描写、说明等表达手段。

（4）尽量较多地使用富有时代色彩的词语，尤其是要注重四字格词语、政治性词语、民生性词语、评论性词语等的得体选用。

（5）要适度选择灵活多样的句式，并采用诸如比喻、排比、夸张、对比、设问、反问等辞格手段。

（6）做到语言应用生动活泼、流畅辛辣，话语富有感染力和表现力。

（7）采用先总后分的语篇结构，分述部分逐步推进。

（8）篇幅控制在800字左右。

模拟训练6

训练目标：训练学生在文学语体规制下构拟修辞手段用以表情达意的能力。

训练话题：根据要求写一篇状景散文。

训练要求：
（1）选取曾经去过的一处景点，对景点展开描写。
（2）注重语音形象的塑造，巧妙配置音节结构，综合利用句调、语气、停顿等语音或类语音手段，协调好话语节奏。
（3）尽量较多地运用生动形象的文学化词语，比如叠音双声词语、儿化词语、熟语、色彩丰富的词语、摹声词语、反义词语、同义词语、多义词语等，做到有寻常词语艺术化应用。
（4）灵活使用多变句式进行状景，强化句式的超常规配置。
（5）综合采用比喻、比拟、夸张、排比、借代、反复、仿拟、双关等辞格手段。
（6）采用生动形象的话语风格，做到语言表达丰富多彩，藻丽繁丰。
（7）立意要正确，结构安排要合理。
（8）篇幅控制在 800 字以内。

第三节　语体修辞拓展实践策划

拓展实践是学生把相关语体修辞理论知识和汉语修辞实践真正结合的实战阶段，是以课外拓展实践形式来锻炼学生的语体修辞能力。关注点是培养锻炼并全面提高学生在特定语体规制下的综合修辞应用能力。

一、语体修辞拓展实践要求

（1）要强化学生的语体先行意识。就像出游一样，必须有这样的意识：先要确定目的地并规划好旅游路线，免得走弯路、走错路，以期收到事半功倍之效。
（2）要引导学生学会在特定语体规制下创造适宜的修辞手段来表情达意，并能够结合特定语体规制解读修辞文本。
（3）要引导学生在条件许可情况下，学会创造性地应用特定语体及其下位语文体式，尤其是在艺术交际领域，更要注重语体创新能力的训练。

二、语体修辞实践策划路径

第一步：要确认参加语文实践的话语领域。比如，经过研判，如果认定是文学创作中小说、剧本所塑造人物的会话实践活动，那么就应该把这一话语实践活动归属于艺术交际领域；如果认定是答记者问、名人专访，则应归属于社会交际领域；等等。
第二步：要认知并确认所要选用的语体及其语文体式，在众多语体及其下位语文体式中，学生究竟要选用哪种语体或语文体式。比如，是文学语体中的散言体及其小说体式，还是谈话语体及其自由谈话体；是文学语体中的散言体及其剧文体式，还是谈话语体及其正式谈话体；是单一的语体及其语文体式，还是相互交叉彼此渗透的语体或者语文体式。
第三步：要求学生学会借助于听、说、读、写语文行为，严格秉持得体性原则，并采取语体为先策略开展综合性修辞实践活动。这是要求学生在确定好语体规制后，按照所选定的特定语体规制的修辞应用原则来运用语言。这样才能做到循规蹈矩、不越轨、不出格。

三、语体修辞实践策划示例

实践活动示例1 日常交际领域话语实践。

实践目的：锻炼学生在日常交际领域中按照公文事务语体及其语文体式的语言要求进行修辞表达的能力。

实践任务：寻找机会参加中国朋友家人的传统中式婚礼，就参加婚礼的所见所闻写一篇日记。

实践过程：

（1）尽可能全程跟进新郎迎亲环节，仔细观察中国婚礼现场情境，并向其他参加婚礼者了解更多的中式婚俗。

（2）选择并确认所使用的语体类型——日记体。

（3）要尽量详细地记述举办婚礼的时间地点、婚礼流程、现场情境，但要把重点放在记述你眼中的中式婚礼与本国婚礼的不同上。

（4）要根据日记体的修辞要求选择相应的词语、句子、辞格、风格手段。

（5）立意要正确，思路清晰，篇章结构符合日记体的基本格式规范。

（6）篇幅控制在500字以内。

实践活动示例2 社会交际领域话语实践。

实践目的：锻炼学生在社会交际领域中按照演讲语体及其语文体式的语言要求进行修辞表达的能力。

实践任务：学生为自己参加演讲比赛写一篇演讲稿。

实践过程：

（1）平时要多关注社会上或所就读学校有关演讲比赛的活动，踊跃报名，积极参加。

（2）材料准备、演讲内容等要符合组织方的要求。

（3）立意要正确，观点要明确，并围绕观点展开论证与说明。

（4）注意话语格调设计，或简洁明快，或生动形象，并要调配好语音修辞手段。

（5）要选择适宜于演讲的句子，尽量多使用短语、结构简单的单句，尽可能不使用结构过于复杂的长句、多重复句。

（6）要根据话语格调适当运用3～5种修辞格式。

（7）例证要做到详略得当，能够说明问题。

（8）篇幅控制在600字左右。

实践活动示例3 艺术交际领域话语实践。

实践目的：锻炼学生在艺术交际领域中按照文学语体及其语文体式的语言要求进行修辞表达的能力。

实践任务：为某公众号平台写一篇情感类文章。

实践过程：

（1）接受任务后，较为广泛但又有重点地浏览该公众号上的相关文章，寻找契合点与灵感。

（2）根据写作意向查找并分析资料，提炼观点，确定文章主旨，并选择文学语体及其下位语文体式。

（3）围绕主旨安排内容与材料，做到有血有肉，内容具体而丰富。

（4）按照所选用文学语体及其语文体式的修辞要求，构拟多姿多彩的修辞手段，要运用丰富多样的词语和灵活多变的句式以及比喻、比拟、夸张、双关、排比等修辞格式。

（5）话语风格选择要与"情感"内容相吻合。

（6）篇幅控制在 500 字左右。

【思考与练习】

1. 就"语体""文体"异同教学，设计微型教学方案。

2. 如何引导学生在语文实践活动中树立并贯穿语体先行意识？请谈谈自己的看法与主张。

3. 请收集 25 个语体修辞例子。要求：①文学语体、政论语体、演讲语体、科学语体、事务语体等各 5 例；②语言要素修辞例子或者非语言要素修辞例子均可；③例子本身语言应用是否得体不限；④要注意例子所适用的语境条件。

4. 就语体移植或渗透现象教学，设计微型教学方案。

5. 就语体创新应用教学，设计微型教学方案。

6. 就某个特定语体或语文体式理论知识教学，设计微型教学方案。

7. 以某个语体修辞知识点或者能力点培养作为内容，采用语体管控法、比较法、归纳法进行教学，请据此设计微型教学方案。

8. 就广告语体中辞格修辞教学，设计微型教学方案。

9. 就演讲语体中句子修辞教学，设计微型教学方案。

10. 就文学语体中语音修辞教学，设计微型教学方案。

11. 就谈话语体中词语修辞教学，设计微型教学方案。

12. 就事务语体中风格修辞教学，设计微型教学方案。

13. 为锻炼学生在特定语体规制中的修辞表达能力，请以学生生活中新近发生的较有影响的事件为话题，设计模拟训练微型教学方案。

14. 为锻炼学生在特定语体规制中的修辞理解能力，请以人教版高中一年级《语文》课文中特定语体文的修辞例子作为教学材料，从综合分析角度设计微型教学方案。

15. 结合本章拓展实践环节提出的要求，请就语体修辞教学设计实践话题，给出合理的思路，策划有效的路径，并提出切实可行的做法。

16. 结合本章模拟训练环节提出的要求，就某种特定语体或语文体式教学设计话题，要求学生撰写特定语体文，篇幅控制在 500 字以内。请据此设计微型教学方案。

17. 中学语文课文中收入了诗歌、散文、诗歌、小说等多种语体文，请结合语体与课文谈谈如何培养学生的语体意识。

18. 根据本章教学重点与难点，设计课外作业题。要求：①填空题5道，答案均为知识性内容；②选择题10道，答案均为分析理解性内容；③判断题10道，答案均为分析理解性内容。

19. 你认为语体修辞单元教学的重点和难点有哪些？为什么？

第四章 语境修辞教学实验

【教学目标与要求】

通过课堂教学与实践训练，引导学生掌握汉语语境的基本构成特征和修辞功能，培育并强化正确的语境观和语境参与意识，培养学生综合利用语境条件，恰当理解修辞现象、得体表达情感语意的能力。

【教学重点】

语境功能转化能力的培养，利用语境条件理解修辞现象能力的培养，利用语境条件表情达意能力的培养。

【教学难点】

利用语境条件开展修辞实践能力的培养。

第一节 语境修辞教学内容取舍

什么是语境？语境的构成情况如何？语境该如何分类？语境在修辞实践中的功能表现究竟怎么样？这些都是语言环境单元教学要关注的重要内容。在讲授汉语修辞学和学习汉语修辞学过程中都必须弄清楚语境基本理论和基础知识。

一、语境及其构成

语境也就是语言环境，是指在语文实践过程中制约和影响修辞主体修辞应用的一切因素和条件的综合体。[①] 语境具有普遍性、过程性、变化性等属性特征，是语言表达和理解的重要参考框架。普遍性意味着语境是无处不在的，只要是存在修辞应用和语文实践的地方，就必然会有语境的参与，或者说，所有语文实践和修辞应用都是在具体语境中进行的。过程性意味着语境是无时不在的，语文实践和修辞活动一旦产生就必然有具体语境相伴，语境与语文实践及修辞应用相伴而生。变化性意味着语境不仅仅是当次语文实践和修辞应用的语境，而且还会随着语文实践活动的进展而在构成条件方面发生动态变化，而不是恒定不变的。

关于语境的构成，学界有较多的描述，总结起来，无外乎从语言内的与语言外的、主观的与客观的、潜性的与显性的等方面加以描述和阐释。陈望道提出的"题旨情境"其实就是语境，除了题旨外，情境则表现为"六何"，即何故、何事、何人、何地、何时、何如。[②] 换句话说，即语体、风格、时间、地点、场合、境况、主体、对象、关

---

① 孟建安：《汉语修辞转化论》，暨南大学出版社2013年版，第173页。
② 陈望道：《修辞学发凡》，上海教育出版社1997年版，第7页。

系、体态、话题、事件、原因、结果、情绪、情感、目的、需要、自然物、上下文、时代环境、思维方式、民风民俗、文化传统、认知背景、个人心理、认知心理、社会心理等因素，在特定的语文实践和修辞应用中都可以作为构成具体语境的条件。

二、语言环境类型

关于语境的分类也有很多观点。黎运汉、盛永生把语境分为非语言语境与语言语境两大类，认为交际主体、社会环境、时空环境、辅助语环境属于非语言语境；语言语境也就是语篇环境，即上下文，可以是语篇内的词、句、短语、句子、句群、段落，也可以是该语段所在的整个语篇。① 王希杰认为，语言环境是语言语境和非语言语境的二元对立与统一，是交际活动中四个世界的统一，也就是由语言世界语境、物理世界语境、文化世界语境和心理世界语境形成的统一体。② 根据王希杰的分类，语言环境可做进一步具体化描述：语言世界语境，属于语言内语境，又可分为语篇语境（上下文、前言后语）语境、风格语境和语体语境等；物理语境就是物理世界语境，属于语言外语境，又可分为时间语境、地点场合语境、修辞主体语境等；文化语境就是文化世界语境，属于语言外语境，又可分为物态文化语境、行为文化语境、制度文化语境、心态文化语境等；心理语境就是心理世界语境，属于语言外语境，又可分为个人心理语境、认知心理语境和社会心理语境等。

三、语境修辞效应

语境是语文实践和修辞应用必有的重要参考条件，不可缺少，必须在场。

（一）修辞功能

学界一般认为，语境具有生成、解释、暗示、引导、过滤、省略、补充、协调、转化、分化等修辞功能。这些修辞功能在具体语文实践和修辞应用中能否实现转化，依然需要特定语体规制和具体语境条件来激活。一旦被激活，便可由静态功能而转化为动态效果，从而为修辞表达和修辞理解服务。

（二）对修辞应用的制约与影响

语境功能是潜在的，只有实现了功能转化，才能真正发挥修辞作用。语境程度不同地综合性地制导着语文实践和修辞应用，不仅影响着语意的表达与理解，而且还制导着修辞手段的构拟与使用，制约着表达主体说什么、写什么、如何说、如何写以及说和写的效果，制约着接受主体听读（理解）什么、怎么听读（理解）以及听读（理解）的效果。具体表现在：

其一，语境决定修辞策划。包括修辞策略设想、话语风格确定、语体规制选择、修辞手段构拟和修辞方法运用。

---

① 黎运汉、盛永生主编：《汉语修辞学》，暨南大学出版社2006年版，第57-60页。
② 王希杰：《修辞学通论》，南京大学出版社1996年版，第308-334页。

其二，语境帮助语意表达和理解。语境可以决定话题选择，可以赋予话语以特定语境义或临时语意，能够帮助表达和推定言外之意，可以帮助推断确切的语意，并可以帮助分化歧义现象。

其三，语境决定修辞表达的得体程度，也就是决定得体效果的大小，管控着修辞效果的好坏以及好坏的程度。

第二节 语境修辞课堂教学设计

一、语境修辞课堂讲授构想

课堂讲授是学生学习并掌握汉语语境理论知识的初始阶段，也是语境单元教学中培养学生综合利用语境条件进行修辞实践的基础阶段。关注点是通过讲解促使学生理解并掌握汉语语境基本理论和基础知识。

（一）目的与要求

（1）在课堂讲授过程中营造有效学习的课堂教学氛围，以教师的精心讲解引导学生深入学习，要求学生理解、识记并掌握语境修辞的基本属性及其功能特征，尤其要注重分析不同语境条件对语言应用的不同制约作用。

（2）促使学生牢固树立语境意识，引导其熟练掌握语境修辞理论知识，为分析理解相关修辞现象以及利用语境条件进行修辞分析打下坚实的语境理论知识基础。

（3）促使学生学会运用语境修辞理论知识作为指导，积极开展语文实践活动，在表情达意过程中恰当利用语境条件。

（二）重点与难点处理及教法选用

一方面，语境程度不同地综合制约着修辞主体说什么、写什么、如何说、如何写、说写效果以及对语意的准确把握。学会综合利用语境条件恰当表情达意并准确释意，是学生汉语修辞应用能力强的重要体现。另一方面，"要强化汉语学习环境，扩大学生对汉语的接触面。语言环境的有无与好坏，学生对目的语的接触面及目的语输入量的多少，直接影响到语言学习的效果"[①]。

1. 要引导学生熟练掌握语境的修辞功能及其现实转化的要求和做法

（1）引导学生熟练掌握利用语境条件表达确切语意的要求和做法。语境具有解释功能，表达者可以借助具体语境条件解释和论证修辞话语的确切意思。

教学示例1 文学语体中诗歌体的语言应用。

一月——八日……/七月——六日……/九月——九日……（贺敬之《"八一"之歌》）

---

① 刘珣：《试论汉语作为第二语言教学的基本原则——兼论海内外汉语教学的学科建设》，载《世界汉语教学》1997年第1期。

教学关注点：对特定社会语境条件解释功能的利用、诗歌语文体式、三个时间点背后的故事、心理联想能力。

教学法提示：数字联想法、语境分析法、问题导引法、讲述故事法。

如果仅从字面上看这几个词语，似乎解读出的意思就只能是作者告诉读者三个具体的日子，作者究竟要表达什么意思，难以读懂。但是，如果把这几个数字、日期与背景条件对接起来，就会发现并不是这么简单。在这几个数字的背后蕴藏着非常丰富的内容。一月八日，周恩来去世；七月六日，朱德去世；九月九日，毛泽东去世。由于语境条件的参与，这些本是表示日期的普通数字就被赋予了特殊的言语意义和情感色彩意义。显然，在诗中，这一连串的数字变成了悲痛的连续记忆。这就是特定社会语境条件使其语意明确化、确切化了。

教学示例2 领导模棱两可的话语。

干得不错呀，伙计！（曾毅平《华语修辞》用例）

教学关注点：对现场情境条件解释功能的利用、话语格调分析。

教学法提示：情境再现法、语境补足法、发散思维法。

孤立地看，这句话意思不好确定。如果假设两种情境，那么语意就不这么简单了：如果是警察对罪犯说的话，那显然并不是说"伙计"干得不错，恰恰相反，是在嘲讽、斥责罪犯；如果是在成功抓获罪犯的现场，领导对参与抓捕的警察说的话，那么这句话就是在表扬"伙计"干得好。

（2）促使学生熟练掌握利用语境条件分化歧义的要求和做法。有些修辞话语本身就是多义的，只有得到具体语境条件的帮助才得以分化。语境具有消除歧义、分化歧义的功能。

教学示例 街坊邻居之间的对话。

在农贸市场上，甲、乙见面互致问候。

甲："老姐姐好久没见了！都忙啥呢？"

乙："是呀，还能忙什么？看孙子呢。"

甲："多好哟！你娶了几个了？"

乙："别提了，老大、老二、老三都结婚生子了，还有老四都三十了，就是不谈朋友，急死我了。对了，你嫁了几个了？"

甲："仨姑娘早都结婚了。"

教学关注点：对共知背景条件分化歧义功能的利用、口头语体规制。

教学法提示：语境条件补充法、角色扮演法、情境再现法、语体管控法。

甲乙之间的会话在日常生活中经常可以听见。在这一随意性谈话语体规制中，甲乙充分利用双方共知的背景条件使多解的话语语意变得单一化。例中，"你娶了几个了""你嫁了几个了"都是多解的、歧义的。前者可以解释为"你娶了几个老婆了""你娶了几个儿媳妇儿了"，后者可以解释为"你嫁了几个丈夫了""你家姑娘嫁出去了几个"。甲乙说话的背景是：其一，一夫一妻制是中国的社会现实和制度约束；其二，甲乙彼此都熟悉对方子女情况，甲有三个女儿，乙有四个儿子。这就是甲乙共知的语境条件。正是由于参照了这些共知条件，在会话中虽然省去了一些语言要素，但并没有影响彼此对语意的表达和理解。而且，还使得语言简洁自然，符合口头语体对语言应用的基本要求。

（3）引导学生熟练掌握利用语境条件表达并推导言外之意的要求和做法。语境具有暗示和引导功能。一方面要培养学生学会利用语境条件把要表达的真实意思蕴含在话语中，另一方面也要培养学生利用语境条件来推导修辞话语所蕴含的言外之意。

教学示例 文学语体中小说体中的修辞表达。

孔乙己一到店，所有喝酒的人便都看着他笑，有的叫道，"孔乙己，你脸上又添上了新伤疤了！"（鲁迅《孔乙己》）

教学关注点：对具体语境暗示和引导功能的利用、过往孔乙己经常挨打的原因、说话者委婉表达的理由、语意推导过程。

教学法提示：问题导引法、逻辑推导法、语境参照法。

该例中，由于喝酒人早已熟知孔乙己平时的所作所为，这就是物理语境条件。正是由于这一条件的支配作用，使得喝酒的人看到孔乙己脸上有新伤疤时就顺口说出"孔乙己，你脸上又添上了新伤疤了"这句话。显然，这句话是有言外之意的：孔乙己又偷东西了。这一言外之意的推导就是基于物理语境提供的帮助。其推导过程是：孔乙己偷东西必然会挨打，挨打后必然会有伤疤；现在又新添了伤疤，那一定是挨打了；根据既有经验（即语境），挨打了，那一定是又偷东西了。

（4）引导学生熟练掌握利用语境条件实现语意增值的要求和做法。语境可以使语意增值。一句普通的话语在具体语境中，由于语境的作用力，可以变得语意丰满，内涵丰富。

教学示例 厕所内的"温馨提示"。

来也匆匆，去也冲冲。

教学关注点：对语境增值功能的利用、话语出现的场所、标语创制心理。

教学法提示：谐音联想法、心理分析法、问答法、语境参照法。

这是在厕所里经常看到的温馨提示语。"匆匆"不仅仅表达了字面意义，在厕所这个特定语境中还被赋予了形象性与生动性。既勾画出了来者的神态，又道出了来者的心态；"冲冲"与"匆匆"构成谐音、押韵关系，并表达了"冲水"之意。[①] 再加上先后两个叠音词的运用，话语说起来顺口自然，听起来悦耳有趣。显然，这是在提醒来者，再紧张再匆忙，也别忘了冲刷厕所。这些意思的获取都源于语言环境的增值功能。

（5）引导学生熟练掌握利用语境条件实现省略和补充功能的要求和做法。无论是口语还是书面语都会有省略，尤以口语中最为普遍。借助上下文语境等语境条件，一些语言成分都可以不出现或省略。虽然语言成分省略掉了，但是并不影响语意的表达和理解，相反，还使得语言表达更加简洁精练。这自然与语境的补充功能有密切关系。

教学示例 口头语体中的面对面交流。

小瑜：请问现在几点钟？

小伟：三点。

[①] 曾毅平：《华语修辞》，暨南大学出版社2012年版，第40页。

教学关注点：对语境省略和补充功能的利用、口头语体规制、前言后语的观照作用。

教学法提示：语体管控法、情境再现法、答疑法。

小瑜和小伟面对面交流，双方都承接前言后语的补充作用而省略了相应的语言成分。小瑜的话省略了"小伟"（或"你"），小伟的话则省略了"现在"。两句虽然分别省略了主语等句法成分，但是并不影响语意的表达和理解，双方都很明白对方话语的意思。语境补充了因语言成分的省略而造成的语意空位。

（6）引导学生熟练掌握利用语境条件实现语意转化的要求和做法。引导学生借助于语境条件来转化词义，以培养和提高变异表达能力。

教学示例 上下文中的代词使用。

①我和我们那口子一块来了。（我们＝我）

②大家你抱抱我，我抱抱你，激动得说不出话来。（你、我——语意泛化、虚指）

教学关注点：对语境转化功能的利用、上下文的参照、词义转化。

教学法提示：语境条件利用法、小组讨论法、语义分析法。

2. 要引导学生熟练掌握利用语境条件构拟修辞手段的要求与做法

修辞手段涵盖语音修辞手段、词语修辞手段、句子修辞手段、辞格修辞手段、风格修辞手段等，不同的语境制约着修辞手段的运用。下面举例加以分析。

（1）引导学生掌握利用语境条件构拟语音修辞手段的要求与做法。语音修辞手段表现为调配音节结构、把握语调节奏、设置谐音表意、拟设叠音摹声、巧配平仄押韵等。

教学示例 厕所里的"温馨提示"。

①随手冲一冲，干净又轻松。

②往前一小步，文明一大步。

教学关注点：对空间场合语境条件的利用、对群体心理语境条件的利用、语音修辞手段构拟。

教学法提示：语境分析法、心理联想法、问答法。

这些修辞表达显然都受制于厕所这一物理语境条件以及对社会文明、讲究卫生等文化风尚的渴望这一群体心理语境条件。从句子音节数量来看，这两例都是语音短句，由于厕所这一物理语境条件的限制以及如厕者的实际情况，不可能长篇大论，只能采用语音短句，构拟短时间内能快速看完的宣传标语或温馨提示语，以收到简洁明快的语音修辞效果；从韵脚选择来看，第①例都使用了 ong 韵，"冲""松"属于同韵字；第②例中，前后两句则都用了同字"步"以求同韵，由于巧妙押韵或在韵脚处使用同字，造成了朗朗上口的语音修辞效果。

（2）引导学生掌握利用语境条件构拟词语修辞手段的要求与做法。语境不仅能够决定选用何种词语修辞手段，而且还能决定词语如何变异使用。

教学示例 文学语体中韵文体的修辞表达。

一片春愁待酒浇，江上舟摇，楼上帘招。秋娘渡与泰娘桥。风又飘飘，雨又萧萧。

何日归家洗客袍？银字笙调，心字香烧。流光容易把人抛，红了樱桃，绿了芭蕉。（蒋捷《一剪梅·舟过吴江》）

教学关注点：韵文体语言应用的要求、对上下文语境条件的利用、形容词的词性变异。

教学法提示：语体管控法、语境参照法、合作探究法。

"红""绿"本来都是形容词，但是在该例中都变异成为动词，并带了宾语。该例属于韵文体，变异应用词语是词语修辞手段的常态表现。黎运汉等分析，作者这样应用显然是与上下文语境制约分不开的。"一片春愁待酒浇"，点明时间是春天；"风又飘飘，雨又萧萧"，具体说明这是一个春雨绵绵的季节，春季万物复苏，春光逼人；"流光容易把人抛"，直接抒写岁月无情，春光逼人的感受。上文的这些内容为下文要具体描写春光如何逼人做了很好的铺垫。"红了樱桃，绿了芭蕉"，意思就是，时光已把樱桃催红了，把芭蕉染绿了，而这正是"流光容易把人抛"的具体表现。①

(3) 引导学生掌握利用语境条件构拟句子修辞手段的要求与做法。汉语中句子类型非常多，可以从不同角度加以描述。语境对句子修辞手段的运用具有制约与影响作用。

教学示例 文学语体中变式句（倒装句）的运用。

① 水生笑了一下。女人看出他笑得不像平常。
"怎么了，你？"（孙犁《荷花淀》）

② 车夫毫不理会，——或者并没有听到，——却放下车子，扶那老女人慢慢起来，搀着臂膊立定，问伊说：
"您怎么啦？"（鲁迅《一件小事》）

教学关注点：文学语体中散言体的语言追求、变式句构拟的心理语境因素。

教学法提示：交际法、情境再现法、心理分析法、语境分析法。

这两例都属于文学语体。例①中，水生媳妇没有采用常式句"你怎么了"，而是采用了变式句"怎么了，你"。为什么？语境使然。根据上文记述，"女人看出他笑得不像平常"，觉得蹊跷，心中的疑惑和不解油然而生。在这一紧张急促心理的驱动下，女人毫不犹豫地放弃了常式句而选择了变式句"怎么了，你"。先把疑虑重心脱口说出，然后才把询问对象作为追叙成分说出来。表达者之所以使用变式句，显然是心理世界语境影响下做出的抉择。例②中，车夫在撞倒老女人并扶她慢慢起来后，采用的是常式句"您怎么啦"。为什么会如此？因为车夫想到了老女人被撞倒时的痛苦、疼痛，为了强化车夫朴实善良、责任感以及对老女人浓浓关心之意，便选用了常式句。这种说法把语意焦点指向了对老女人的抚慰上，是对该语境的最大适应。如果换成"怎么了，你"，则带有更多斥责意味，显然与语境要求不匹配。

(4) 引导学生掌握利用语境条件构拟辞格修辞手段的要求与做法。修辞格式是表情达意常用的修辞手法。语言表达过程中，适度采用辞格手段无疑会增强表达效果。在具体语境中，学会结合语境创设适宜的修辞格式。

---

① 黎运汉、盛永生主编：《汉语修辞学》，暨南大学出版社2006年版，第70页。

教学示例 剧文体中的人物对白。

周　萍：我已经打算好了。

周繁漪：好，你去吧！小心，现在（望窗外，自语，暗示着恶兆地）风暴就要起来了！

周　萍：（领悟地）谢谢你，我知道。（曹禺《雷雨》）

教学关注点：剧文体的语言应用要求、对心理语境和物理语境条件的利用、面对面对话。

教学法提示：角色扮演法、心理联想法、小组讨论法、语境条件利用法。

例中，"风暴"采用的是借喻辞格手段。由于双方矛盾还没有达到白热化程度，因此用借喻辞格来暗示愤怒情感和矛盾冲突。心理情绪、个人情感、当时窗外的暴风雨等语境条件对该辞格表达手段的构拟起到了导引作用。

二、语境修辞综合分析拟议

综合分析是语境单元教学模式中的第二个环节，是引导学生进一步利用语境理论知识分析理解修辞现象的重要阶段，也是语境单元教学中巩固语境理论知识，培养并提升学生语境分析能力的阶段。关注点是培养与提升学生综合利用汉语语境条件理解汉语修辞现象的能力。

（一）目的与要求

（1）综合分析是对语境理论知识的综合应用，通过对语境修辞用例的分析品评，以巩固学生所学语境基本理论与基础知识。比如，通过对语言语境语例的分析理解，引导学生进一步学习巩固语言语境理论知识。

（2）引导学生学会运用所学语境理论知识分析相关修辞现象，尤其要注重不同语境中广义同义修辞手段差异性与共同性的比较分析，以培养和提高其语境分析能力。这种分析能力涵盖简单语境修辞现象的分析能力和对复杂语境修辞现象的综合分析能力。

（3）促使学生善于根据语境修辞理论知识以及语境条件研判、评改修辞语病。

（4）引导学生善于通过语境修辞语料分析反向研判影响修辞表达与修辞理解的不同语境条件，也就是要学会透过各种不同的修辞现象寻找出影响修辞表达与修辞理解的语境因素。语境无处不在，语境对修辞理解的影响也就无处不在，所以分析影响修辞现象形成的语境条件至关重要。

（二）语料收集与引用

（1）语境修辞语料收集的范围要广泛，可以从谈话语体、广告语体、新闻语体、文学语体、政论语体、事务语体、科学语体、广告语体、网络语体、演讲语体等各种语体及其下位语文体式中收集语境修辞用例。

（2）无论是言内语境还是物理语境、文化语境还是心理语境语料，在引用时都要充分考虑语境修辞单元的总体教学目标与要求，并要考虑某个单项内容的教学目标与要求，要以顺利且有效实现不同层级的语境教学目标为参照。

（3）选例要注意具体语境条件的制约性，以选用适合于具体语境条件的语例。比如选用相声小品中的人物对话、科学语体中的句子、诗歌体式中的诗句、广告语体中的广告用语等。在选用时，弄明白上下文或前言后语、表达时的情境等因素，不可断章取义，只摘取只言片语，而忽略语料所依赖的具体语境条件。

（三）综合分析示例

1. 利用语境知识分析语境对语意表达和语意理解的影响

教学示例1 运用语境知识分析周朴园与周萍之间的语境偏差，以及对语意理解的导引。

  周朴园：（突然抬起头来）我听人说你现在做了一件很对不起自己的事情。
  周　萍：（惊）什——什么？
  周朴园：（走到周萍的面前）你知道你现在做的事是对不起你的父亲么？并且——（停）——对不起你的母亲么？
  周　萍：（失措）爸爸。
  周朴园：（仁慈地，拿着周萍的手）你是我的长子，我不愿意当着人谈这件事。（稍停，严厉地）我听说我在外边的时候，你这两年来在家里很不规矩。
  周　萍：（更惊恐）爸，没有的事，没有，没有。
  周朴园：一个人敢做一件事就要当一件事。
  周　萍：（失色）爸！
  周朴园：公司的人说你总是在跳舞场里鬼混，尤其是这两三个月，喝酒，赌钱，整夜地不回家。
  周　萍：哦，（喘出一口气）您说的是——
  周朴园：这些事是真的么？（半晌）说实话！
  周　萍：真的，爸爸。（红了脸）（曹禺《雷雨》）

  教学关注点：对语境过滤功能的利用、语境认知偏差、语境偏差对语意理解的导引。

  教学法提示：角色扮演法、心理分析法、问答法、上下文语境条件导引法。

教学示例2 分析制约交往主体语意表达的语境条件。

  "既然讲究包，我们就得实打实……"班长分辨着。
  "这样吧，你们得收回去一个。这样可以使上面缓冲一下，一下推出这么多闲人，领导也难办。"原来，车间主任也在场。
  "本来十个人干的活，非要我们十一个人干，这算什么包！……"班长还在叽叽咕咕地顶。
  郭大柱气愤地抬腿要走，心里话，你叫我回去，我还不回去呢！我是要饭的吗，看你们的下巴说话？我郭大柱回家捡废纸、扒垃圾，也能养活自己！可是他却听到班长又说道："领导既然非要让我们收回一个，那就叫……李月英回来吧！"
  啊——郭大柱差点儿一屁股坐在地上，原来在人们的心目中，他还不及一个懒婆娘！（邓刚《阵痛》）

教学关注点：人际语境条件制约、时代环境因素导引、话题限制、心理语境影响。
教学法提示：文化阐释法、情境再现法、小组讨论法。

从理论上说，物理世界、语言世界、文化世界和心理世界的所有构成要素都可以成为语言环境的构成条件。该例中，制约和影响班长与车间主任话语表达的因素主要有：当时的社会环境和时代环境，也就是改革开放的大气候；话题是如何包工；讨论的具体内容是要不要用郭大柱的问题；在场的交际主体有班长、车间主任、郭大柱、高书记等；班长和车间主任彼此之间的前言后语；交往者的内心想法，比如班长和车间主任各自想法的差异；等等。班长和车间主任沟通时，郭大柱就在现场，所以班长在说话时多多少少会有所顾忌。正因为如此，班长前两次都没有把话说完，书面上都用省略号代替。当班长第三次说"领导既然非要让我们收回一个，那就叫……李月英回来"时，依然没有把话说完。班长利用了口语表达时语音上的停顿、放慢语速等手段，来缓解自己内心的矛盾，也为了避免郭大柱对自己的不满，更考虑到高书记、车间主任的感受，说话时尽量讲究礼节。"这样吧，你们得收回去一个。这样可以使上面缓冲一下，一下推出这么多闲人，领导也难办。"这句话则是车间主任基于班长已经有意把郭大柱排除在名单之外这个事实而对班长说出来的。班长的前言是车间主任说出这句后语的基本条件，车间主任的后语则是对班长前言的回应。彼此之间的话语互为原因和结果，互为条件和结果。在我们看来，对人际言语交往影响越大的环境因素，越接近于成为语言环境的核心条件；对人际言语交往影响越小的环境因素，越接近于成为语言环境的外围条件。也就是说，看环境要素能否转化成为语言环境的核心条件，关键要看它对人际言语交往制约和影响的程度。程度越大，越具有成为核心条件的优势；程度越小，成为核心条件的可能性就越小。

教学示例3 根据语境知识解读下列语句或词语的意思。

①卡莉同学这一段表现不错。（提示："这一段"为重音）
教学关注点：语言语境（重音）条件把握。
教学法提示：重音复读法。
②周　冲：你（周萍）不知道母亲病了吗？
　　周繁漪：你哥哥怎会把我的身体放在心上？（曹禺《雷雨》）
教学关注点：角色关系利用、心理关系利用、同音关系、言外之意推导。
教学法提示：语义分析法、语境参照法、讨论法。
③一位教师说："明天上午八点我去上课。"
　　一个学生说："明天上午八点我去上课。"
教学关注点：表达者角色身份利用、同音关系、多义词词义的单一化。
教学法提示：比较法、语境参照法、角色分析法、提问法。

2. 利用语境知识分析句子修辞手段的应用特征

教学示例1 日常交际领域中的会话。

一对夫妻，丈夫回来后，妻子将留给丈夫的月饼给丈夫吃，并坐在一旁看丈夫吃。夫妻之间有一段对话。

妻：好吃吗？

夫：好吃。

妻：甜吗？

夫：甜。

妻：吃出桂花味了吗？

夫：吃出来了。

妻：还有核桃仁儿呢。

夫：可不是，不错。

教学关注点：口头语体对语言应用的要求、前言后语的相互影响、短句运用、一问一答式的简单对话。

教学法提示：角色扮演法、情境再现法、语体管控法。

教学示例2 剧文体中的人物对话。

王福升：我找小姐。……小姐。潘四爷……叫我把这些账条交给您。

陈白露：你把它烧了吧。

王福升：是……是！可是这里（正要从口袋里取出）还有一把——

陈白露：还有？

王福升：要不，您听着——（正要念下去）

陈白露：你没有看到这儿有客么？

王福升：是，是。（曹禺《日出》）

教学关注点：口头语体对语言应用的要求，创作心理，对表达者心理语境条件的利用，疑问句、省略句（半截话）、短句的构拟。

教学法提示：心理分析法、角色扮演法、合作探究法、语境参照法。

3. 分析各语料中影响话语选择的语境条件

教学示例1 阅读原著，分析语例中画线词语和句子修辞手段运用的语境条件。

鲁侍萍：你是"<u>萍</u>"，——<u>凭</u>，——<u>凭</u>什么打我的孩子？（曹禺《雷雨》）

教学关注点：对谐音条件的利用、对人物角色关系的利用。

教学法提示：语境参照法、心理分析法。

不是焦大一个人，你们就做官儿享荣华受富贵？你祖宗九死一生挣下这家业，到如今了，不报我的恩，反和我充起主子来了。不和我说别的还可，若再说别的，<u>咱们红刀子进去白刀子出来</u>！（曹雪芹《红楼梦》）

教学关注点：对人物背景条件的利用、实现无理而妙的语境条件。

教学法提示：语境条件分析法、心理分析法、问题导引法、逻辑分析法。

教学示例2 分析下列语例中使用反语辞格修辞手段的语境条件。

直至艇子回复了平静，依然在微波中轻巧前行的时候，凤英低声骂道："粗心鬼，艇子翻沉了怎回家？"

"不回，"何津含笑道，"陪你在河边坐一夜。"（陈残云《香飘四季》）

教学关注点：对人际关系的利用、反语辞格构拟的心理基础。

教学法提示：心理分析法、文化阐释法、语境参照法。

教学示例 3 分析下列语例中使用比喻辞格修辞手段的语境条件。

鲍小姐走来了,招呼她们俩说:"你们起得真早呀,我大热天还喜欢懒在床上。今天苏小姐起身我都不知道,睡得像木头。"鲍小姐本想说"睡得像猪",一转念想说"像死人",终觉得死人比猪好不了多少,所以向英文里借来那个比喻。(钱钟书《围城》)

教学关注点:比喻构成条件、角色身份的文化心理作用、创作心理的支配。

教学法提示:文化阐释法、问答法、语境参照法。

三、语境修辞模拟训练设想

模拟训练是学生利用语境修辞理论知识进入语文实践前的模拟性演练阶段,也是语境单元教学中对学生综合应用语境理论知识进行修辞表达的能力训练阶段。关注点是培养与提高学生综合利用汉语语境条件进行修辞表达的能力。

(一)目的与要求

(1)通过模拟训练可以考查学生对所学语境修辞理论知识的应用情况,因此是对学生语境修辞理论知识学习状况的进一步检测。

(2)模拟训练注重考查学生利用语境条件构拟修辞手段的能力。关注的焦点在于学生构拟语音、词语、句子、辞格、风格等修辞手段时对具体语境条件的顺应和利用能力。

(3)教师要指导学生学会运用语境修辞理论知识,并能够根据语境条件构拟恰当的修辞手段开展语文实践活动,以培养学生利用语境条件进行修辞表达的能力;训练学生形成强烈的语境意识,学会利用并创新语境条件撰制修辞话语文本。

(4)要根据语境修辞的教学目标、教学重点和难点策划多样化的训练话题、训练方式、训练手段、训练方法,以确保模拟训练效果的最大化。

(二)模拟训练思路

(1)要以实现语境修辞教学总目标为原则来精心设计语境修辞专项能力训练目标或综合能力训练目标。

(2)要根据达成的语境专项能力训练或综合能力训练目标与要求,寻找并确定适合学生训练的语境修辞训练话题。比如为了训练文化心理条件专项应用能力,或者为了训练认知心理专项能力,那么就应该根据这些语境修辞专项能力设计相应的训练话题。

(3)要根据确定的语境修辞训练话题,提出具有针对性的训练要求和需要满足的训练条件。训练话题要顺应学生对汉语境的感知能力、理解水平,做到难易适中,以便使训练教学畅通无阻。

(4)要根据训练要求选用恰当的训练手段和训练方法。比如可据情采用合作训练、单独训练、口头训练、书面训练、现场演绎、课后练习等不同手段和方法,做到活学活用,学以致用。

(三) 模拟训练示例

模拟训练 1

训练目标：培养学生利用语境条件准确表意的能力。

训练话题：结合下列不同句子与括号内的提示，按照要求完成训练。

（1）你要不要饭？（提示：至少提供两个意思的语境条件）

（2）马克说："都八点了！"（提示：至少提供四个意思的语境条件）

（3）看踢足球的英国朋友。（提示：至少提供两个意思的语境条件）

（4）我们是来自越南和马来西亚部分高校的留学生。（提示：至少提供两个意思的语境条件）

（5）三个德国孔子学院的学生一直在认真学习汉语。（提示：至少提供两个意思的语境条件）

（6）明天来自泰国和缅甸的留学生朋友都可以接待。（提示：至少提供两个意思的语境条件）

训练要求：

（1）请仔细审读句子和括号内的提示。

（2）补足的语境条件必须满足确定具体语意的需要，能够根据提供的语境条件解读出相应的确切语意。

（3）语境条件的补充是任意的，不受数量限制。训练者可以发挥丰富的想象力去创造语境条件，有助于确切语意的推断即可。

（4）语境条件包括语言、物理、文化和心理等方面的条件，它们都在可拟定之列，但不必面面俱到。

模拟训练 2

训练目标：培养学生利用心理语境条件构拟语音修辞手段的能力。

训练话题：请以抒写个人情感为话题，按照要求拟写一段话。

训练要求：

（1）立意要正确，思路要清晰。

（2）个人心理状况可以是悲伤的、忧愁的，也可以喜悦的、兴奋的，还可以是既悲伤又喜悦的。参训者可自行做出选择。

（3）可以根据表意需要，合理采用叠音、停顿、句调、音节、押韵、轻重音等多种不同的语音修辞手段。

（4）篇幅不限。

模拟训练 3

训练目标：培养学生利用文化语境条件构拟词语修辞手段的能力。

训练话题：请以生活性内容为话题，按照要求拟写一段话。

训练要求：

（1）立意要正确，思路要清晰。

(2) 要利用时代文化、民族文化条件，使用不少于 5 个富有时代气息和民族文化色彩的词语。

(3) 篇幅控制在 200 字以内。

模拟训练 4

训练目标：培养学生根据物理语境条件构拟句子修辞手段的能力。

训练话题：请以参加朋友婚礼为话题，按照要求写或说相应的话语。

训练要求：

(1) 说出的话语要顺应朋友婚礼的现场情境。

(2) 表意要明确，情感要充沛向善，礼貌性强。

(3) 要合理使用感叹句、疑问句、祈使句、倒装句、短句。

(4) 话语要具有明快风趣的特征。

(5) 话语篇幅控制在 200 字以内。

模拟训练 5

训练目标：培养学生根据语境条件运用辞格修辞手段的能力。

训练话题：请以某个景物为话题，按照要求写或说一段话。

训练要求：

(1) 这段话在语文体式上属于散言体（如散文、小说、记叙文等）。

(2) 立意要正确，表意要清楚，思路要明晰。

(3) 要使用比喻、夸张、排比、比拟、双关五种修辞格式。

(4) 篇幅不限。

模拟训练 6

训练目标：培养学生根据现场语境条件综合利用语音、词语、句子和辞格修辞手段进行修辞表达的能力。

训练话题：在参加同学邀约的宴会上遇到了几个陌生人，请利用现场语境条件发话，引出对方（陌生人）话语并开始交谈。

训练要求：

(1) 陌生人是自己不熟悉的，但一定是同学的朋友。这是与陌生人交流的客观现实条件。要根据现场情况通过察言观色认知研判陌生人，以对人际关系做出准确判断。

(2) 宴会时间、地点、现场气氛等都是可以利用的语境条件，可酌情参照。

(3) 采用角色扮演法，交际各方的总话轮控制在 20 个以内。

(4) 要适度利用语音、词语、句子、辞格修辞手段。

(5) 修辞表达符合谈话语体的语言应用特征。

第三节　语境修辞拓展实践策划

拓展实践是学生把课堂上所学语境理论知识和汉语修辞实践真正结合的实战阶段。关注点是培养并提高学生对具体语境条件的综合利用能力。

一、语境修辞拓展实践要求

（1）在语文实践中培养并强化学生的语境意识，经过在现实社会生活中不同交际领域的反复实践，促使学生把语境意识凝固在自己的心理结构之中，并把这种意识贯穿于听、说、读、写等各种语文行为中。

（2）促使学生把所学语境理论知识应用到语文实践和修辞应用中，学会把书本上死的语境修辞理论知识应用到现实中活的话语实践活动中。

（3）促使学生善于在具体语境中准确理解修辞话语，以收到最大化的修辞接受效果，也就是要把具体语境条件作为修辞话语理解必有的参考条件。

（4）促使学生能够在具体语境中恰当使用各种不同修辞手段进行得体的表达，以收到最大化的修辞表达效果。语境无时不在，语境始终伴随着修辞实践活动，并始终制约着修辞手段的建构。这就要求学生学会在语境中根据具体情境条件构拟表情达意的手段，而不能撇开语境条件，随意使用效果差甚至是无效的修辞手段。

二、语境修辞实践策划路径

第一步：研判并落实参加语文实践的话语领域。比如，如果研判认定是法庭审判、法庭调查、法庭辩论等话语实践活动，那么就应该把这些话语实践活动归属于社会交际领域；如果研判认定是家长里短式的随意性交流、见面打招呼、临行前告别、私人调解纠纷等话语实践活动，那么应该把这些话语实践活动归属于日常交际话语领域；如果研判认定是撰写领导讲话稿、撰写述职报告、开展课堂教学等话语实践活动，那么应该把这些话语实践活动归属于社会交际话语领域。

第二步：确认了所属交际领域，就等于认定了交际圈子的范围，那么就要在这个圈子内确定相应的语体规制，并要根据具体表意内容选择下位语文体式。比如，是选择演讲语体及其论述性演讲体式、传授性演讲体式、礼仪性演讲体式，还是选择网络语体及其网络聊天体式、网络新闻体式、微信（公众号）体式、手机短信体式，等等。

第三步：要求学生借助于演讲比赛、教育实习、征文活动、毕业论文撰写、教育见习、法律知识竞答、社会调查、读好书活动等实践教学活动以及其他社会实践活动，充分认知并把握自己所处的话语环境，恰当地利用具体语境条件开展综合性修辞实践活动。

三、语境修辞实践策划示例

实践活动示例1 日常交际领域话语实践。

实践目的：锻炼学生日常口语交际领域中对语境条件的综合应用能力。
实践任务：学生到新华书店购书。
实践者：学生、新华书店导购员（或工作人员）。
实践时间：某个周日下午。
实践地点：市区某新华书店。
实践过程：

(1) 打招呼：招呼语和礼貌语使用。
(2) 交流内容：要买哪一类书，哪家出版社，具体书名，在哪摆放，找不到要买的书，请求导购员帮忙。
(3) 付账时的交流。
(4) 告别话语的选择。

实践活动示例 2 社会交际领域话语实践。

实践目的：锻炼学生社会交际领域中对语境条件的综合应用能力。
实践任务：为某传媒公司撰写宣传文案。
实践过程：
(1) 仔细聆听公司领导交代的任务、提出的相关要求，根据该公司要求（比如内容、字数、行文风格等）撰制书面宣传文案。
(2) 语体确认要准确。
(3) 根据确认语体，在该语体规制下从语音修辞、词语修辞、句子修辞和辞格修辞等方面进行综合表达，形成书面文本。
(4) 表达要顺应话题、公司形象、宣传目的、受众等具体语境条件。
(5) 交付公司并听取公司领导意见和建议。
(6) 根据反馈意见，反复修改并最终定稿。

实践活动示例 3 艺术交际领域话语实践。

实践目的：锻炼学生艺术交际领域中对语境条件的综合应用能力。
实践任务：结伴郊游，或爬山，或某地一日游，或到同学家做客。写一篇短文。
实践时间：某周六。
实践过程：
(1) 除诗歌外，其他语体不限，最好是写叙述性散文（如日记、游记）。
(2) 确定语文体式，根据该语文体式对语言应用的要求构拟语音、词语、句式和辞格等修辞手段。
(3) 要注意对具体语境条件（比如所见所闻、上下文等）的利用。
(4) 字数不限，把要记述的主要事情和要表达的情感表现出来即可。

【思考与练习】

1. 就语境修辞基本理论教学，设计微型教学方案。
2. 如何引导学生在语文实践活动中树立并贯穿语境参照意识？请谈谈自己的看法与主张。
3. 就如何培养学生正确的语境观谈谈自己的教学体会与做法。
4. 请收集 20 个语境修辞例子。要求：①文学语体、谈话语体、演讲语体、广告语体各 5 例；②语言要素修辞例子或者非语言要素修辞例子均可；③例子本身得体与否不限；④要注意语境与例子的关联性。
5. 就语境修辞的某个具体知识点教学，设计微型教学方案。
6. 就语境创新教学，设计微型教学方案。

7. 就某个语境修辞现象，从综合分析角度采用语境参照教学法进行教学，请据此设计微型教学方案。

8. 就某个语境修辞现象，请采用 1～3 种教学法进行教学，并据此设计微型教学方案。

9. 把广告语体中的语境修辞现象作为教学内容，从综合分析角度设计微型教学方案。

10. 把演讲语体中的语境修辞现象作为教学内容，从综合分析角度设计微型教学方案。

11. 把文学语体中的语境修辞现象作为教学内容，从综合分析角度设计微型教学方案。

12. 把新闻语体中的语境修辞现象作为教学内容，从综合分析角度设计微型教学方案。

13. 为锻炼学生在具体语境中的修辞表达能力，请以学生生活中新近发生的较有影响的事件为话题，设计模拟训练微型教学方案。

14. 请把语境修辞综合应用能力训练作为教学内容，设计微型教学方案。

15. 结合本章模拟训练环节提出的要求，请就某种具体语境修辞现象教学设计话题，并提出具体要求与具有可行性的做法。

16. 结合本章拓展实践环节提出的要求，请就语境修辞内容策划实践话题，设计相应的路径，提出切实可行的做法。

17. 为锻炼学生的语境修辞理解能力，请从人教版八年级下册《语文》教材中选择一篇课文，从综合分析角度认知、解读、品评其中语境修辞得体状况。请据此要求设计微型教学方案。

18. 根据本章教学重点与难点，设计课外作业题。要求：①填空题 5 道，答案均为知识性内容；②选择题 10 道，答案均为分析理解性内容；③判断题 10 道，答案均为分析理解性内容。

19. 你认为语境修辞单元教学的重点和难点有哪些？为什么？

第五章　语音修辞教学实验

【教学目标与要求】

通过讲授、分析、训练与实践，使学生熟悉汉语语音修辞的基本理论和基础知识，掌握汉语语音修辞的作用与功能，培养并提高学生语音修辞理解能力和语音修辞表达能力。

【教学重点】

语音修辞理论知识、语音修辞表达能力的培养、语音修辞理解能力的培养。

【教学难点】

语音修辞表达能力的培养、语音修辞理解能力的培养。

第一节　语音修辞教学内容取舍

一、语音修辞内涵

语音是什么？语音是由人的发音器官发出的表达一定意义的声音。汉语语音修辞与汉语语音特点密不可分。尤其是在现代汉语中，音节中元音占优势，韵腹必不可少；不存在复辅音现象，两个辅音音素不能相连；音节与汉字对应，由此形成了整齐划一的书面视觉形象；每个音节都有固定声调，而且不管由多少个音素构成，发音时所占用时间都是一样的。[①] 这些特征为汉语语音修辞提供了丰富的材料源泉和非常有效的语音条件。

如何理解语音修辞？语音修辞是在语文实践和修辞应用过程中，修辞主体借助于特定语音手段以获取理想语音修辞效果的一种修辞现象或修辞活动。语音修辞重在"调音"，也就是要借助于语境条件，采用一定修辞手段对语音进行调配。通过调配，努力发掘汉语语音修辞功能，创造出整齐匀称、平仄相间、韵脚和谐、双声叠韵、叠音自然等语音修辞现象，从语音修辞角度提高汉语修辞表达效果。由此可以看出，语音修辞是从修辞学范畴来考虑语音问题的，关注的自然是修辞学意义上的语音现象，是为了追求更理想的语音修辞效果，而把语音规范作为基础并利用特定语音手段对语音修辞手段所做出的修辞选择。

二、语音修辞手段

修辞过程中，可以经常运用的语音修辞手段究竟有哪些？音节、语调、节奏、韵

[①] 黎运汉、盛永生主编：《汉语修辞学》，暨南大学出版社2006年版，第123－124页。

律、谐音、叠音、摹声等都是语音表现形式，在语文实践和修辞应用中，都可以在具体语境条件帮助下实现由语音形式向语音修辞手段的转化，从而以语音修辞手段身份发挥作用；也可以根据语境，把两种或多种语音形式巧妙地调配在一起而形成语音修辞手段。

（一）音节手段

音节是听觉上可以感觉到的最小的语音片段。由音节而形成单音节词、双音节词、多音节词等音节形式。在现代汉语中，双音节词占多数，这为音节调配带来了极大的便利。修辞过程中，可以根据需要加以调配组合，从而形成一对一、一对二、一对三、二对二、二对三、三对三等不同的音节结构形式。修辞应用过程中，可以把音节当作修辞手段来表情达意。

（二）语调手段

语调是指说话或朗读时，句子中的停顿、语速快慢、声音的轻重以及高低升降变化（句调）现象。其一，停顿有语法停顿、生理停顿、逻辑停顿之分。其二，语速是说话时吐字速度的快慢，受制于停顿时间、发音时间的长短。其三，轻重音则取决于发音时用力的大小，用力大为重音，用力小则为轻音。重音又有逻辑（强调）重音、语法重音之分。其四，句调是句子的音高变化形式，或高或低，或长或短，由此形成升调、降调、平调和曲调四种句调形式。与句调相呼应的是语气，通常分为感叹、疑问、祈使和陈述四种语气。当表达疑问、反问、惊异、号召等语气时，多为升调；当表达陈述、感叹、祈使等语气时，多为降调；当表达严肃、冷静、叙述等语气时，多为平调；当表达含蓄、讽刺、意在言外等语气时，多为曲调。修辞应用过程中，可以把语调当作修辞手段来表情达意。

（三）节奏手段

节奏就是节拍、音步、语调、轻重音等语音现象所表现出的有规律的长短、强弱变化所形成的整体语音感觉。有研究者认为，节奏同说话或写作者思想感情的节奏之间有着某种联系，只有把握好话语节奏，才能更好地表达思想感情；节奏受到说话人生理因素的制约，只有顺应节奏规律，才能得以正常表达；节奏可以满足人对音乐美感的追求。修辞应用过程中，可以把节奏当作修辞手段来表情达意。

（四）韵律手段

韵律就是基于平仄、押韵而形成的有规则的语音形式。修辞应用过程中，可以把韵律当作修辞手段来表情达意。

（五）谐音手段

谐音是利用音同音近关系而形成的语音相谐现象。同音词、近音词、同韵词等是构成谐音的语言材料。修辞应用过程中，可以把谐音当作修辞手段来表情达意。

（六）叠音手段

叠音是指由两个或两个以上相同音节构成的语音形式。叠音的单纯词、重叠式合成词、词语复叠都是叠音的表现形式。如"谆谆、刚刚、冷冰冰、茫茫然、清清楚楚、红红的"等。修辞应用过程中，可以把叠音当作修辞手段来表情达意。

（七）摹声手段

摹声就是摹声词、象声词、拟声词、拟音词，是摹仿自然音响、记录自然声音的词语。如"砰、咣、咚咚、叮当、嗡嗡嗡、滴滴答、乒乒乓乓"等。修辞应用过程中，可以把摹声当作修辞手段来表情达意。

三、语音修辞要求

语音修辞实质上就是利用一切适宜的语音修辞手段来塑造得体的语音形象。语音修辞形象体现在很多方面，如音节整齐匀称、声调平仄相间、韵脚和谐自然、叠音词语和双声叠韵词语的恰当运用等。文学语体、口头语体、政论语体、演讲语体、广告语体对语音修辞的关注度较高，而且多体现在积极修辞现象中；事务语体、科学语体则关注度较低。

在韵文体中，利用一定的语音手段可以造成音调铿锵、节奏鲜明的韵律感；在散文体中，则使话语读来朗朗上口，顺口悦耳；在剧文体中，则会表现出声调和谐、易说易记的效果；在政论语体、新闻语体中，则会使语言更加流畅明快。总体来说，语音修辞的功效主要在于能使语言流畅顺口，节奏分明，声律和谐，富有音乐美。因而，无论是口头表达还是书面表达，都要重视语音修辞，充分发挥语音的修辞艺术作用。[①]

第二节　语音修辞课堂教学设计

一、语音修辞课堂讲授构想

课堂讲授是学生学习并掌握汉语语音修辞理论知识的初始阶段，也是语音修辞单元教学中培养学生利用语音修辞手段进行语文实践的基础阶段。关注点是培养并提高学生全面掌握汉语语音修辞理论知识的能力。

语音修辞教学究竟要讲什么？重点难点如何确定？怎么讲？尤其是外国学生由于受到母语语音的影响，必然会程度不等地发生负迁移，进而影响到汉语语音修辞的学习与实践。因此，学生的汉语语音修辞学习与实践都必须围绕着语音修辞能力的培养来进行，尤其是要尽量防止母语语音负迁移的发生，并想办法消除因负迁移而形成的语音障碍。

---

① 黎运汉、盛永生主编：《汉语修辞学》，暨南大学出版社2006年版，第125页。

（一）目的与要求

（1）促使学生熟悉并较为系统地掌握汉语语音修辞的基本属性及功能特征，弄明白汉语语音修辞理论知识系统的内容架构，尤其要注重分析不同语音修辞手段的修辞作用。

（2）促使学生熟练掌握汉语语音修辞理论知识，为理解评鉴语音修辞现象以及培养和锻炼学生语音修辞理解能力打下坚实的语音修辞理论基础。这一点重在为培养学生语音修辞理解能力提供语音修辞理论知识方面的素养。

（3）促使学生学会恰当运用语音修辞理论知识，为在特定语体规制下和具体语境中利用汉语语音修辞手段开展语文实践活动，以及培养和锻炼学生语音修辞表达能力提供语音修辞理论支持。这一点重在为培养学生语音修辞表达能力铺垫语音修辞理论基石。

（二）重点与难点处理及教法选用

特定语体规制和具体语境条件都会程度不等地制约和影响语音修辞手段的应用，反过来，不同的语音修辞手段也适应特定语体规制和具体语境条件。语音修辞单元的教学重点和难点主要考虑如下几个点。

1. 要引导学生熟练掌握模拟自然声响以表情达意的要求与做法

在口头语体、文学语体中，经常使用摹声词语，或摹声，或达意，或表情，使人如身临其境感受事物的生动性和内在旋律，并使所描写事物有声有色。

[教学示例]

她们轻轻划着船，船两边的水<u>哗</u>，<u>哗</u>，<u>哗</u>。顺手从水里捞上一颗菱角来，菱角还很嫩很小，乳白色。顺手又丢到水里去。那颗菱角就又安安稳稳浮在水面上生长去了。

……………

"哎呀！那边过来一只船。"

"哎呀！日本，你看那衣裳！"

"快摇！"

小船拼命往前摇。她们心里也许有些后悔，不该这么冒冒失失走来，也许有些怨恨那些走远了的人。但是立刻就想，什么也别想了，快摇，大船紧紧追过来了。

大船追的很紧。

……………

假如敌人追上了，就跳到水里去死吧！

后面大船来得飞快。那明明白白是鬼子！这几个青年妇女咬紧牙制止住心跳，摇橹的手并没有慌，水在两旁大声的<u>哗哗</u>，<u>哗哗</u>，<u>哗哗哗</u>！

"往荷花淀里摇！那里水浅，大船过不去。"（孙犁《荷花淀》）

教学关注点：摹声、停顿、音节形式、修辞效果。

教学法提示：心理分析法、语境参照法、角色扮演法、小组讨论法、问题导引法。

该例中，摹声词"哗"一开始以单音节形式连续反复出现三次，中间用逗号隔开以示停顿；接着又以双音节、三音节形式先后出现，中间用逗号表示停顿。摹声词音节让读者感受到当时这几个年轻妇女的心路历程——由悠闲舒缓、开心兴奋到慌乱紧张，再到镇定自若的心理变化过程。

2. 要引导学生熟练掌握形成匀称音节结构的要求与做法

尤其是在文学语体（尤其是韵文体、散言体中）、具体上下文中，适当地注意音节配合，以此来增强文章的节奏感和气势。音节整齐匀称会收到整齐和谐的效果。要做到音节匀称，主要是调配好音节的组合，或一对一，或二对二，或三对三等，从而使音节保持平衡或满足语流节拍需要。

教学示例

原句：有些人连带想起全县的教育费不知究竟有多少，仿佛就想问一问，又觉这有点不好意思，只得暂且闷在肚里。（叶圣陶《抗争》）

改句：有些人连带想起全县的教育经费不知道究竟有多少，仿佛就想问一问，又觉得这有点不好意思，只得暂且闷在肚子里。"（叶圣陶《抗争》）

教学关注点：原句音节结构配置、改句音节结构配置、上下文语境条件、修辞效果。

教学法提示：比较法、语境参照法、朗读试听法、小组讨论法。

原句中的"费""知""觉""肚"是单音节词，夹杂在"教育""多少"等双音节词中，念起来疙疙瘩瘩，不怎么顺口，听起来也别扭。改句则分别为双音节词，音节匀称了，读起来就顺畅多了。

3. 要引导学生熟练掌握选好韵脚以顺畅表意的要求与做法

在修辞表达中，用韵要注意做到内容与形式、情感与韵味的高度统一，只有这样才能够收到用韵的效果。

教学示例

给我一瓢长江水啊长江水/酒一样的长江水/醉酒的滋味/是乡愁的滋味/给我一瓢长江水啊长江水//

给我一张海棠红啊海棠红/血一样的海棠红/沸血的烧痛是乡愁的烧痛/给我一张海棠红啊海棠红//

给我一片雪花白啊/雪花白信一样的雪花白/家信的等待/是乡愁的等待/给我一片雪花白啊雪花白//

给我一朵腊梅香啊腊梅香/母亲一样的腊梅香/母亲的芬芳/是乡土的芬芳/给我一朵腊梅香啊腊梅香（余光中《乡愁四韵》）

教学关注点：韵字、押韵形式、修辞效果。

教学法提示：朗读试听法、视频法、语体管控法、合作探究法、问题导引法。

该例中，"水""味""红""痛""白""香""芳"这几个韵字，有时候是排韵，有时候又是隔行韵。

4. 要引导学生熟练掌握利用停顿以准确表意的要求与做法

停顿有生理停顿（换气等生理需要为标志）、逻辑停顿（语意表达需要为标志）、语法停顿（书面上常以标点为标志）。口语和书面语都要恰当利用停顿手段，并在停顿处调配好语速，以避免歧义多解现象。停顿不一，节拍不同，语速有别，语意就会有别。

教学示例1

①取得文凭的/和/尚未取得文凭的同志。

②无鸡鸭也可无鱼肉也可蔬菜一碟足矣！

——无鸡，鸭也可！无鱼，肉也可！蔬菜一碟，足矣！

——无鸡鸭，也可！无鱼肉，也可！蔬菜一碟足矣！

教学关注点：停顿、标点符号、修辞心理、修辞效果。

教学法提示：心理分析法、换位思考法、阅读试听法、讨论法。

教学示例2

你是——那个杰克吧。（拖长声音，表示不太确定，有迟疑）

下面我喊口令：预备——开始。（拖长声音，给予充分准备）

我们终于从新加坡来到了广东省的省会——广州。（强调、注释）

教学关注点：语速延缓、破折号、语意区别、修辞效果。

教学法提示：心理表征分析法、朗读试听法、默读自悟法。

5. 要引导学生熟练掌握调配轻重音以准确表情达意的要求与做法

重音有逻辑重音、语法重音，逻辑重音又有强调重音和感情重音。

教学示例

①想起来了。//他想起来了。（强调重音）

②知道你会讲故事。//我知道你会讲故事。（强调重音）

③为什么要去美国呢？//为什么要去美国呢？（强调重音）

教学关注点：重音、语意区别、修辞效果。

教学法提示：比较法、朗读试听法、默读自悟法。

例③重音放在"为什么"，情感抒发的重点在于因不明白他为何去美国而感到的悲伤、不解上；重音放在"去美国"，情感抒发的侧重点则在对"他去美国"这一结果表示难以接受。

6. 要引导学生掌握恰当配置句调以抒发情感的要求与做法

（1）句调是语调的核心内容。现代汉语中有陈述、疑问、祈使、感叹四种句调。句调不同，语气和语意就会有区别。

教学示例

①这本书写得不错。（陈述，平调，平中略降）

②请问，你是哪位？（疑问，多数用升调）

③原来你就是玛丽呀！（感叹，降调，语气略微舒缓）

④金吉，请您把书给我！（祈使，降调，语气略微短促）

教学关注点：句调、修辞效果。

教学法提示：比较法、朗读试听法、默读自悟法、问题导引法。

（2）句调与音高有密切关系。低音区或较低音区：批评、悲伤、惭愧，或沉着、庄重，中老年，男性。高音区或较高音区：赞赏、兴奋、喜悦情感，或热烈气氛，或活泼开朗，年轻，女性。①

> **教学示例**

①凯利斯的脚被石头砸伤了，昨天住院了。

②1998年3月20日新当选的朱镕基总理面对600多名中外记者以及他们的镜头和话筒，向着自己的人民，向着世界袒露心理路程："不管前面是地雷阵还是万丈深渊，我都将一往无前，义无反顾，鞠躬尽瘁，死而后已。"全场报以热烈的掌声，坐在电视机前的亿万人民情不自禁为朱镕基的话语而喝彩。

教学关注点：语意内容与句调关系、修辞效果。

教学法提示：示范法、朗读试听法、默读自悟法、视频法、小组讨论法。

7. 要引导学生熟练掌握利用谐音条件表情达意的要求与做法

要引导学生学会利用谐音条件来表意，但也要尽量避免说起来拗口、听起来费力等现象的出现。在一定语境中利用因谐音条件可以收到意想不到的效果。这在文学语体、广告语体、口头语体、新闻语体等中经常运用。

> **教学示例**

①杨柳青青江水平，闻郎江上唱歌声。东边日出西边雨，道是无晴还有晴。（唐代刘禹锡《竹枝词》，诗歌体）

②沪深股市"跌跌不休"拿什么拯救证券市场？（新闻体）

③"咳不容缓""随心所浴""骑乐无穷""汾酒必喝，喝酒必汾"。（广告体）

④我要到市区逛逛莞冠广场。//我要到市区莞冠广场那里逛逛。（口头语体）

教学关注点：谐音手段、语体规制、修辞效果。

教学法提示：语体管控法、朗读试听法、默读自悟法、比较法。

二、语音修辞综合分析拟议

综合分析是引导学生进一步利用语音修辞知识分析理解语音修辞现象的重要阶段，也是语音修辞单元教学中巩固学生语音修辞知识的阶段。关注点是培养并提高学生对语音修辞现象的分析理解能力。

（一）目的与要求

（1）引导学生学会运用语音修辞理论知识分析相关修辞现象，尤其要注重语音修辞手段差异性与共同性的比较分析，以提高对语音修辞现象的理解评鉴能力。其一，培养学生对语音修辞的感悟、认知和理解能力；其二，培养学生对语音修辞现象的简单分析能力和综合分析能力。

（2）引导学生通过对语音修辞现象的讨论，进而反向分析语音修辞手段的使用条件。要求学生弄明白为什么这样使用语音修辞手段而不那样使用语音修辞手段，其中的

---

① 刘伯奎：《教师口语——表述与训练》，华东师范大学出版社1994年版，第77页。

根本原因究竟是什么。

（二）语料收集与引用

（1）收集范围要广，数量要尽量大，尤其要注意从口头语体、剧文体、诗歌体、散文体、韵文体等特定语体中收集大量的语音修辞用例。以上所说的语文体式特别注重语音修辞的运筹，其用例最能够反映语音修辞特征，所以从这些语文体式中收集语料是明智的抉择。

（2）语料选用要有助于语音修辞教学，对所学语音修辞知识要有较强的解释力。尤其要把具有鲜明语音特色的语料作为首选，这样更能够激发学生学习语音修辞的兴趣，也有助于达成理想的教学效果。

（3）要注意选例所出现的特定语体和具体语境。这是说，在收集语音修辞语料时，关注用例所依存的语体规制和语言环境，这样在分析时才能抓住要害，有针对性和目的性，而不是纸上谈兵，使分析缺乏足够的论据和说服力。

（三）综合分析示例

1. 从音节结构、叠音、停顿（语速）三个角度分析语例

教学示例

小草偷偷地从土里钻出来，嫩嫩的，绿绿的。园子里，田野里，瞧去，一大片一大片满是的。坐着，躺着，打两个滚，踢几脚球，赛几趟跑，捉几回迷藏。风轻悄悄的，草软绵绵的。（朱自清《春》）

教学关注点：音节、叠音、停顿等语音修辞现象，修辞效果。

教学法提示：朗读试听法、默读自悟法、问答法、语体管控法。

2. 利用一定的语音修辞手段分化歧义现象

教学示例

①看打乒乓球的外国朋友。
②我看见吉米笑了。
③老师安想起来了。

教学关注点：造成歧义的原因、停顿调适、轻重音调配。

教学法提示：朗读试听法、默读自悟法、结构分析法、语义指向分析法、小组讨论法。

3. 从语音修辞角度分析语例的修辞效果

教学示例1

某人理发总不给钱。一次，阿凡提给他刮脸时问："你要眉毛吗？""要，当然要！这还用问！"飕飕几刀，阿凡提把眉毛刮下来递到某人手中，某人哭笑不得。"你要胡子吗？"阿凡提又发问了。有了上一次的教训，某人赶紧说："不要，不要！"又是飕飕几刀，阿凡提将胡子刮下来扔到地上。某人火了，阿凡提却说："我不都是照您的吩咐做的吗？"（《阿凡提的故事》）

教学关注点:"要"的多义性、修辞效果。
教学法提示:问答法、词义分析法、角色扮演法、情境再现法。

教学示例2

空对着,山中高士晶莹雪;终不忘,世外仙姝寂寞林。(曹雪芹《红楼梦》)

教学关注点:谐音条件、谐音双关、修辞效果。
教学法提示:问答法、合作探究法、分析法、语境参照法。

教学示例3 十和四:四是四,十是十,十四是十四,四十是四十,莫把四字说成十,休将十字说成四。(绕口令)

教学关注点:音同音近、修辞效果。
教学法提示:问答法、合作探究法、朗读试听法、默读自悟法、文化阐释法。

教学示例4 有个小孩叫小杜,上街打醋又买布。买了布,打了醋,回头看见鹰抓兔。放下布,搁下醋,上前去追鹰和兔。飞了鹰,跑了兔,洒了醋,湿了布。(绕口令)

教学关注点:押韵、节奏、音节结构、修辞效果。
教学法提示:朗读试听法、默读自悟法、文化阐释法。

4. 分析语例的语音修辞特征

教学示例1

山,快马加鞭未下鞍。惊回首,离天三尺三。
山,倒海翻江卷巨澜。奔腾急,万马战犹酣。(毛泽东《十六字令》)

教学关注点:押韵手段、节奏调适。
教学法提示:问答法、合作探究法、诵读感悟法。

教学示例2

轻轻的我走了,/正如我轻轻的来;/我轻轻的招手,/作别西天的云彩;//……悄悄的我走了,/正如我悄悄的来,/我挥一挥衣袖,/不带走一片云彩。(徐志摩《再别康桥》)

教学关注点:叠音词、反复辞格、相似结构同现。
教学法提示:诵读感悟法、默读自悟法、讨论法、联想法。

5. 分析语例的韵律特征,并体会语调所表达的感情色彩

教学示例

齐母:我买什么也不在你这儿买!你给我现了眼!赵姐下了乡,买东到西得我自己忙,已经苦难当!你还瞒着我,到这儿来卖糖!卖糖,这么大的大姑娘!你还受戏耍,妈妈陪着出洋相,越想越窝囊!凌云,凌云,你怎么这么不要强!(老舍《女店员》)

教学关注点:韵字、句调、停顿、埋怨、牢骚。
教学法提示:朗读试听法、角色扮演法。

6. 体会并分析句子,分析句调所表现出的不同语意和感情色彩

教学示例

A. 请你把窗户打开!

B. 你把窗户打开!
C. 请你把窗户打开，好吗？
D. 请你把窗户打开。
E. 你怎么不把窗户打开呢？

教学关注点：五种句调、与句调相吻合的语意和感情色彩。
教学法提示：反复朗读法、默读自悟法、比较法。

7. 根据语例所标识的逻辑重音，分析句子所表达的不同语意

[教学示例]

A. <u>这一段</u>你都去哪了，也见不着你。
B. 这一段你都<u>去哪</u>了，也见不着你。
C. 这一段你都去哪了，也<u>见不</u>着你。
D. 这一段你都去哪了，也<u>见不着</u>你。

教学关注点：逻辑重音、重音调配、不同语意。
教学法提示：语义分析法、朗读法、默读自悟法、比较法、问答法。

三、语音修辞模拟训练设想

模拟训练是学生利用语音修辞理论知识进入现实语文实践前的模拟性演练阶段，也是语音修辞单元教学中引导学生利用语音修辞手段进行修辞表达的能力训练阶段。关注点是培养并提高学生利用汉语语音修辞手段进行修辞表达的能力。

（一）目的与要求

（1）考查学生对所学语音修辞知识的掌握和应用情况，是对学生学习语音修辞知识状况的进一步实验和检测。

（2）注重考查学生语音修辞手段的应用能力。要指导学生学会在特定语体规制下和具体语境中运用恰当语音修辞手段开展语文实践活动，以培养学生的语音修辞表达能力。这一点重心放在了学生语音修辞表达能力的培养上。

（3）要围绕语音修辞单元的教学目标、教学重点和教学难点设计比较多的不同要求的训练话题，以培养学生利用语音修辞手段进行得体表达的能力。这一点则把重心放在了学生语音修辞手段的恰当利用上。

（二）模拟训练思路

（1）要以实现语音修辞教学总目标为原则来设计语音修辞专项能力训练目标或综合能力训练目标。

（2）根据语音修辞专项能力训练目标或综合能力训练目标，确定适合于学生训练的语音修辞话题。比如可以就谐音、押韵、平仄、重音、停顿、节奏、音节调配等不同方面策划相应的专项能力或综合能力训练话题。

（3）每个训练话题不同，训练的要求与目的也不完全一致，因此，应该根据具体训练话题，提出不同的具体训练要求以及可供操作的具体训练条件。

（4）根据训练要求选用恰当的训练手段和方法。比如可据情选用对话、模仿、角色扮演、复述、演讲、转述、提问、应答、问候、告别、寒暄、介绍、打招呼、诗歌写作、散文写作、韵文写作等不同手段和方法开展训练。

（三）模拟训练示例

模拟训练 1

训练目标：培养学生根据散言体语音修辞要求调配音节结构的能力。

训练话题：以某个景物为话题，按照要求写或说一段话。

训练要求：

（1）这段话在语文体式上属于散言体（如散文、小说、记叙文等）。

（2）表意要明确，思路要清晰，结构安排要合理。

（3）语言表达符合规范修辞或变异修辞的基本特征，在音节上要先后采用二对二、三对三结构形式，使得前后相关音节匀称和谐。

（4）篇幅控制在 100 字左右。

模拟训练 2

训练目标：培养学生根据韵文体语音修辞要求构拟和谐韵脚的能力。

训练话题：分别以"好"（hǎo）"亮"（liàng）或其他字词为韵脚，按照要求写或说一段话。

训练要求：

（1）这段话在语文体式上属于韵文体（如诗歌、顺口溜、快板等）。

（2）表意要明确，上下句语意上要有内在关联性。

（3）语言表达要符合韵文体的基本要求，可以使用排韵、隔行韵，也可以交叉使用排韵、隔行韵，还可以换韵。

（4）篇幅控制在 200 字以内。

模拟训练 3

训练目标：培养学生利用具体语境条件进行谐音表达的能力。

训练话题：自拟一段话，按照要求构拟谐音修辞现象。

训练要求：

（1）在自拟话语中，借助于上下文条件，利用熟语或其他词语构拟谐音修辞现象，关顾两层意思，以表达言外之意。

（2）谐音构拟要符合现代汉语谐音修辞的基本特征。

（3）话语风格可以选用委婉含蓄、幽默风趣、庄重严肃等中的任何一种。

（4）篇幅长短不限。

模拟训练 4

训练目标：培养学生根据表意需要合理配置语调的能力。

训练话题：根据提供的语料按照要求完成训练。

今天逛超市，结完账要走的时侯，一名保安拦住说："您等一下，您衣服里面鼓鼓囊囊的装了什么?"我愤怒地掀起外衣,大声吼道:"这是肉,是肉!我自己的!过年刚长的!怎么着吧?"

训练要求:

(1) 先认真默读该语言片段,吃透意思,把握话语格调。

(2) 二人合作采用角色扮演法,一位扮演保安,一位扮演顾客。角色定位要准确,把握好各自的心理。

(3) 根据语意和文内标点提示合理演示语调,注意轻重音、停顿、句调等的适度调配。

模拟训练 5

训练目标:培养学生根据表意需要使用摹声、叠音的能力。

训练话题:以看到的清新环境为话题,按照要求写一段话。

训练要求:

(1) 语体不限,但立意要正确,表意清楚。

(2) 在表现风格上,或者是舒缓自然,或者是繁丰藻丽。

(3) 语言表达上要使用摹声(至少两次)、叠音(至少三次)等语音修辞手段。

(4) 字数不限。

模拟训练 6

训练目标:培养学生利用轻重音手段以突出语意重心的能力。

训练话题:认真默读以下语例,并根据要求念读。

A. <u>我</u>知道这件事不是你做的。

B. 我<u>知道</u>这件事不是你做的。

C. 我知道<u>这件事</u>不是你做的。

D. 我知道这件事<u>不是</u>你做的。

E. 我知道这件事不是<u>你</u>做的。

训练要求:

(1) 先默读并吃透句子意思,弄明白语例的语调状况。

(2) 有声读出语例,根据重音标识调控自己的语气、轻重音。

(3) 根据重音位置的不同来凸显说话人所强调的重点语意。

第三节 语音修辞拓展实践策划

拓展实践是学生把课堂上所学相关语音修辞理论知识和汉语修辞实践真正结合的实战阶段。目的是以课外拓展实践形式来锻炼学生的语音修辞能力。关注点是培养锻炼并全面提高学生的语音修辞能力。

一、语音修辞拓展实践要求

(1) 要引导学生真切地意识到,无论是口头语文实践还是书面语文实践,都必须重视语音修辞,学会通过调节语音修辞手段以顺畅表情达意,使语言表达具有丰满的语音形象。

（2）锻炼学生在特定语体规制下和具体语境中的语音修辞能力，促使学生善于恰当应用各种语音修辞手段进行得体的表达，尤其要强化训练学生构拟匀称音节、和谐韵脚、顿挫节奏、错落韵律的语音修辞能力。

二、语音修辞实践策划路径

第一步：关于语音修辞教学课外拓展实践活动，依然超不出三大交际领域，但是对具体实践活动的设计，我们主推对语音修辞要求比较高的话语实践活动。比如，辩论、演讲、朗诵、诗歌写作、韵文写作、散文写作、广告语拟写等。这些话语实践活动分属于不同的话语交际领域，但都有一个共同点，那就是突出语音修辞所带来的表达效果。这样的实践活动更有针对性，实践的目的性更强。

第二步：同理，对特定语体规制的要求以及对具体语文体式的选择，则更偏向于选择辩论体式、演讲体式、诗歌体式、韵文体式、散文体式等对语音修辞有着特别要求的语体及语文体式。只有在这些语文体式中去实践，才能真正锻炼和提高学生的语音修辞能力。不建议选择事务语体、科学语体等作为规制来锻炼学生的语音修辞能力，因为这些语体及其下位语文体式对语音修辞的要求是以规范、严谨、平稳为常态的，选择这些语体及其下位语文体式对学生语音修辞能力的培养帮助不大，效果不明显。

第三步：扎实做好第一步、第二步工作之后，要求学生通过听、说、读、写等语文实践活动，奉行得体性原则并认真践行相关分原则、执行相关具体标准，根据特定语音形式的修辞特征构拟适宜的语音修辞手段，开展修辞实践活动。

三、语音修辞实践策划示例

实践活动示例1 日常交际领域话语实践。

实践目的：锻炼学生在日常口语交际领域中综合利用语音手段进行口语修辞表达的能力。

实践任务：学生到校外考察学习。

实践者：3～5位学生、讲解员。

实践时间：某个周日上午。

实践地点：当地文化景观。

实践过程：

（1）见面打招呼，学会使用常见的招呼语、礼貌用语。

（2）交流内容：询问文化景观的基本情况、主要文化知识点、在当地的影响、对传统文化教育的作用等。

（3）考察过程中学生之间随意性的交流。

（4）口头总结。

（5）告别：要结合语境使用常见的或创新使用招呼语、礼貌用语。

（6）要注意语音修辞手段的恰当运用。

实践活动示例 2 社会交际领域话语实践。

实践目的：锻炼学生在社会交际领域中综合利用语音修辞手段开展修辞实践的能力。

实践任务：到某小学上一节语文课。

实践时间：某年某月某日。

实践过程：

（1）组织学生给小学生讲语文课，要引导学生进行角色转换。

（2）要提前与某小学协调好上课时间、讲课内容等，了解听课学生状况。

（3）上课前要认真准备，写好教案。

（4）讲课过程中，要根据教学实际采用适当的语音修辞手段。

（5）课后要认真听取同行的意见和建议，总结教学经验，尤其要反思自己课堂教学中的语音修辞能力。

实践活动示例 3 艺术交际领域话语实践。

实践目的：锻炼学生在艺术交际领域中综合利用语音修辞手段开展书面修辞表达的能力。

实践任务：写一篇游记，记述所见所闻以及所感所想。

实践过程：

（1）组织或让学生自发就近外出旅游。

（2）确认选择游记体式。

（3）思路要清晰，有较强的逻辑性；结构安排合理，要形成完整的篇章。

（4）根据游记体式语言应用要求进行创作，要突出语音修辞手段的利用。

（5）要强化上下文语境条件、游记体式对语音修辞手段的制约与影响作用。

（6）请老师或其他同学提意见，并根据意见反复修改并最终定稿。

（7）篇幅不限，以 600 字以内为宜。

【思考与练习】

1. 请收集 15 个语音修辞例子。要求：①文学语体、演讲语体、广告语体等用例各 5 个；②例子本身得体与否不限；③要注意例子所适用的语境条件。

2. 站在综合分析角度，把某种语音修辞现象的分析评点作为教学内容，设计微型教学方案。

3. 立足于课堂讲授环节，把语音修辞理论知识作为教学内容，设计微型教学方案。

4. 把某个语音修辞知识点教学或者能力点培养作为教学内容，设计微型教学方案。

5. 根据语音修辞教学重点与难点，设计填空题、选择题、判断题、分析题、简答题等不少于 5 种类型的作业题，每个题目下不少于 10 道小题，并附参考答案。

6. 为锻炼学生在特定语体规制下和具体语境中的语音修辞表达能力，请以某个特定的景或特定的物、特定的情为话题，设计模拟训练微型教学方案。

7. 为锻炼学生的修辞理解能力，请以具体语音修辞例子作为教学材料，从综合分析角度设计微型教学方案。

8. 就语音修辞表达能力训练教学设计微型教学方案。

9. 结合本章拓展实践环节提出的要求，请就语音修辞教学设计实践话题，策划相应的实践路径，并提出切实可行的要求和做法。

10. 结合本章模拟训练环节提出的要求，就某种语音修辞知识点教学设计训练话题，并提出具体要求与具有可行性的做法。

11. 为锻炼学生的语音修辞理解能力，请从人教版七年级上册《语文》教材中选择一篇课文，从综合分析角度认知、解读、品评其中的语音修辞现象。请据此要求设计微型教学方案。

12. 你认为语音修辞单元教学的重点和难点有哪些？为什么？

第六章　词语修辞教学实验

【教学目标与要求】
通过讲授、分析、训练、实践，促使学生熟悉词语修辞基本理论知识，掌握词语修辞在语文实践与汉语修辞应用中的作用与价值，学会结合特定语体规制和具体语境条件"炼字""解词"，培养训练其准确理解词语修辞手段并恰当选择词语修辞手段表情达意的能力。

【教学重点】
词语修辞基本理论与基础知识、词语修辞理解能力培养、词语修辞表达能力培养。

【教学难点】
词语修辞理解能力培养、词语修辞表达能力培养。

第一节　词语修辞教学内容取舍

一、词语修辞内涵

汉语词汇是汉语言三要素之一，是汉语言的建筑材料，也是汉语修辞的语言基础。词语本身所具有的修辞功能以及在特定语体规制下和具体语境中所表现出的修辞作用，使得词语修辞在表情达意过程中显得非常重要。

词是什么？词是由语素构成的造句单位。词语修辞是在语文实践和修辞应用过程中，修辞主体借助于特定词汇手段以获取理想修辞效果的一种修辞现象或修辞活动。词语修辞就是"炼字"，也就是要通过某种修辞手段对词语同义手段加以锤炼并做出适切的选择，使之与特定语体和具体语境相适应。词语修辞同义手段选择作为词语修辞的核心内容，就是要结合特定语体并参照具体语境，对具有不同语义内涵、风格色彩、功能作用、表现形式的词语进行比对，而做出的修辞选择，包括对同义词、反义词、同音词、单音节词、多音节词、口语词语、书面语词、文言词、古语词、现代词、历史词、成语、谚语、歇后语、格言、俗语、惯用语、行业用语、方言俚语、外来词、褒义词、贬义词、模糊词语等的选择。在具体修辞过程中，只要使用这些词语的条件具备，就可以遵循得体性原则，按照词语修辞的基本要求，选择使用相应的词语。

二、词语修辞功能

词语修辞功能实质上就是从修辞学角度看词语的修辞价值，也就是看汉语词语在修辞过程中表现出的修辞作用。汉语词语在表意方面有两类修辞功能。

（一）表达理性意义

其一，表达语言意义。语言意义包括词汇意义和语法意义。这是属于全民的稳定的个人无法改变的意义。词语是意义的载体，是语意表达的备用语言单位或语言材料，表达语言意义是词语所具有的最基本功能，从而为言语交际、修辞表达提供了丰富的词汇材料，奠定了厚实的词汇材料基础。

教学示例1

孝子：语法意义是偏正结构，名词；词汇意义是"孝顺父母的儿子"。

敬爱：语法意义是并列结构，动词；词汇意义是"尊敬热爱"。

教学关注点：词汇意义、语法意义。

教学法提示：定义法、释义法。

其二，表达言语意义。言语意义是特定语境中表现出的个人化的临时意义。在特定语体规制下和具体语境中，人们要根据语音规则、语义规则、语法规则、情景规则、心理规则以及表情达意需求适度选用词语，准确输出自己所要表达的语意内容、思想情感。

教学示例2

① 你好坏。

　　意思a：你这个人相当不好。（贬义）

　　意思b：你这个人相当好！（褒义）

② 这个老太不是人，王母娘娘下凡尘。（褒义）

教学关注点：言语意义、色彩意义。

教学法提示：定义法、释义法、比较法、语境参照法。

（二）表达附加意义

附加意义就是以理性意义为基础而被赋予的风格色彩、感情色彩、形象色彩、语体色彩等众多经验、体验或感受信息。词语附加修辞功能主要表现为：[1]

语体标示功能：爸爸、爹、父亲；妈妈、母亲、娘；等等。

风格标示功能：解决、搞定、摆平；心、心坎、心田、心脏、心扉、心弦；等等。

角色标示功能：肥、头、胖、位、个；苗条、丰满、水灵；彪悍、威猛；等等。

态度标示功能：成果、结果、后果；鼓励、鞭策、怂恿、教唆；贪婪；美好；兢兢业业；等等。

形象标示功能：向阳花、仙人掌；绿油油、雪白；等等。

行业标示功能：处方、法庭、柜台；主语、形容词；等等。

时代标示功能：之、乎；皇帝、贵妃；个体户；学霸、网民、微信；白领；等。

地域标示功能：腻歪、抠门；买单、炒鱿鱼；等等。

---

[1] 陈汝东：《当代汉语修辞学》，北京大学出版社2004年版，第87－108页。

文化标示功能：下岗、红色、绿帽子、龙、凤凰等。
语域标示功能：T型台、冰激凌、克隆、雅戈尔等。

三、词语修辞手段

词语修辞效果如何，更多意义上来说是要看在特定语体规制下和具体语境中是否选用了恰当的词语手段。汉语词语修辞手段主要体现在对同义词、反义词、同音词、方言词、文言词、模糊词、多义词、叠音词等词语的选择上，因此这些词语也就分别成为汉语词语修辞手段。

（一）同义词手段

同义词是指语言中表示同一事物或同一概念的一组词。既然是一组词，而不是一个词，就意味着它们之间既相同又相异，也就是所谓同中有异、异中有同。相同指的是基本意思相同，相异则主要是指意义轻重、指称范围、搭配对象、附加色彩等方面存在差异性。同义词作为词语修辞手段，具有表意精确微妙、避免单调重复、表现生动活泼、增强表达气势、达成避讳委婉等修辞效果。同义词手段在各种语体中都会被广泛使用。

（二）反义词手段

反义词是意义相反或相对的一组词。反义词因为反映了客观事物之间的矛盾和对立，语意上互相矛盾、彼此相对，所以在词语修辞中把反义词作为修辞手段来表意必然会产生相互反衬、彼此对照、文意鲜明的效果。反义词手段在众多语体中都会被广泛使用。

（三）多义词手段

多义词是指一个词具有两个或两个以上的意思，并且这些意思之间彼此互有联系的词语，也就是一词多义现象。由于多义词具有多个互有联系的意思，因此在修辞应用中尤其是在文学语体中，把多义词作为修辞手段来表意往往可以造成语意的多解性、歧义性、游移性和不确定性。这样就会使词语运用更加斑斓多彩，可以达到委婉、含蓄、形象、生动等效果。在文学语体等规制下更强调多义词手段的广泛应用，在演讲语体、辩论语体、谈话语体、政论语体中较少使用，而在事务语体、法规语体、新闻语体、科学语体等中则完全不使用。

（四）同音词手段

同音词是指声、韵、调完全相同而意义上没有任何关系的一组词。由于词语的声音相同而意义不同，这就为修辞实践中创造谐音双关、同音互代等现象提供了更多可能性，由此可以为词语应用带来更多的音趣、意趣和形趣。在口头语体、文学语体、广告语体等规制下更强调同音词手段的广泛应用，而在事务语体、新闻语体、科学语体等中较少使用甚至完全不用。

(五) 熟语手段

熟语是指人们长期运用的定型化的固定结构，主要包括成语、歇后语、惯用语、谚语、格言等。熟语是大家熟悉的、内容丰富的、结构稳定的、表意明确的固定结构，极具表现力、生动性和亲切感。当把熟语作为词语修辞手段表意时，就要注意引导学生吃透熟语的真实内涵，弄明白其基本用法，由此来扩大词语修辞手段的选择范围。比如对成语手段的利用，要吃透并掌握成语意义的整体性、结构的凝固性、风格的典雅性等特征[1]，在运用时弄清楚成语的实际意思以及形音义之间的关联性。在谈话语体、文学语体、广告语体、新闻语体、演讲语体、政论语体、网络语体等规制中都会经常使用熟语手段，在事务语体尤其是法规体、公文体、函电体等中则较少运用。

四、词语修辞要求

词语是语音与词义的结合体，因此，词语修辞也就表现为声音的锤炼和意义的锤炼。前者已经在"语音修辞"一章进行了专门讨论，这里主要讨论词语意义的锤炼。对词语意义的锤炼其实就是从意义范畴来看词语锤炼或者说词语使用问题，以便得体使用词语，从而塑造词语修辞形象。词语修辞在坚持得体性原则并把语境作为参照的前提下，还得考虑以下具体要求。

（一）要准确妥当

准确妥当是词语选择的基本原则，也是用词的第一要求。意思是说，用词能够毫不含糊地反映客观事物，妥帖地表达思想感情，要做到切合题旨情境。[2] 用词准确重在规范表达，用词妥当重在变异应用。

（二）要搭配得当

一方面，汉语中的词语常常有习惯性搭配对象，哪些词语经常和哪些词语在意义上搭配是约定俗成的。比如名词与量词之间是互选的，也就是说，名词对量词有选择性，量词对名词也有选择性。可以说"一头猪""一条裤子""一匹马""两架飞机"，但不能说"一根猪""一头裤子""一架马""一匹飞机"。

另一方面，词语搭配得当是基于语境条件帮助而使词语巧妙地结合在一起，或赋予临时义，或附加词彩，或一语双关，或增加文采，或表达弦外之音，从而使词语与词语之间前呼后应，形成整体的和谐效果。

（三）要简洁明了

简洁明了是说表达者要根据表意需要和语境条件，用尽量少的词语来表达相对丰富的语意内容，并取得明确无误的修辞效果。简洁重在说词语运用数量的多少以及词语含

---

[1] 黄伯荣、廖序东主编：《现代汉语》（增订五版，上册），高等教育出版社2011年版，第254页。
[2] 黄伯荣、廖序东主编：《现代汉语》（增订五版，下册），高等教育出版社2011年版，第174页。

义的丰富性，明了重在说词语表意的明确性、确定性、清楚性。也就是说，词语运用要做到少而精、少而明、少而准，不啰嗦、不含糊、不歧解。

（四）要词彩鲜明

色彩鲜明与否和词语表意的准确性、情感表达的丰富性、词语使用的合理性有着密切的关系，也反映了汉语词语的表现力。词彩表现为语体色彩、感情色彩、形象色彩、时代色彩、风格色彩、文化色彩等众多方面。要做到词彩鲜明，就是要根据表情达意的需要并结合语境条件对词彩做出明确的选择。什么时候该用褒义词、贬义词、口语词、方言词、书面语词等，都要做到心中有数，要做到与题旨情境相适应。

第二节 词语修辞课堂教学设计

一、词语修辞课堂讲授构想

课堂讲授是学生学习并掌握汉语词语修辞理论知识的初始阶段，也是词语修辞单元教学中培养学生综合利用汉语词语进行修辞实践的基础阶段。关注点是引导学生学习并掌握汉语词语修辞基本理论和基础知识。

（一）目的与要求

（1）要求学生熟悉并掌握汉语词语修辞的核心内容，熟悉同义词、反义词、同音词、单义词、多义词、文言词、成语、惯用语、歇后语等不同类型词语的基本属性和修辞作用，掌握基本词汇中常用词语的基本用法，了解一般词汇中常见词语的特殊修辞作用。

（2）引导学生学会熟练运用词语修辞理论知识分析评点词语修辞现象，包括对零度词语修辞现象以及零度以上、零度以下词语修辞现象，以及词语修辞同义手段间差异性与共同性的分析理解，锻炼并提高学生的词语修辞理解能力。

（3）引导学生熟练掌握词语修辞理论知识，吃透词语搭配的基本原则和基本要求，能够根据特定语体和具体语境选择词语修辞手段，从词语修辞意义方面为学生开展语文实践活动以及培养词语修辞表达能力做好准备工作。

（二）重点与难点处理及教法选用

词语修辞的核心主要有两个：一个是如何使用规范的词语材料进行规范表达，说的是规范修辞范围内的词语运用；另一个是如何使用规范的或者变异的词语材料进行变异表达，说的是变异修辞范围内的词语运用。教师在讲课时要抓住这两点，以培养学生得体使用汉语词语的能力。

1. 要引导学生掌握汉语词语的主要修辞功能

汉语词语多样化的修辞功能是汉语词语表现力强的重要体现。一些学生未必能真正领会汉语词语的修辞功能，尤其是难以在语文实践中把修辞功能转化为修辞作用，以强化词语修辞的效果。教师只有通过讲解、阐释、比较、训练、实践应用，才能促使学生吃透、弄清、用好汉语词语的修辞功能。

> **教学示例**

①教室里有一位泰国学生。（理性意义＋字面意义）

②你这样做的后果很严重，请你三思。（贬义色彩）

③这几年你成果丰硕，取得了不少成绩。（褒义色彩）

④法官说：传证人××到庭！（行业色彩）

⑤寻寻觅觅，冷冷清清，凄凄惨惨戚戚！乍暖还寒时候，最难将息。三杯两盏淡酒，怎敌他晚来风急！雁过也，正伤心，却是旧时相识。

满地黄花堆积，憔悴损，如今有谁堪摘？守着窗儿，独自怎生得黑！梧桐更兼细雨，到黄昏、点点滴滴。这次第，怎一个愁字了得！（李清照《声声慢》）（叠音，形象色彩）

教学关注点：词语理性意义、词语色彩意义。

教学法提示：释义法、比较法、文化阐释法、语体管控法。

2. 要促使学生掌握规范使用汉语词语的要求与做法

在规范修辞也就是消极修辞范畴内，规范使用汉语词语是建立在理解并掌握汉语词语意义、语法功能、常见用法、修辞作用基础之上的，所以必须先做好前期准备工作。在使用前，要充分理解词义，弄清楚词语的语法特征，把握好词语的搭配习惯和常见用法。在表情达意过程中，要遵守语法规则、语义搭配规范、语音规则，以使修辞话语通顺明白，文从字顺，有某种逻辑关联性。

> **教学示例**

①戈尔来自德国柏林。

②戈尔是一位从德国柏林来的学生。

③美贞子是一个日本人，长期在美国生活，昨天刚从美国来到中国。

④美贞子虽然是日本人，却在美国长大。

教学关注点：词语的规范使用。

教学法提示：释义法、比较法、逻辑分析法。

3. 要促使学生掌握变异使用汉语词语的要求与做法

学生学习汉语不仅仅是要掌握常规（规范）表达的技能，还必须向更高层次迈进，锻炼超常（变异）表达的能力。要善活用，为了达到某种特殊修辞效果临时改变词语形式、语法功能、词汇意义、色彩意义。汉语词语的变异运用是在特定语体规制下和具体语境中的临时用法，自然是某种修辞动机或修辞愿望驱动的结果。词语变异主要表现为变性、变义、变形、变色、变用等几种情况。因此，培养学生变异使用词语的能力，其实就是培养其学会在具体语境中掌控变性、变形、变义、变色、变用的能力，学会在性、形、义、色、用方面做超越常规的配置。

其一，要学会变性。变性是指借助于具体语境条件使词语语法性质发生变化，并能够得到合理解释的一种词语修辞现象，比如名动互变、名形互变、动形互变等。学生在熟悉汉语词语语法属性之后，要借助于上下文等具体语境条件，实现词语的语法功能变化。

> **教学示例**

①老栓，这是运气了你！你运气，要不是我信息灵……（鲁迅《药》）（名—动/形）
②从此一声声吆喝，便生动了她晚年的风景。（水舟《三神的补锅匠》）（形—动）
教学关注点：词性变异。
教学法提示：释义法、比较法、语境参照法。

其二，要学会变义。变义是指借助于具体语境条件，使词语意义发生变化，并能够恰当表意的一种词语修辞现象。变义主要体现为理性意义的变化，也就是在具体语境中表现出的言外之意、临时意义。学生在上下文、社会环境等具体语境中赋予词语以临时语境义或修辞语义，使词语本有意义发生了变化。

> **教学示例**

①琳琳是我们家的小公主。
②施罗德：我给您带来了联邦德国的最美好的祝愿！
　周恩来：我感谢你带来了好雨！
③朱镕基由上海调任国务院副总理后不久，有位记者采访上海市新任市长黄菊。记者问："朱镕基同志到国务院工作后，是说北京话还是说上海话？"黄菊答："他当然说北京话，不过朱镕基同志也听得懂上海话。"
教学关注点：词语临时义。
教学法提示：释义法、比较法、知识回忆法、语境参照法。

其三，要学会变形。变形是指借助于具体语境条件，使词语结构发生了变化，或删减构成成分，或增加构成成分，或拆解词语，或变换语序，或替换构成成分，由此而形成多变的新奇的词语表现形态。这是语言艺术化表达能力的表现。学生通过学习与训练，要具备这样的能力。

> **教学示例**

①一位市长发表就职演说时，开头说的一番话：有人说市长，会议之长。可我要说，不对，市长市长，办实事之长。
②这件真叫我啼笑都皆非。（钱钟书《围城》）
③方鸿渐同舱的客人早收拾好东西，鸿渐还躺着，想跟鲍小姐后会无期，无论如何，要周到礼貌的送行。（钱钟书《围城》）
④辛楣笑道："不是众叛亲离，是你们自己离亲叛众。"（钱钟书《围城》）
教学关注点：词语形式变化。
教学法提示：比较法、问题导引法、语境参照法。

其四，要学会变色。变色就是借助于具体语境条件，使词语感情、语体、形象等色彩发生了变化，比如褒义与贬义互变等。汉语词语色彩很丰富，学生只有通过学习与用例分析并反复训练体会，才能掌握变色能力。

> **教学示例**

①小莉随后说道，她的反应向来很快，编瞎话从来不打磕巴，而且一脸诚实。（柯

云路《夜与昼》)（褒词贬用）

  教学关注点：词语色彩变化。

  教学法提示：释义法、比较法、逆向理解法、语境参照法。

  其五，要学会变用。变用就是改变词语在句子中的习惯性分布特征，做出超常规配置，使词语运用陌生化。或大词小用，或小词大用，或违反常理，或跨范畴"错"配，这些都属于变用范畴。

  [教学示例]

  ①"没兴一齐来"，来就是了，索性让运气坏得它一个无微不至。（钱钟书《围城》)

  ②而且它并不是老实安分的不通，他是仗势欺人，有恃无恐的不通，不通的来头大。（钱钟书《围城》)

  教学关注点：词语非常规用法。

  教学法提示：释义法、比较法、变异应用法、语境参照法、语体管控法。

  成语"无微不至"指待人细心周到，常常与"关心""关怀""照顾"等词语组合，这是常规用法。例①中却让它与"坏运气"相连，这种搭配出人意料，是对常规配置的超越和突破。成语"老实安分""仗势欺人""有恃无恐"具有贬义色彩，常规搭配对象是人。例②中采用比拟手法，使曹元朗《拼盘姘伴》诗中的文句不通被赋予了人的情感，话语中显示出了被讽喻对象曹元朗的自负心理，而且语句还凸显了调皮幽默的效果。

  4. 要促使学生掌握巧妙选用汉语词语的要求与做法

  词语修辞某种意义上说就是词语同义手段的选择。汉语词语在音节、词义、色彩等方面都可能存在着差别，在特定语体规制下和具体语境中，修辞主体可以据情做出选择。这种选择是在遵循得体性原则的前提下对同义词、反义词、多义词、单义词、同音词、单音节词、多音节词、文言词、口语词、书面词语、不同词性的词语等的合理应用。对词语的选择实际上就是对汉语词语修辞手段的选择。选择词语手段进行修辞表达时，要学会求异同、辨色彩、重贴切。

  [教学示例1] 辨色彩。

  ①你好肥呀！（贬义）

  ②你好胖呀！（中性）

  ③有一双又大又圆的眼睛。（褒义）

  ④有一双圆溜溜的大眼睛。（贬义）

  教学关注点：词语感情色彩比较。

  教学法提示：释义法、比较法、文化阐释法。

  [教学示例2] 辨词义。

  ①请小心点，别把菜叶碰掉了！（无意为之）

  ②请小心点，别把菜叶剥掉了！（有意为之）

  ③让他进来/请他进来/命令他进来/叫他进来/抬他进来/拖他进来/拉他进来/绑他

进来/哄他进来/轰他进来。

教学关注点：词语意义异同比较。

教学法提示：释义法、比较法、语境参照法。

教学示例3 与"妻子"意义相关词语的选择。

妻子、老婆、太太、夫人、老伴、爱人、内人、媳妇、那口子、拙荆、贤内助、对象、孩他妈、孩他娘、内子、婆娘、糟糠、娃他娘、崽他娘、山妻、贱内、贱荆、女人、老蒯、主妇、女主人、财政部部长、纪检委、浑人、娘子、屋里的、另一半、女当家、浑家、发妻、堂客、婆姨、领导

教学关注点：这些同义词语使用的具体语境条件。

教学法提示：释义法、比较法、文化阐释法、语境参照法。

要在辨对象、辨色彩、辨场合、辨关系、辨情感等基础上思考这些问题：怎么选用？这样选用的理由是什么？这样选用的修辞效果如何？

二、词语修辞综合分析拟议

综合分析是引导学生进一步利用词语修辞理论知识分析理解词语修辞现象的重要阶段，也是词语修辞单元教学中巩固词语修辞理论知识，培养并提高学生分析理解词语修辞现象能力的阶段。关注点是培养并提高学生理解汉语词语修辞现象的能力。

（一）目的与要求

（1）通过对具体词语修辞用例的评鉴分析，巩固学生所学汉语词语修辞基本理论和基础知识。这是在对词语修辞语料分析的过程中，加强学生对汉语词语修辞理论知识的再学习、再理解与再识记。

（2）引导学生学会运用汉语词语修辞理论知识阐释评点相关修辞现象，尤其要注重词语修辞手段差异性与共同性的比较分析，以提高学生对词语修辞现象的分析理解能力。分析理解能力不是靠背诵、记住词语修辞理论的一些条条框框就可以提升的。从根本上说还是依赖于"见多识广"，要通过对不同语体规制下和具体语境中的词语修辞现象有更多不同题型不同角度的深入分析，才能逐步获得。

（3）引导学生通过对词语修辞现象的讨论，进行反向思考以寻求词语修辞手段的使用条件。词语是静态的，词语修辞则是动态的。既然是动态的，那么词语修辞手段就是变化的，是出于某种修辞目的而对相关词语做出的选择。为什么要这样选择而不那样选择，必然有其存在的理由和条件。这些理由和条件就要通过对具体语料进行综合分析才能寻找出来。

（二）语料收集与引用

（1）动态情境中的词语修辞现象，存在着常规和偏离两种情况，语料的收集和引用就要兼顾这两种情况，既要收集和引用大家习以为常的规范的词语修辞用例，也要收集和引用突破常规的新奇的词语修辞用例。语料可以不拘一格，可长可短，类型也可以多样化。

（2）例子选用要有助于词语修辞教学，要便于学生分析理解词语修辞现象。尤其要首先考虑选择具有鲜明使用特色的词语修辞现象，以强化词语运用的典型性、代表性，为学生学习词语运用艺术提供范例，并能够激发学生学习汉语词语修辞的兴致。

（3）要把特定语体规制和具体语境条件作为语料收集与引用的重要参考因素，尤其要注意社会时代背景下新出现的新词语新用法。就语体规制的管控来看，一方面，所有语体及其下位语文体式中都存在着常规词语修辞语料，但尤以事务语体、科学语体、新闻语体、谈话语体为主体施言特征；另一方面，变异词语修辞语料则尤以文学语体、广告语体、网络语体为主体施言特征。基于此，在收集词语修辞语料时，要根据修辞目的和表意需要，并考虑教学目标，对相应语体中的词语修辞现象做出认定。比如，如果把对变异词语修辞现象作为分析评点的对象，那么就主张多从散文、小说、诗歌、戏剧、相声、小品、说唱等语体及其下位语文体式中选择语料。

（三）综合分析示例

教学示例1 从词语修辞角度，结合语境条件分析画线词语的使用效果。

①他用小拳头揉了揉眼睛，说："爸爸和妈妈说，不管哪个银（人）都要朽（守）住康（岗）位。"（杜鹏程《夜走灵官峡》）

②他指着床上那个睡得挺香的小女孩说："妹妹叫宝情（成），我叫情（成）渝。"（杜鹏程《夜走灵官峡》）

③黑的人便抢过灯笼，一把扯下纸罩，裹了馒头，塞与老栓；一手抓过洋钱，捏一捏，转身去了。（鲁迅《药》）

③庞太监：说得好，咱们就八仙过海，各显其能吧！哈哈哈！（老舍《茶馆》）

④美国司法部部长打脸川普。（《新浪新闻》2020年6月8日）

⑥美国政客甩锅中国。（《新华社消息》2020年5月11日）

⑦有网友吐槽出卷老师。（《人民日报》2017年6月22日）

教学关注点：词语使用语境条件、词语使用效果。

教学法提示：释义法、比较法、语境参照法。

教学示例2 从词语修辞角度分析语例中词语搭配的效果。

①当下不少人得了富贵病。

②他到了孤冷的首都里，今日吃一个银匙，明日吃一把银刀，不上几日，就把他那副祖传的食器吃完了。………（郁达夫《茑萝行》）

③涂一片绿色的企望，

　　给林子一叶脉脉含情的诗。（顾城《生命幻想曲》）

教学关注点：词语超常搭配条件、搭配效果。

教学法提示：释义法、合作探究法、语体管控法、语境参照法。

教学示例3 从词语修辞角度分析语例中同义词语选择的修辞效果。

①船随山势左一弯，右一转，每一曲，每一折，都向你展开一幅绝好的风景画。（刘白羽《长江三峡》）（同义词换用）

②……他悠悠地踱步子，嘬牙花子，慢吞吞地吐每一个字。好像在掂每一个字的分量；又像是在咂每一个字的滋味。是的，他的话就像五香牛肉干，浓缩、醇厚。（王蒙《说客盈门》）（按需选择同义词）

③他所有的抱负，志向，希望，前程，全被一笔勾销了。（鲁迅《阿Q正传》）（同义词连用）

教学关注点：同义词选择条件、修辞效果。

教学法提示：释义法、比较法、合作探究法、语体管控法、语境参照法。

教学示例4 请分析语例中反义词的修辞效果。

①长大后，我终于领悟到，高密东北乡无疑是地球上最美丽最丑恶，最超脱最世俗，最圣洁最龌龊，最能喝酒最能爱的地方。（莫言《红高粱》）

②一个人坚强还是懦弱？诚实还是虚伪？文明还是野蛮？文雅还是粗俗？慷慨还是自私？温柔还是粗暴？好学还是懒惰？什么观点对不对？生活情趣高不高？……这一切……是别的职能部门不大好管、不便多管的，是任何政策、法律难以规定的。

③读者会觉得这是一条新闻，其实却是一条旧闻。

教学关注点：反义词使用条件、修辞效果。

教学法提示：对比法、问题导引法、语体管控法、语境参照法。

三、词语修辞模拟训练设想

模拟训练是学生利用词语修辞理论知识进入现实修辞实践前的模拟性演练阶段，也是词语修辞单元教学中引导学生综合应用词语修辞理论知识进行修辞表达的能力训练阶段。关注点是培养与提高学生在特定语体规制下和具体语境中选择词语修辞手段进行修辞表达的能力。

（一）目的与要求

（1）考查学生对所学词语修辞理论知识的掌握情况，是对学生学习词语修辞理论知识状况的进一步实验和检测。在模拟训练过程中，查漏补缺，发现问题，弥补不足，看看还有哪些词语修辞理论知识掌握得不够扎实，理解得不够准确，应用得不够熟练，由此而采用更加可行的教学法进行补救，使学生逐渐系统掌握汉语词语修辞理论知识。

（2）注重考查学生词语修辞手段的应用能力。要指导学生学会在特定语体规制下和具体语境中运用恰当的词语修辞手段开展修辞实践活动，以培养学生的词语修辞表达能力。在语体范畴内，不同语体都有自己的核心专用词语，使得在词语运用上有别于其他语体；当然，也有与其他不同语体通用的共核词语。那么，如何构拟、构拟什么样的适合特定语体规制和具体语境的词语修辞手段，是能不能恰当表情适切表意的基本功，也是学生词语修辞运作能力的集中体现。

（3）要围绕着词语修辞单元的教学目标、教学重点和教学难点设计不同的训练话题，以全面培养学生的词语修辞表达能力。

（二）模拟训练思路

（1）要以实现词语修辞教学总目标为原则来设定词语修辞专项能力训练目标或综

合性训练目标。

（2）要根据达成的词语修辞专项能力目标或综合性能力目标，确定适合于学生训练的词语修辞话题。比如同义词使用能力训练、反义词使用能力训练、同音词使用能力训练、成语使用能力训练、词性变异能力训练、词义变异能力训练等专项能力训练，各有不同的训练目标与要求。在训练时，要根据学生实际，在话题方面做出适宜的选择。

（3）要根据训练话题，提出难易适中的训练要求以及可供操作的训练条件。比如在词语（感情、语体、形象）色彩意义、词语搭配对象、词语语义类型、词语常规用法、词语超常用法等不同方面提出具体要求，督促引导学生按照要求完成模拟训练。

（4）要根据训练要求选用恰当的训练手段和方法。比如，可以据情采用讲故事、演讲、辩论、复述、撰写公文、写小说、写散文、写说明文、写日记、续写、改写、转述、讨论、填空、辨析、连词造句等手段和方法，以此来训练学生的词语修辞表达能力。

（三）模拟训练示例

模拟训练1

训练话题：请根据要求填空。

①今年是"人文奥运文物保护计划"实施的第二年，涉及周口店北京人遗址、长城、颐和园、天坛、故宫和十三陵这六大世界文化遗产的_____工程将于今年全面展开。（修缮、修理、修葺）

②实不相瞒，我们的电扇的名气，是"___"出来的。（卖、吹、传）

③老先生，您今年_____？（高寿、几岁、多大）

④老张呀，给你介绍一下：这是我_____。（妻子、老婆、太太、爱人、拙荆）

⑤这位老向导就住在西山下，早年做过四十年的向导，胡子都白了，还是腰板挺直，_____得很。（结实、硬朗、健壮、健康）

训练目标：培养学生根据相关语境条件得体选择词语的能力。

训练要求：

（1）请仔细阅读题目，理解话语的意思。

（2）结合语意和话语格调，比较给出词语词义、色彩等的异同。

（3）准确把握空白处的上下文等语境条件，为词语得体选择找出理据。

（4）把给出词语置于空白处比较优劣，并选择你认为最为得体的词语填空。

模拟训练2

训练话题：根据要求利用以下同义词、反义词造句。

第一组：边疆—边境—边界　　第二组：漂亮—美丽—靓

第三组：摇篮—发祥地　　　　第四组：忽然—突然

第五组：好—坏　　　　　　　第六组：喜欢—讨厌

训练目标：培养学生辨析并恰当使用同义词、反义词造句的能力。

训练要求：

（1）请查阅词典，解释词语的意思，并准确理解。

（2）比较每组词语在意义上和用法上的异同。
（3）充分利用语体和语境条件分别造句。
（4）做到句子通顺，语意正确，表意完整。

模拟训练 3

训练话题：根据要求选用以下熟语写一段话。

大刀阔斧、画蛇添足、任重道远、一视同仁

耍花招、防空炮、吹牛皮、开倒车、炒鱿鱼、穿小鞋

大海捞针、小葱拌豆腐、孔夫子搬家、下雨天出太阳

众人拾柴火焰高、正人先正己、脚正不怕鞋歪

训练目标：培养学生恰当使用熟语表意的能力。

训练要求：

（1）请查阅词典并正确理解给出的熟语的真实意思，准确把握熟语色彩，了解常见用法。

（2）立意正确，表意清楚，文从字顺。

（3）选择所列熟语中的若干熟语写一段话，注意语体和语境的制约作用。

（4）做到句子通顺，语意正确，表意完整。

（5）篇幅不限。

模拟训练 4

训练话题：根据要求利用以下多义词造句。

深　宽　包袱　美　走

训练目标：培养学生恰当使用多义词造句的能力。

训练要求：

（1）请查阅词典，了解并掌握多义词的几个意思。

（2）比较多义词的几个意思并了解这几个意思在用法上的差异性。

（3）构拟相应语文体式和具体情境条件，分别使用上列词语造句，也可以使用这些词语写或说一段话。

（4）做到句子通顺，语意正确，表意完整。

（5）篇幅不限。

模拟训练 5

训练话题：根据要求利用以下同音词造句。

第一组：期中—期终

第二组：别1（另外）—别2（不要）—别3（戴上）—别4（分离）

第三组：权利—权力—全力

第四组：英明—英名

训练目标：培养学生得体使用同音词语造句的能力。

训练要求：

（1）请查阅词典，分辨并准确把握每组同音词的不同意思。

(2) 比较每组词语在用法上的差异性。

(3) 把每组词语置放在相同语体规制下和语境条件中分别造句，或者先后使用形成完整的话语片段。

(4) 做到句子通顺，语意正确，表意完整。

(5) 篇幅不限。

模拟训练 6

训练话题：根据要求选用以下精确词语和模糊词语写一段话。

精确词语：一、二、三、七、十、百、千、万

模糊词语：干净、中午、漂亮、苗条、健硕

训练目标：培养学生使用精确词语和模糊词语表达模糊语意的能力。

训练要求：

(1) 请查阅词典理解所列词语的理性义，并准确理解。

(2) 比较每组词语在意义上和用法上的类型化特征。

(3) 设置特定语体和具体语境，选择所列词语中若干词语写一段话（模糊词语、精确词语都要选用），词语使用要做到对特定语体和具体语境的适应。

(4) 立意正确，句子通顺，表意完整。

(5) 篇幅不限。

模拟训练 7

训练话题：根据要求利用以下词语附加意义造句。

祖籍—老家　机灵—聪颖/聪慧（提示：语体）

爷爷—祖父　钱—钞票　同学—同窗（提示：风格）

生日—寿辰—华诞（提示：角色）

节约—吝啬　爱护—庇护、妓女—性工作者（提示：态度）

凤凰早班车—早间新闻　揪—找/查　焖鸡—炒鸡—手撕鸡（提示：形象）

须眉—男人　巾帼—女人　先生—丈夫（提示：时代）

女士—妇女—小姐　家里的/做饭的—妻子—太太（提示：文化）

训练目标：培养学生合理使用词语附加意义用以表情达意的能力。

训练要求：

(1) 请查阅词典，正确理解词语的语言意义，并根据常识了解词语的附加信息。

(2) 比较每个词语的语言意义与附加意义，牢固掌握词语附加意义。

(3) 选择使用所列词语的附加意义造句或写出一段话。

(4) 做到句子通顺，语意正确，表意完整。

(5) 所使用的词语附加意义要与特定语体和具体语境相适应。

(6) 篇幅不限。

第三节　词语修辞拓展实践策划

拓展实践是学生把课堂上学到的相关词语修辞理论知识和汉语修辞实践真正结合的实战阶段。以课外拓展实践形式来锻炼学生的词语修辞能力。关注点是培养锻炼并全面提高学生的词语修辞选择能力。

一、词语修辞拓展实践要求

（1）要牢固树立词语修辞意识。引导学生真切地意识到，无论是口语修辞实践还是书面语修辞实践，都必须重视词语修辞，学会通过选择不同的词语修辞手段来表情达意。要教育学生，对词语修辞的理解与认知不能停留在教材里、书本上、笔记中、口头上，而要坚持应用于现实话语实践中。在课外拓展实践活动中，才能真正体会词语修辞的实在价值与实在效果。

（2）锻炼学生在特定语体规制下和具体语境中的词语修辞能力，促使学生善于应用各种词语修辞手段进行得体表达。词语是造句单位，所有语体规制和具体语境中的所有句子都是由不同词语按照规则构拟而成的。需要注意的是，不同语体对词语修辞的要求会有区别，拥有的语境条件也会有变化，因此，说话或写作都要接受特定语体规制和具体语境对词语修辞的管控。作为教师，就是要通过词语修辞实践活动设计，促使学生按照要求完成实践任务，以此来锻炼学生顺应特定语体和具体语境来应用词语。

二、词语修辞实践策划路径

第一步：词语修辞是不同话语交际领域内的语言应用现象，在三大话语交际领域内都有充分的表现，是永远绕不开的话题。设计话语实践活动时，要求学生首先研判并确认话语交际领域，这不仅有助于学生谋划词语修辞，而且有助于话语实践活动顺利开展。比如，要通过讲解和引导，让学生认识到，新闻采访、答记者问、专题访谈、节目主持、撰写新闻稿等话语实践活动，都是新闻工作者为了达到某种新闻目的而以新闻人角色身份实施的言语行为，交际目的、修辞目的都带有社会性、公务性，所以都应该归属于社会交际话语领域。

第二步：在词语修辞教学实践环节，在确定的交际领域这个圈子内，再对词语运用的语体规制及其下位语文体式做出选择，这是词语修辞实践训练过程中的必有步骤。作为教师，在设计实践项目时，要通过条件限制、书面或口头约定，对话语实践的语体归属提出明确的要求，有意识地引导学生利用所学语体修辞理论知识去识别不同的语体类型以及具体的语文体式。根据词语修辞实践的目标，可以要求学生利用不同的语体以及语文体式。比如，要求学生在谈话语体规制下完成实践任务，或者在事务语体规制下完成实践任务，或者在网络语体规制下运作词语修辞，等等。

第三步：做足以上两个方面的工作就为词语修辞实践提供了基本保障。要求学生仅仅抓住听、说、读、写四种语文行为，在得体性原则通观之下，甄别辨析相关词语的词义、功能和用法，恰当构拟多样化的词语修辞手段开展综合性修辞实践活动。在具体运作时,针对同义词手段、反义词手段、同音词手段、多义词手段、单义词手段、双声叠韵手段、摹声词手段、文言词语手段、方言词语手段、历史词语手段、成语手段、惯用语手段等众多词语修辞手段提出具体的使用要求,以更好地服务于话语实践活动。

三、词语修辞实践策划示例

实践活动示例1 日常交际领域话语实践。

实践目的:锻炼学生在日常交际领域中利用词语修辞手段进行修辞表达的能力。

实践任务:用汉语给不在同一所学校留学的本国朋友写一封信,交流自己在中国留学的所见所闻,尤其是学习汉语的情况。

实践过程:

(1)要选择书信体,并用汉语写作。

(2)内容要真实,能够反映自己学习汉语或在中国生活的基本状况。

(3)思路要清晰,结构安排合理。

(4)要结合内容,合理进行修辞表达,但要重点注意词语(比如同义词、反义词、成语、同音词、惯用语等)的恰当选择。

(5)要充分考虑书信体和具体语境条件对词语应用的制约作用。

(6)字数不限,最好不要超过800字。

(7)请老师或其他同学提意见,根据意见反复修改并最终定稿。

实践活动示例2 社会交际领域话语实践。

实践目的:锻炼学生对社会交际领域中词语修辞现象的理解(评改)能力。

实践任务:为某学生修改课程论文。

实践过程:

(1)要认真反复阅读课程论文,弄懂课程论文所表达的基本观点。

(2)要理清论文的思路以及结构安排,把握内在逻辑联系。

(3)就词语修辞评改来说,主要抓住科学语体语言应用尤其是对词语运用的基本要求,结合上下文、语意等具体语境条件研判、甄别词语使用的得体状况。

(4)根据甄别结果,按照科学语体词语修辞的要求,采用增添、删减、替换、换位等手段修改调整论文中的词语修辞现象,以使文中词语运用依规合体。

(5)请老师或其他同学对改文提意见,并根据意见再修改并最终完成任务。

实践活动示例3 艺术交际领域话语实践。

实践目的:锻炼学生在艺术交际领域中锤炼并选择词语的能力。

实践任务:就身边发生的事情写一篇记叙文。

实践过程:

(1)引导学生留意观察日常生活中发生的有意义的事情。

(2)认选择散言体(记叙体)。

(3)根据散言体式对语言应用的基本要求,采用适宜的词语修辞手段(比如同义词、反义词、成语、同音词、惯用语等)来记事。

(4) 要注意语言语境、物理语境、文化语境和心理语境条件对词语修辞手段选择的制约与影响作用。

(5) 思路清晰，记事完整，结构合理，形成完整篇章。

(6) 写完后，请老师或其他同学提意见，并根据意见再修改并最终定稿。

(7) 篇幅控制在 500 字以内。

【思考与练习】

1. 请收集 25 个词语修辞例子。要求：①谈话语体、文学语体、政论语体、网络语体、事务语体等特定语体用例各 5 个；②例子本身得体与否不限；③要注意例子所适用的语境条件。

2. 把对某种词语修辞现象得体状况的分析评鉴作为教学内容，设计微型教学方案。

3. 选择 2～3 个重要的词语修辞知识点作为讲授内容，要求采用问答式、讨论法、启发式等教学法，请据此设计微型教学方案。

4. 根据词语修辞教学重点与难点，设计课外作业题。要求：设计简单应用题 3～5 道、问答题 3 道、异同比较题 3 道。

5. 根据词语修辞教学重点与难点，设计课外作业题。要求：①填空题 5 道，答案均为知识性内容；②选择题 10 道，答案均为分析理解性内容；③判断题 10 道，答案均为分析理解性内容。

6. 为锻炼学生在特定语体规制下和具体语境中的词语修辞表达能力，请以某个景区景物描写为话题，设计模拟训练微型教学方案。

7. 为锻炼学生的修辞理解能力，请选择诸如《雷雨》《围城》《荷塘月色》等名著片段中词语修辞例子作为教学材料，从综合分析角度设计微型教学方案。

8. 把词语修辞综合应用能力训练作为教学内容，设计微型教学方案

9. 把特定同义词语，诸如"边疆"与"边境"、"漂亮"与"美丽"、"成果"与"后果"、"拿"与"取"等在具体语境中的运用作为教学内容，设计微型教学方案。

10. 结合本章拓展实践环节提出的要求，以某些特定词语，诸如"很、特别、更、比较、最"等程度副词作为关键词，为学校网站拟写一篇校园新闻稿件。请据此设计主题鲜明的实践话题，策划相应的路径，并提出切实可行的要求和具体做法。

11. 为锻炼学生的词语修辞理解能力，请从人教版八年级下册《语文》教材中选择一篇课文，从综合分析角度认知、解读、品评其中的词语修辞现象。请据此要求设计微型教学方案。

12. 请根据本章所学重要内容，设计 3～5 道综合分析题。要提出明确要求和具体做法。

13. 你认为词语修辞单元教学遇到的最大障碍是什么？为什么？

第七章 句子修辞教学实验

【教学目标与要求】

通过讲授、训练、实践、应用，促使学生熟悉句子修辞基本理论和基础知识，掌握句子修辞在语文实践与修辞应用中的作用与价值，指导学生掌握构句、择句、转换、分析句式的技巧与能力，培养其恰当理解句子修辞手段以及选择句子修辞手段表情达意的能力以及句子修辞理解能力。

【教学重点】

句子修辞理论知识、句式建构能力培养、句式选择能力培养、句子修辞理解能力培养。

【教学难点】

句式构拟、转换与选择能力培养。

第一节 句子修辞教学内容取舍

一、句子修辞内涵

句子是什么？句子是由词或短语构成的能够表达相对完整意思的语言单位。任何一个句子都有特定的语调，都具有表述功能。句子修辞就是句式修辞，是立足于修辞学范畴对不同句子及其类型的锤炼与选择。句子修辞以句法为基础，重在"建构"与"选择"，就是要在特定语体规制下和具体语境中考虑如何构句并对不同句式做出优化选择。因此，句子修辞就主要体现为句子建构修辞与句子选择修辞。

（一）造句

造句就是建构句子，创造句子，解决的是句子从无到有的问题。句子建构修辞突出的是组词成句的修辞机制，也就是按照什么样的构造规则并采用什么样的修辞手段构拟而成的。

1. 造句规则

无论是常规句还是超常句，句子都是由词或短语构成的，而且都必然要坚持一定的规则。这些构句规则也就是汉语句子建构的规律。句子构造规则主要体现在两个方面：语言规则和非语言规则。[①] 从修辞角度理解语言规则，既要考虑语言规则的规律性特征（零度性），还要考虑语言规则的"破格"特征（正偏离性）。

---

① 王希杰：《论词语搭配的规则和偏离》，载《山东师范大学学报》（人文社会科学版）1995年第1期。

（1）语言规则。语言有语音、词汇、语法三个要素，语言规则也就体现为语音规则、词汇（语义）规则、语法规则。

其一，语音规则是指词语在规范发音基础上，充分考虑语音条件优化构句，以获取理想修辞效果的准则与要求。语音规则是从语音修辞角度来强调句子语音组合的合法性（零度）与巧妙化（正偏离）。读起来要朗朗顺口，和谐自然，谐音有度，节奏鲜明。

> [教学示例]

①我要去上海。
②我要上上海。
③我校美女一回头，吓死河边一头牛；我校美女二回头，乔丹改打乒乓球；我校美女三回头，大庆油田不产油；我校美女四回头，黄河长江都断流。

教学关注点：语音规范、语音规范与语音修辞效果比较、谐音押韵。
教学法提示：比较法、小组讨论法、朗读感悟法。

其二，语义规则是指词语按照惯常语义搭配规范，或在具体语境中突破语义搭配规范而优化造句，以获取理想修辞效果的准则与要求。语义规则的基本要求是要做到与物理世界保持一致性（即零度性），句子所输出的语意要合情合理，有理有据。与此同时，还要借助于语境条件而突破惯性搭配（即正偏离性），造成无理而妙的修辞效应。

> [教学示例]

① 他是来自泰国的留学生。
② 他是我们班的"留学生"。（留级复读的学生）
③ 他从贵州的山区来到北京大学读书，家境不太好，是我们班的特困生。
④ 他是我们班的"特困生"。（上课打瞌睡的学生）
⑤ 您读月光似地读我的嘴唇（冯清《铃兰之歌》）

教学关注点：语义搭配规范、超常搭配、理性义与语境义比较。
教学法提示：比较法、定义（别解）法、问题导引法。

其三，语法规则是指根据词语语法功能而优化造句，以获取理想修辞效果的准则和要求。修辞表达不仅要创造合乎语法的合格句（零度句），还根据具体语境条件创造超越语法规则的艺术佳句（正偏离句）。

> [教学示例]

①他什么书都看。
②谁要是工作起来马马虎虎的，不管他说得多么动听，人们也不会信任他。
③苏小姐因为方鸿渐今天没有跟自己亲近，特送他到走廊里，心里好比冷天出门，临走还要向火炉烤烤手。（钱钟书《围城》）
④张太太上海话比丈夫讲得好，可是时时流露本乡土音，仿佛罩褂太小，遮不了里面的袍子。（钱钟书《围城》）

教学关注点：语法规范、病句向佳句的转化、语境条件支持。
教学法提示：提问导引法、小组讨论法、文化阐释法、逻辑分析法。

（2）非语言规则。非语言规则是指造句时所遵循的语言规则之外的准则与要求，包括情景规则、文化规则和心理规则。

其一,情景规则是指根据情景条件而优化造句,以获取理想修辞效果的准则和要求。按照情景规则创造出的句子,既有合乎语言规则的句子,也有超越语言规则的句子。情景规则主要关注的是在所创造出的语句与具体情境是否适应,是否无理而妙。做到了合情合理、无理而妙,那就是遵循了情景规则,否则就是对情景规则的违反。

教学示例

①这天中午1点钟,同学小张突然来找我。看他着急慌忙的,连忙问:"小张,都这么晚了,你吃饭了吗?"

②病人出院时,护士告别的话语:"欢迎你再来!"

教学关注点:时空情境、角色身份、话语是否遵守了情景规则。

教学法提示:情境教学法、文化阐释法。

其二,文化规则是指根据文化语境条件而优化造句,以获取理想修辞效果的准则和要求。按照文化规则创造出的句子,既有合乎语言规则的句子,也有超越语言规则的句子。文化规则主要关注的是所创造出的语句是否能够在文化世界得到合理的解释。解释得通,就意味着符合文化规则的要求;解释不通,就意味着背离了文化规则的要求。

教学示例

①甲:去哪啊?你吃饭了吗?

乙:吃过了。俺爹俺娘已经回陕西老家了,要过年了,我给他们快递一些年货。

②超市门口,服务员迎来送往,非常热情地对顾客说:"欢迎你再来!"

教学关注点:汉语常用招呼语、人际交往礼仪文化、地域文化。

教学法提示:启示法、文化阐释法、情境教学法。

其三,心理规则是指根据心理特征而优化造句,以获取理想修辞效果的准则和要求。按照心理规则创造出的句子,既有合乎语言规则的句子,也有超越语言规则的句子。心理规则主要关注的是表达者的心理需求,所创造的语句是否能够为听读者认同接受。能够被认同接受,就符合心理规则;不被认同和接受,就违背了心理规则。

教学示例

"叫呀,你父亲要断气了。快叫呀!"衍太太说。

"父亲!父亲!"我就叫起来。

"大声!他听不见。还不快叫?!"

"父亲!!!父亲!!!"(鲁迅《父亲的病》)

教学关注点:口头交际中称呼语选择、称呼语的语体色彩、"前言"语境的暗示作用。

教学法提示:评述法、心理认同教学法、语境参照法、角色扮演法。

2. 造句手段

汉语句法结构的组合主要有两种手段:一种是虚词,另一种是语序。从修辞学角度看,为了增强句子修辞效果,在以这两种主要手段来组词造句的基础上,采用常规搭配艺术或者超常规搭配艺术。或者通过位移、添加、省略、复指、重复、语气、节奏、意合、关联词语等手段，以使句子平实自然；或者使句子结构发生变化；或者使句子在语义上妙趣横生。这些都是句子建构修辞的主要手段。掌握了这些建构手段，就把握住了句子建构修辞的关键性技巧。

（二）择句

择句就是选择句子，就是从众多句子中选用句子，解决的是从已经存在或者意念上已经有的句子中优选什么样的句子问题。句子修辞从某种意义上说就是对句式的选择，强调的主要是特定语体规制下和具体语境中的同义句式选择，也就是要做到"一样话百样说"。同义句式是什么？同义句式是指表示相同或相近的意义而在修辞功能、表现风格、语体色彩、结构形式、表达效果等方面存在着细微差别的句式。

教学示例 "贾生死了"不同表达方式的选择。

贾生死了、永远也见不到贾生了、来世再见贾生吧、贾生老了、贾生躺下了、贾生逝世了、老贾没了、小贾走了、贾生走了、再也见不到贾生了、贾生升天了、贾生到地下去了、贾生翘辫子了、贾生牺牲了、贾生因公殉职了、贾生去世了、贾生与我们永别了、贾生永垂不朽了、贾生见马克思去了、贾生的心脏已经停止了跳动、贾生像一颗星星陨落了、贾生再也不会来了、只能下辈子见贾生了、贾生已经闭上了眼睛、贾生被火化了、贾生没有一点气息了、贾生被送进殡仪馆了、贾生断气了、把贾生送到殡仪馆了……

教学关注点：基本意思相同、结构形式不同、语体色彩有别。

教学法提示：比较法、语体先行教学法、文化阐释法、比较法、语义分析法。

这些句子基本意思一样，但是语体背景、出现的语境条件、修辞功能、表达效果、结构形式等各有不同。这就需要表达者根据表意需要以及特定语体和具体语境条件对其做适宜的选择。在正式场合以及追悼词中，多选择"他牺牲了""他逝世了""他去世了""他与我们永别了""他永垂不朽了"等，而在日常谈话语体中，较多时候选用"他死了""他老了""他升天了""他上天堂了""他到地下去了""他翘辫子了"等说法。

二、句子表现形式

汉语句子可以从不同角度按照不同标准加以分类，由此而形成了多样化的句子类型。这些不同的句式在表情达意过程中各有自己的作用，从而为句式选择提供了较多可能性。

其一，以结构为标准，可分为单句和复句。单句有主谓句与非主谓句之分。主谓句又分为名词性主谓句、动词性主谓句、形容词性主谓句等，非主谓句又分为独词句和短语型非主谓句及其下位分类。复句分为联合复句和偏正复句。联合复句又分为并列复句、顺承复句、解说复句、选择复句、递进复句，偏正复句又分为条件复句、假设复句、因果复句、目的复句、转折复句等。

其二，以语气为标准，可分为陈述句、疑问句、祈使句、感叹句。其中，疑问句又分为是非问句、选择问句、正反问句和特指问句。

其三，以特殊标志为标准，可分为存现句、兼语句、双宾句、连动句、"有"字句、"是"字句、"把"字句、"被"字句、"又"字句、主谓谓语句、主谓作宾语句，等等。

其四，以语序为标准，可分为常式句、变式句。

其五，以修辞特征为标准，又可以从不同角度进行下位分类。比如，从结构复杂与否看，可分为长句和短句；从结构是否整齐看，可分为整句和散句；从结构松紧情况看，可分为紧句和松句；从语态看，可分为主动句和被动句；从判断形式看，可分为肯定句与否定句；从语体色彩看，可分为口语句式和书面语句式；从时代色彩看，可分为新兴句式和传统句式；从句子来源看，可分为白话句式和文言句式；从句子成分省略与否看，可分为省略句和完全句；等等。

三、句子修辞要求

不同句式的潜在修辞功能以及在特定语体和具体语境中所表现出的多样化修辞作用，使得表达者创造不同句式并做出相应的修辞选择。无论是建构还是选择，都要在得体性原则导引之下，达到句子修辞的基本要求。有学者认为，选择句式主要依据三条原则：其一，要根据表达的目的和表达的内容；其二，要根据句式的修辞功能；其三，要根据语境，主要是上下文语境。① 这些原则其实就是对组词成句并得体选用句式的基本要求。

（一）要依据修辞目的

修辞目的是指表达者所要实现的修辞目标和愿望，也就是为了什么、出于什么愿望而建构句子并选择句式。修辞动机不同、修辞目的不一，则必然要建构并选择与动机、目的相一致的句式。每个修辞主体在具体修辞过程中，都可能会有不同的修辞动机和修辞目的。比如，为了分析阐释、为了保全面子、为了暗示提醒、为了标示代替、为了谦卑低调、为了突出强调、为了亲和友善、为了突出强调、为了模拟声响、为了叙述说明、为了抒情描写、为了辩论谈判、为了含蓄委婉、为了简洁明了、为了典雅严肃，等等。修辞目的在一定程度上决定了建构或选择什么样的句式。例如，为了抒情，常常建构或选择感叹句；为了提出一个请求，常常建构或选择祈使句；为了说明一种情况，常常建构或选择陈述句；为了提出疑问，则采用疑问句；为了追求简洁明了的效果，常建构或选择结构简单的短句；为了追求严谨周密的表意效果，则常常建构或选择结构复杂的长句；等等。

（二）要满足表意需要

满足表意的需要就是要使句子建构与选择做到适应题旨内容，什么样的语意内容就要建构或选择与之匹配的句式。换句话说，句式选择必须与语意内容相适应，必须能够恰切地表达语意内容，必须适应题旨。如果以公布法律法规或向公民或团体成员提出遵

---

① 黄伯荣、廖序东主编：《现代汉语》（增订五版，下册），高等教育出版社2011年版，第183页。

纪守法要求为根本内容，那么修辞表达中就应该以建构和选择陈述句、祈使句、常式句为主；如果以表达科学严密的理论知识为内容，那么就应该以建构或选择长句、陈述句、复句、常式句、完全句、整句、书面语句式为主；如果把抒发情感、内心感受、塑造人物作为内容，那么多以建构或选择变式句、散句、省略句、长句、短句、超常句为主；如果把政治性、民生性、国际性事情作为内容，则要以建构或选择整句、长句、短句、紧句为主；等等。

（三）要适应特定语体

适应特定语体就是做到句式建构、选择要与整体语体形象保持一致。当表达主体研判并确定了语体范畴之后，就要根据所选用语体对句子的总体要求来造句择句。不同语体在句子方面有不同的要求，从而限制了不同句子的出现频率。主动句、被动句、肯定句、否定句、陈述句、疑问句、单句、复句、长句、短句、整句、散句、方言句、普通话句、传统句、新兴句等都有自己出现的大致范围。①

（1）事务语体中，行政事务语体往往要求句式完整、周密、严谨，尽可能使用完全句，多使用陈述句和祈使句，不用甚至排斥感叹句和疑问句。日常事务语体可以交互使用陈述句、判断句、祈使句、感叹句、单句、复句、整句、散句。法规事务语体常用"的"字结构、能愿句、祈使句、陈述句、非完全句。礼仪事务语体常常交错使用完全句、单句、复句、非主谓句、感叹句、祈使句、陈述句。

（2）谈话语体中，随意谈话语体常用限定成分少、结构简单的句子，不少情境下还使用独词句；正式谈话语体注重句子的完整性、话语表达的规范性、表意的周延性。

（3）政论语体中，经常使用排比句、反复句、反问句、设问句、长句、整句、夸张句、拟人句、对偶句、紧句、肯定句、否定句等。

（4）文学语体中，由于包容性较强，因此陈述句、疑问句、祈使句、感叹句、主谓句、非主谓句、被动句、兼语句、连动句、存现句、双宾语句、省略句、变式句、散句、整句、长句、短句、肯定句、否定句等各种句类、句型、句式都可以被广泛使用。

（5）科学语体中，经常使用陈述句、祈使句、疑问句、常式句、无主句、肯定句、否定句、长句、单重复句、多重复句等。

总之，句子的建构与选择只有满足了特定语体对句子的总体要求，与特定语体语言运用特征体系相一致，才算做到了得体。那么，所建构或选择的句子才是恰切的、适宜的。否则，都是不得体的。

（四）要上下文协调

句子建构与选择要满足上下文（前言后语）对句子的具体要求。在行文中，具体上下文会限制句子的创造与选择。上文（前言）用了什么句子，下文（后语）该用什么样的句子与之呼应，就应该充分考虑上文的句子因素。比如，主动句与被动句由于语态相对立，那么，在上下文（前言后语）中该如何建构或选择主动句与否定句，就成

---

① 黄伯荣、廖序东主编：《现代汉语》（增订五版，下册），高等教育出版社2011年版，第174页。

为表达者首先要慎重考虑的问题。究竟要建构和选择主动句还是被动句，需要充分考虑具体上下文中句子的使用情况。做到上下文（前言后语）句式协调顺畅是基本要求。

第二节 句子修辞课堂教学设计

一、句子修辞课堂讲授构想

课堂讲授是学生学习并掌握汉语句子修辞理论知识的初始阶段，也是句子修辞单元教学中培养学生建构并选用句子手段进行修辞实践的基础阶段。关注点是培养和提高学生学习理解汉语句子修辞理论知识的能力。

（一）目的与要求

（1）要求学生熟悉并掌握汉语句子修辞的基本属性及其功能特征，理解、吃透"把"字句、"被"字句、存现句、"是"字句、双宾句、兼语句、疑问句、祈使句、感叹句、陈述句、长句、短语、散句、整句、紧句、松句、单句、复句、变式句、常式句、省略句、紧缩句等句式的构成特征与一般用法。

（2）引导学生熟练掌握句子修辞理论知识，分辨清楚同义句式间的差异性与共同性，促使学生学会恰当分析句子修辞现象，努力为培养学生练就句子修辞理解能力做好前期铺垫工作。

（3）引导学生熟练掌握句子修辞理论知识，促使学生能够参照特定语体规制和具体语境条件创造并选择句子修辞同义手段，为帮助学生提高表达能力夯实句子修辞理论基础。

（二）重点与难点处理及教法选用

汉语句式是丰富多彩的，不可能让学生掌握几乎所有常见句式的全部内容。教学中，要考虑学生的汉语水平，结合学生所在学段或层次有选择性地讲授句子修辞内容，并处理好教学重点与教学难点。

1. 要引导学生掌握句式构造特征、修辞功能及转换技巧

每种句式都各有自己特有的构造特征和修辞功能，造句或择句都要考虑不同句式的内部构成特征和修辞功能。

（1）要促使学生掌握长短句的构造特征、修辞作用及转换技巧。

教学示例1 长句构造特征及修辞作用。

哥白尼推翻了亚里士多德以来从未动摇过的地球是宇宙中心、日月星辰都绕地球转动的学说，从而在实质上粉碎了上帝创造人类、又为人类创造万物的那种荒谬的宇宙观。（竺可桢《哥白尼》）

教学关注点：科学语体、长句表意特征、修辞作用。

教学法提示：讨论法、结构分析法、抓干寻枝法。

长句是指构成成分多、结构复杂、字数较多的句式。由于词语多、结构复杂、形体较长，因此具有表意严密、逻辑性较强、语势舒缓、严肃庄重、表达细腻、书面语色彩较浓等修辞作用。

教学示例2 短句构造特征及修辞作用。

①茶花是美啊。（杨朔《茶花赋》）

②刚吃过饭。

③你去哪呀？

教学关注点：短句修辞效果、内部构成成分分析。

教学法提示：问答式教学法、问题导引法。

短句是指构成成分少、结构简单、字数较少的句式。因为词语少、结构简单、形体较短，所以具有简洁明快、活泼自然、干净利索的修辞作用。

教学示例3 长句与短句相互转换。

①原句：本着可开的会议不开，可缓开的会议缓开，必须开的会议做好准备，缩短会议时间，能下去开的会议就下去开的精神，第一季度就减少了四次全县性的会议，需要召开的会议也就缩短了召开的时间。

变换句：本着精简会议的精神，可开可不开的会议不开，可缓开的会议缓开，必须开的会议做好准备，缩短会议时间，能下去开的会议就下去开。这样，第一季度就减少了四次全县性的会议，需要召开的会议也就缩短了召开的时间。

②原句：这是个顶着假发的，爱做作的，爱谈笑的，诨名"九娘子"的肥胖妇人。

变换句：这是个肥胖妇人，顶着假发，爱做作，爱谈笑，诨名"九娘子"。

教学关注点：长短句变换原则、长短句变换方法。

教学法提示：比较法、小组讨论法、拆分法、组合法、变换分析法。

长短句之间在保持基本意思不变的前提下可以相互变换。学生要掌握转换的技巧与方法，以便于根据需要而自如转换。长句化为短句的方法主要有三种：抽取修饰成分，使其独立成句；拆分联合短语，使其成为并列的分句；化解复杂结构，使其成为几个短句或分句。① 短句化为长句则反其道而行之。

（2）要促使学生掌握主动句与被动句的构造特征、修辞作用及转换技巧。

主动句与被动句在保持基本意思不变前提下可以相互转换。转换时，可以利用"把""被""将""给"等词语作为手段，也可以直接把施事和受事互换位置，使句子语态发生变化，从而化主动为被动或化被动为主动。"把"字句属于主动句，"被"字句属于被动句。如果是主动句"把"字句与被动句"被"字句之间的转换，还要充分考虑二者的构成条件，以确保"把"字句和"被"字句的合理性。

教学示例1 主动句与被动句的构造特征及修辞作用。

① 他把作业做完了。

② 他做完了作业。

③ 作业做完了。

---

① 曾毅平：《华语修辞》，暨南大学出版社2012年版，第154-155页。

教学关注点：主动句构造特征与修辞功能、被动句构造特征与修辞功能。

教学法提示：问答式教学法、分析法、比较法。

主动句是指用施事做主语的句子。主动句中，由于动作行为的发出者作为陈述对象，使得自身主动性较强，不仅强调了施事者即主动者，而且能够凸显已知信息以及对受事的处置意味。被动句是指用受事做主语的句子。被动句中，由于动作行为的承受者即支配对象做主语，使得句子突出了被动者。不仅能够凸显未知信息，而且还能强化被处置的意味。

教学示例2 被动句与主动句相互转换。

① 桌子被他修好了。

② 他把桌子修好了。

教学关注点：被动句与主动句转换。

教学法提示：讲练法、比较法、问题导引法、变换分析法。

(3) 要促使学生掌握口语句式和书面语句式构造特征、修辞作用以及转换技巧。

教学示例1 口语句式构造特征及修辞作用。

生：早上好！

师：你好！

生：老师去上课吗？

师：是的。你呢？

生：也是。

师：哦。

生：老师拜拜！

师：拜。

教学关注点：口头语体句子使用特征、修辞作用。

教学法提示：讨论法、角色扮演法。

口语句式是指常用于口语语体、较少经过加工、结构松散简单、成分省略多、逻辑性较弱的句子。口语句式由于较多使用口头词语、通俗说法、句子短小、少用或不用关联词语，使得自身具有简练活泼、自然朴实的功能特征。

教学示例2 书面语句式构造特征及修辞作用。

把刚下网的新鲜蟹放锅里一蒸，清汤白闹儿，紫盖红螯，剁下姜，浇上醋，叫它姜汁蟹，实在是一盘下酒的佳肴。（王润滋《卖蟹》）

教学关注点：书卷语体句子使用特征。

教学法提示：问答式教学法、讲练法、小组讨论法。

书面语句式是指常用于书面语体、经过加工的、结构较为复杂、惯用关联词语、逻辑性较强、表意周密的句子。书面语句式由于较多使用书面语词语和雅致说法、构成成分较多、内部结构复杂严谨，因此具有规范严谨、庄重文雅的功能特征。

要实现口语句式与书面语句式的相互转换，必须考量句子的语体色彩、表意的严密度、结构成分的复杂度、逻辑关联度等。例略。

（4）要促使学生掌握肯定句和否定句构造特征、修辞作用及转换技巧。

肯定句是指对人或事物做出肯定判断的句子，否定句是指对人或事物做出否定判断的句子。汉语中，一个肯定意义通常用肯定句来表达，但也可以用否定句来表达；一个否定意义要用否定句来表达，但在一定语境中也可以用肯定句来表达。肯定句突出了肯定意义，否定句表达了否定意义。但当用肯定句表达否定意义时，就别有一番意趣、情趣，也表明了说话人的一种态度；当用否定句表达肯定意义时，常常比肯定句更具有强化肯定意义的意味，肯定语气比一般的肯定句更强烈些。

教学示例1 肯定句与否定句构造特征及修辞作用。

①你得去教室。（肯定意义，肯定句）
②不能不去教室。（肯定意义，否定句）
③好不热闹呀！（肯定意义，否定句）
④好热闹呀！（肯定意义，肯定句）
⑤这事被你弄成这样，你真有本事！（否定意义，肯定句）
④这事处理得很好，你真有本事。（肯定意义，肯定句）

教学关注点：肯定句与否定句的构造特征、肯定意义与否定意义表达形式、否定词语使用。

教学法提示：问答式教学法、比较法。

教学示例2 肯定句与否定句相互转换。

① A. 他是来过。
　 B. 他不是没有来过。
② A. 小王今晚必须得去听她导师的讲座。
　 B. 小王今晚不能不去听她导师的讲座。
③ A. 谁都承认她是一位知书达理的女孩子。
　 B. 谁也不能否认她是一位知书达理的女孩子。
　 C. 不能不说她是一位知书达理的女孩子。

教学关注点：变换原则，添加、替换、删减转换方法。
教学法提示：比较法、问答式教学法、小组讨论法、变换分析法。

肯定句与否定句也可以相互转换。除了具体语境要提供帮助外，还要合理利用否定性词语，包括否定副词、否定性动词等。

（5）要促使学生掌握整句和散句的构造特征、修辞作用及转换技巧。

整句是结构匀称整齐、长短相同或相似的句式，散句是结构参差不齐、长短错落不同的句式。整句常常采用对偶、排比、层递、反复、回环等修辞手段构成，由此而造成形式整齐、节奏鲜明、气势贯通的修辞效果；散句由灵活多变的句子形式构成，比如长句与短句相间、省略句与完全句同现、常式句与变式句兼备等。总之是不拘一格的句子表现形式的再组合，由此而造成了生动洒脱、错落有致、灵活多变、舒缓急促相生的修辞效果。

教学示例1 整句与散句的构造特征及修辞作用。

①那夜，寒风，阵阵地袭来；细雨，轻轻地飘落；眉月，高高地悬挂在夜空上；星星，对我们眨着笑眼；涛声，在远方怒吼着；夜啊！是那么出奇的幽美，是那么出奇的宁静……（呼啸《春愁》）（整句）

②太阳收缩它的触须，顷刻间已经爬上堤防，刚好使堤防成了一道切线，而太阳刚爬起来的那地方，堤防缺了一块灿烂的金色大口，金色的光就从那儿一直流泻过来。（黄春明《青番公的故事》）（散句）

教学关注点：整句、散句的构造特征与修辞功能。

教学法提示：比较法、讨论法、反复朗读法。

教学示例2 整句与散句相互转换。

原句：她是个活泼可爱的姑娘，她的眼睛很大，她的嘴很小，她的个子不高。（整句）

变换句：她是个活泼可爱的姑娘，大眼睛，小嘴巴，个子不高。（散句）

教学关注点：提取合并转换方法、转换条件，修辞效果。

教学法提示：比较法、讨论法。

整句与散句可以相互转换。整句变散句可以将整句中重复使用的提示词语去掉，使相关内容分散叙述，变"整齐"为"错落"。散句变整句往往要重复使用某些词语，使句子结构趋于一致。化散为整通常采用对偶、层递、排比、回环、顶针、反复等修辞手段，让分句变成结构一致的整句。①

（6）要促使学生掌握松句和紧句的构造特征、修辞作用及转换技巧。

松句是指结构组织松弛、语意焦点分散、语气舒缓的一组句子。从表意来看，通常是把多个意思分开来说；从构成要素来说，表现为多个句子的组合；从语音上来说，句中停顿较多，可以有两个或两个以上的句调；从修辞作用来看，句子构成松散，语调变化较多，语气舒缓轻松，容易形成整句，便于表达丰富的情感。紧句则是指结构组织紧凑、语意焦点集中、语气急促的句子。从表意来看，通常是把多个意思集中在一起来说，是在一句话中表达相对集中的意思；从结构要素来说，紧句是一个句子，常常表现为联合短语做句子成分；从语音上来说，句中停顿较少，只有一个句调；从修辞作用来看，言简意赅，严谨凝练，语调单一，语势急促有力，便于叙述和说明。松句与紧句之间可以采用删减、合并、分拆、增添等手段，并借助于具体语境条件进行相互转换。

教学示例1

原句：在我的后园，可以看见墙外有两株树，一株是枣树，还有一株也是枣树。（鲁迅《秋夜》）（松句）

变换句：在我的后园，可以看见墙外有两株枣树。（紧句）

教学关注点：紧句、松句的构造特征与修辞功能，提取合并转换方法。

教学法提示：比较法、朗读法、讨论法、仿写法、变换分析法。

---

① 曾毅平：《华语修辞》，暨南大学出版社2012年版，第159-160页。

该例采用删减方法,对松句中两个分句的重复部分进行压缩并重新配置,从而形成紧句。变换句字数减少了,结构简单了,但内容并不少。如果不考虑原文语境,变换句也是可以成立的。

> **教学示例2**

原句:教学楼是不完整的,宿舍楼是不完整的,图书馆是不完整的,食堂是不完整的。(陈村《大学:风俗画》)(松句)

变换句:教学楼、宿舍楼、图书馆、食堂都是不完整的。(紧句)

教学关注点:紧句、松句的构造特征与修辞功能,提取合并转换方法。

教学法提示:比较法、讨论法、变换分析法。

原句采用松句形式来描写"文革"期间的混乱现象,表达了作者强烈的批判态度。变换句抽取各分句中的相同部分"是不完整的"作为整个句子的谓语;把原句中各分句主语提取出来合并在一起形成联合短语做主语,并添加表示范围的副词"都",重新组合形成了紧句,结构紧凑,语意丰满。当然,原句表现出的"杂乱无章"在变换句中已经不存在了。

2. 引导学生熟练掌握利用语体规制和语境条件造句的要求与做法

词语只有在句子中才能发挥修辞作用,句子也只有依赖于词语才得以建构并具有真正意义上的表达作用。修辞表达时,表达者首先遇到的问题是如何造句、造何种句子,才能妥当表意。造句手段和方法有很多,像省略、位移、添加、复指、重复、替换、变异、语序、虚词等都是经常用到的。在具体应用过程中,努力掌握常规搭配艺术和超常搭配艺术,这样才能创造出依规合体以及超越规范的句子。

语序作为汉语句法结构组合的两种重要手段之一,是构拟常式句和变式句的手段。按照句子一般语序和特殊语序,要创造的句子其实就是常式句和变式句。常式句就是按照汉语惯常语序构造而成的句子,如主谓句、主谓宾句等。变式句是指打破常规语序构造而成的句子,如主谓倒装句、动宾倒装句、状语后置句、定语后置句、偏止倒装句等。在汉语纵式结构中,单句内部句子成分以"定语—主语—状语—谓语—补语—定语—宾语"顺序排列为常态;偏正复句以及联合复句中的顺承复句和递进复句,分句必须按照逻辑关系陆续出现,往往以原因与结果、条件与结果、时间先后、事件进展顺序、行为发生先后、语意轻重、逻辑结构等顺序来构句。顺序比较稳定,一般不能随意变动。在汉语横式结构,如联合短语、同位短语以及联合复句中的并列复句、选择复句等中,内部构成成分虽然也受到语言规则的约束,但是由于相对自由、彼此独立、没有隶属关系,因此变动语序的可能性就比较大。[①] 通过教学,不仅要让学生掌握汉语言基本结构规律,学会运用规范的语言材料按照语言规则建构常式句,而且还要让学生学会在建构常式句的基础上艺术化地创造变式句。

---

① 王希杰:《汉语修辞学》(修订本),商务印书馆2004年版,第200–213页。

教学示例 依序构句。

① A. 虚心使人进步，骄傲使人落后。
   B. 骄傲使人落后，虚心使人进步。

② A. 小孟、小王、小李
   B. 小李、小张、小孟
   C. 小张、小孟、小李
   D. 小张、小李、小孟

③ A. 大堤决口了，洪水扑进村了，房屋倒塌了。
   B. 大堤决口了，房屋倒塌了，洪水扑进村了。
   C. 房屋倒塌了，大堤决口了，洪水扑进村了。
   D. 洪水扑进村了，房屋倒塌了，大堤决口了。

教学关注点：句子内部语序、病句与通句。

教学法提示：比较教学法、仿造推导教学法、移位教学法、逻辑分析法。

除了常式句和变式句外，还要学会超常规搭配，以创造富有新奇感和特有修辞效果的句子，并学会根据语体规制和语境条件创造适应题旨情境的句子，比如比喻句、夸张句、设问句、反问句、对偶句、排比句、回环句、顶针句、松句、紧句、整句、散句、长句、短句等。要让学生牢记，无论是建构常式句还是创造变式句，无论是常规搭配还是超常搭配，都必须满足语意表达需要，并要以特定语体和具体语境作为重要参照。

3. 引导学生熟练掌握利用语体规制和语境条件择句的要求与做法

出于某种修辞目的，表达者要在多姿多彩的动态变化着的句式中进行选择。看哪种句式更能够表情达意，更能够适应具体语境和特定语体规制，并且能取得最大化的修辞效果。培养学生的择句能力，就是要通过讲解、分析、阐释、训练和实践，使之能够坚持得体性原则，遵循句子修辞要求，采用语境参照、文化渗透、语体导引、对比优劣、分析讲解、启发提问等教学策略与方法，遴选恰当的句式。择句突出的是对相关句式的调配。一方面，要使句式间相互匹配，做到句式之间协调顺畅，表意畅达；另一方面，还要使句式与特定语体、具体语境、思想内容相适应，做到句式与其出现的环境、表达的语意内容相吻合。择句能力是学生学习汉语修辞必须具备的基本功。

（1）促使学生熟练掌握句类选择及其调配的要求与做法。

句类是句子语气上的分类，包括陈述句、感叹句、疑问句和祈使句。通过课堂讲解、模拟训练和实践操作，促使学生学会根据句子修辞要求选择相关句类，以巩固学生的句类选择能力。

教学示例1 感叹句选择。

原句：宋玉，你是没有骨气的无耻的文人。（陈述句）
改句：宋玉，你这没有骨气的无耻的文人！（感叹句）

教学关注点：陈述句与感叹句异同比较、感叹句选择、心理语境条件利用。
教学法提示：比较法、讨论法、角色扮演法、变换分析法。

该组中，原句是陈述句，意在告诉宋玉是什么人，重点在说明事实；改句是感叹句，不仅告诉宋玉是什么人，更强化了表达者婵娟的好恶情感。剧本根据表情的需要，对原句进行了调整，把陈述句改为感叹句。这样更能够表达婵娟对宋玉的愤怒，语气更强烈、更有力。这是表达者在修辞目的驱动下的修辞选择，做到了对心理语境的顺应。

教学示例2 揣测问句选择。

原句：这不是一座古老的园林的遗迹么？（郑振铎《石湖》）

改句：这大概是一座古老的园林的遗迹吧？（初中《语文》课文《石湖》）

教学关注点：反问句与揣测问句异同比较、揣测问句选择、物理语境条件利用。

教学法提示：比较法、讨论法、问答法、变换分析法。

原句与改句都是疑问句，但是原句是反问句，带有更为强烈的肯定口吻，肯定语气重。改句换成了揣测问句，虽然也是表达肯定语意，但是和原句相比，肯定的意味减弱了许多。之所以这样调配，就是因为根据物理世界情况看，表达者在表意时缺乏足够的证据。改用揣测问句坚持了得体性原则中的真实性准则，更为妥当，更符合实际，是对物理世界语境的适应。

教学示例3 感叹句选择。

原句：请不要小视这些枯燥的数字。（马识途《我们打了一个大胜仗》）

改句：这是多么触目惊心的数字啊！（高中《语文》课文《我们打了一个大胜仗》）

教学关注点：祈使句与感叹句异同比较、感叹句选择、语言语境（内容题旨）条件利用。

教学法提示：比较法、合作探究法、变换分析法。

原句是祈使句，改句中变换为感叹句，它们都表示了对"数字"的强调，但改句多了一层惊叹的意味。感叹句除了强调之外，还具有浓重的惊叹意味。这种改动或者说调配更能够确切地表达语意，是对题旨内容的适应。

教学示例4 感叹句选择。

①今天送豆饭的人不是来得很早吗？

②（忽向右翼指去）喂，你看！那儿不是来了两个人吗？今天送豆饭的人可来得真早！（郭沫若《棠棣之花》）

教学关注点：反问句与感叹句异同比较、感叹句选择、上下文语境条件利用。

教学法提示：比较法、情境教学法、变换分析法。

例①反问句，例②是感叹句。相较而言，例①对送豆饭人来得早表示不满，带有一定程度的斥责口吻。例②不仅没有斥责意味，相反，对送豆饭人来得早还表示惊叹和认同。根据文章提供的上下文看，例①不符合上下文情境，例②更适合上下文语境，更能够表达说话人的内心感受。

教学示例4 祈使句选择。

原句：我们不妨把目光投向无穷无尽的宇宙。（郑文光《宇宙里有些什么》）

改句：让我们把目光投向无穷无尽的宇宙。（初中《语文》课文《宇宙里有些什么》）

教学关注点：陈述句与祈使句异同比较、祈使句选择、心理语境条件利用。

教学法提示：比较法、变换分析法。

原句是陈述句，语意重点是"可以这样做"；改句转换为祈使句，语意重点是"请求大家这样做"。显然，祈使句所表达的意思更符合表达者的心理愿望。

（2）促使学生熟练掌握句式选择及其调配的要求与做法。

这里的句式是笼统的说法，主要是指句子语气类型以外的句子类别，包括以句子结构、特殊标志、修辞特征为标准分出的句子类型。比如单句、复句、主谓句、非主谓句、肯定句、否定句、"把"字句、"被"字句、兼语句、连动句、存现句、整句、散句、长句、短句、松句、紧句等都属于句式范畴。教学过程中，要引导学生采用比较、分析的方法，通过对相关句式构成情况及其修辞功能进行对比分析，结合特定语体规制和具体语境要求，并考虑语意表达需要，对相关句式做出选择与匹配，以掌握相关技能。以下仅以四组相互对待的句式选择与调配为例加以讨论。

第一，促使学生掌握长句与短句选择及调配的技能。

长句和短句都是经常使用的句子，但也要注意选择与调配。该用长句就用长句，该用短句则用短句，并要做到长短关系协调。

教学示例1 长短句调配。

燕子去了，有再来的时候；杨柳枯了，有再青的时候；桃花谢了，有再开的时候。但是，聪明的，你告诉我，我们的日子为什么一去不复返呢？（朱自清《匆匆》）

教学关注点：上下文语境条件、语体意识。

教学法提示：朗读感悟法、句子成分分析法、讨论法、语体管控法。

该例中，前面六个短句描写了事物随季节变化的情况，简练明快，用以烘托后面的长句，为选择长句提供相关条件。后面用长句质疑时光一去不复返，和前面的短句相对形成截然不同的情况，气势酣畅淋漓。[①] 前面短句的选用与后面长句的选用互为条件，做到了上下文句式的协调与互助。教学中，要培养学生恰当利用上下文条件选用和调配句式的意识。

教学示例2 短句选择。

一个是四十多岁，中等身材，一张三角脸，深陷的黑眼睛炯炯有光……（茅盾《子夜》）

教学关注点：短句配置语境条件、语体意识。

教学法提示：分析法、讨论法、语体管控法。

该例由四个短句构成。四个短句就是四个分句，各分句都由名词性成分构成，分别从年龄、身高、脸型、眼睛等几个方面来刻画人物形象。结构简单短小，内容简明扼要，格调活泼明快。这些短句的选用与文学语体对句子修辞的要求是相适应的，满足了作者塑造人物形象的修辞需求。教学中，要引导学生学会根据修辞动机、描写对象来择句。要强化学生的语体意识，以促使学生在句式选择与调配过程中努力做到语体先行。

第二，促使学生掌握整句与散句选择及调配的技能。

什么时候用整句、什么时候用散句、整句与散句之间如何调适，这些问题都要在教

---

① 曾毅平：《华语修辞》，暨南大学出版社2012年版，第154-155页。

学中加以解决。

教学示例 1 整句选择。

那夜，寒风，阵阵地袭来；细雨，轻轻地飘落；眉月，高高地悬挂在夜空上；星星，对我们眨着笑眼；涛声，在远方怒吼着；夜啊！是那么出奇的幽美，是那么出奇的宁静……（呼啸《春愁》）

教学关注点：上下文语境条件、语体意识。

教学法提示：分析法、讨论法、句子成分分析法、语体管控法。

该例属于文学语体，用的是整句。例中，句子使用可以分三种情况：其一，前三个短句都是由叠音形式做状语形成的主谓句，分别对寒风、细雨、眉月进行描写；其二，中间两个短句都是由介词短语做状语构成的主谓句，分别对星星、涛声进行了刻画；其三，后两个短句都是由表示强调的副词"是"做状语以及状中短语做状语而构成的主谓句，分别从幽美、宁静两个方面进行抒情。这三种短句，语意相关，结构大致相同，语气基本一致。该例之所以使用整句，显然与上下文语境以及文学语体条件密不可分，也是作者表情达意之需。如果选用散句，则显得韵味不够足，感染力不够强，语势不够强，因此也就难以营造"春愁"的气氛。教学中，要引导学生学会利用思想情感、上下文条件来管控句子的选择与调配。

教学示例 2 散句选择。

在一个炎热的夏天中午，地头树荫下坐着一群歇晌的人，忽然从大路上老远走过来一个人，大伙儿挺纳闷：是谁呢，顶着这么毒的日头赶路？（柯岩《追赶太阳的人》）

教学关注点：现实情境语境条件、语体意识。

教学法提示：情境分析法、语体管控法、图片展示法、联想法、讨论法。

该例属于文学语体中的散言体，语言表达更接近于口头语言，其中不乏"歇晌、纳闷儿、赶路、日头"等口语化词语。正是因为接近于口语，所以选用了散句。散句便于口说，处在相对自由状态，想怎么说就怎么说，不需要过多考虑规范性、严谨性、周密性、逻辑性。在该例中，话题转化很快，一会儿是夏天中午怎么样，一会儿是一个人走过来了，接下来则是大伙儿怎么样，最后又回到走过来的人身上；而且有存现句、主谓句，疑问句等多种形式的句子。这些句子组合在一起便形成了一个真实的生活场景。因此，选择散句叙事，很自然，很轻松，很符合此情此景。如果换成整句，则难以与具体生活场景相匹配，语言表达与生活场景的真实性不协调。教学中，要引导学生善于利用现实场景来导引句式的选择与调配。

第三，促使学生掌握主动句与被动句选择及调配的技能。

主动句中，主语是施动者，语意重心放在了施动者上；被动句中，主语是受动者，语意重心放在了受动者上。修辞表达中，要根据强调的信息焦点来选择调配主动句和被动句。二者的使用不是任意的，而是有条件的，尤其是被动句受限制更多。因此，教学中要引导学生结合具体语境、表意需要、结构布局需要，合理使用主动句和被动句。

教学示例 1 主动句选择。

原句：我的身子被他踢着，像狗一样。（巴金《狗》）

改句：他踢着我的身子，像踢着狗一样。（巴金《狗》）

教学关注点：上下文语境条件、语意表达需要。

教学法提示：位移和删减转换方法、比较法、讨论法、仿造法。

原句是被动句，强调的语意信息焦点落在了"我的身子"上；在收入《巴金选集》时，改为主动句，强调的语意信息落在了"他"上面。从原文上下文语境和表意情况看，该句突出的是"他"怎么样，而不是"我的身子"怎么样，因此改句更符合上下文语境和所要表达的意思。改句采用位移、删减手段对被动句和主动句进行了调配，舍弃了被动句而选择了主动句，使得句子更加符合语意表达需要。

教学示例2 被动句选择。

原稿：累累的果实把树枝都压弯了，有的树枝竟然被苹果压断了，而大多数树枝不得不用木杆撑住。（峻青《秋色赋》）

定稿：果实累累，树枝都被压弯了，有的树枝竟然被压断了，大多数树枝不得不用木杆撑住。（峻青《秋色赋》）

教学关注点：上下文语境条件。

教学法提示：位移转换方法、语境条件利用法、讨论法、比较法。

黎运汉等分析到：原稿第一分句是主动句，主语是"果实"；第二、三分句是被动句，主语是"树枝"。前后分句主语不一致，语气不够贯通。定稿则有四个分句，第一分句是主动句，从正面描写；第二、三、四分句是被动句，从侧面描写，反衬"果实累累"。这显然是顺应了结构上的需要。①定稿舍弃了主动句而改为被动句。

二、句子修辞综合分析拟议

综合分析是引导学生利用句子修辞理论知识分析理解句子修辞现象的重要阶段，也是句子修辞单元教学中巩固句子修辞理论知识，培养学生句子修辞分析能力的阶段。关注点是培养并提高学生的句子修辞理解能力。

（一）目的与要求

（1）通过对类型化句子修辞现象的认知、评鉴与分析，以巩固学生所学句子修辞理论与知识。比如，通过对"把"字句等句式语例的深入分析，促使学生进一步掌握句子修辞理论知识。

（2）引导学生学会运用句子修辞理论知识分析相关修辞现象，尤其要注重句子修辞手段差异性与共同性的比较分析，以提高学生对句子修辞现象的简单分析能力和综合分析能力。学生学习的效果如何，要看能不能用所学句子修辞理论知识去分析句子修辞现象，能不能对相关句子修辞现象得体与否以及得体程度做出合理的评价，能不能对句子修辞的得与失做出恰如其分的研判。要验证这一点，通过分析讨论句子修辞现象便可推知，所以通过对不同句类、句型、句式、风格的句子修辞现象进行多角度的讨论与分析，是提高学生句子修辞理解能力的重要手段与方法。

---

① 黎运汉、盛永生主编：《汉语修辞学》，暨南大学出版社2006年版，第207页。

（3）引导学生通过对句子修辞现象的讨论，进行反向思考以寻求句子修辞手段的使用条件。人们常说"一样话百样说"，这实际说的是句子修辞同义手段选择问题。从理论上看，当表达相同意思的时候，可以有无限个句子修辞同义手段供选择。但在实际的话语实践活动中，为什么选择这种或这些句式来表达，而没有选择另外一种或那些句式去表达，往往受到特定语体规制和具体语境条件的制约。那么，作为教师就要通过对不同句子修辞现象的综合分析，引导学生掌握找出同义句式选择背后原因的方法和技巧。

（二）语料收集与引用

（1）句子修辞语料非常多，各种语体及其下位语文体式中都大量存在。如何收集、怎么引用，需要好好研究。句子是使用单位，是动态语境下的产物，是为了表意的需要而在特定语体规制下和具体语境中创造出来的。有些句子是常规句、规范句，有些句子是病句、失范的修辞病句，有些句子则是超常句、艺术佳句。对前者，建议多从科学语体、事务语体、政论语体、新闻语体中收集，因为这些语体更倾向于使用规范句、常规句；对后者，主张多从谈话语体、文学语体、网络语体、广告语体等中收集，因为这些语体为超常句、艺术佳句的构拟提供了肥沃的土壤。

（2）句子修辞语料的收集有很多种渠道，尤其是在网络语境下，为尽可能多地收集某种句子修辞语料提供了更大可能与便捷。不仅要指导学生学会利用语料库、电子文献、纸质文献，而且不能忽略现实话语实践中句子修辞语料。

（3）选例要有助于句子修辞教学，要考虑学生对句子修辞现象的理解能力。尤其要注重常见句式修辞语料的选用，以使学生理解更多更大众化的句式修辞特征并掌握这些句式的基本应用规则。当然，也不能排除具体语境中的"特殊"语料。前者突出的是规范的句子应用，后者则是破格的句子应用，二者相得益彰，都是句子修辞教学中不可或缺的语料。

（4）要考查清楚选例所拥有的特定语体规制和具体语境条件。句子作为表情达意的使用单位，是在特定语体文中根据表情达意的需要构拟的，也是在临时的话语环境中创造出来的，所以具体句子被创造或者所依赖的条件是分析句子使用得体与否、得体程度的必备条件。

（三）综合分析示例

综合分析就是把所学句子修辞理论知识作为理论支撑，对相关句子修辞现象做简单应用分析和综合应用分析。用什么修辞理论知识？怎么用？这些都是教学中要解决的重要问题。

1. 从句子修辞角度分析语例中句类的使用情况及其修辞效果

（1）分析语例中感叹句的使用情况及其修辞效果。

> **教学示例**
>
> ①好一个痛快了山河、蓬勃了想象力的安塞腰鼓！
> 愈捶愈烈！形体成了沉重而又纷飞的思绪！

愈捶愈烈！思绪中不存在任何隐秘！

愈捶愈烈！痛苦和欢乐，生活和梦幻，摆脱和追求，都在这舞姿和鼓点中，交织！旋转！凝聚！奔突！辐射！翻飞！升华！人，成了茫茫一片；声，成了茫茫一片……（刘成章《安塞腰鼓》）

② 丁四：（穿）怎样？

娘子：挺好！挺合身儿！

大妈：就怕呀，一下水得抽一大块！

丁四：大妈，您专会说吉祥话儿！（老舍《龙须沟》）

教学关注点：使用感叹句的理由、修辞效果。

教学法提示：分析法、朗读法、角色扮演法、语体管控法。

（2）分析语例中陈述句的使用情况及其修辞效果。

教学示例

① 我第二次到仙岩的时候，便惊诧于梅雨潭的绿了。（朱自清《绿》）

我第二次到仙岩的时候，我不禁惊诧于梅雨潭的绿了。（朱自清《绿》）

② 一个人的生命就像一片树叶，刚刚还是绿绿的，一阵风过后，说黄就黄，说落就落了。

教学关注点：使用陈述句的理由、修辞效果。

教学法提示：分析法、朗读法、语体管控法。

（3）分析语例中祈使句使用情况及其修辞效果。

教学示例

① 这是一个二十大几岁的女性，她满头热汗，一脸愤怒，站在镇长的门口，很响地拍着巴掌，她叫着："把我那擀面杖还给我！把我那祖传的（明显与其母说法不符）擀面杖还给我！"镇长上前想要制止她的大叫，说我们又不是白要，不是让你娘去供销社拿新的么。（铁凝《擀面杖》）

② 她笑着对我说："吃桃儿吧。"我这才发现我正站在一棵桃树下。抬头看看，桃子尚青，小孩拳头大。我说："谢谢您，我不吃。"妇女向我走来说："来，吃个，谁让你走到了桃树底下呢。"（铁凝《擀面杖》）

教学关注点：使用祈使句的理由、修辞效果。

教学法提示：分析讨论法、情境再现法、语体管控法、合作探究法。

（4）分析语例中疑问句使用情况及其修辞效果。

教学示例

①你可不是一般的女儿，你是我们家族的大功臣，父亲指点着座上的人，说，这些小辈的，哪个不是你接生的？

好汉不提当年勇了，姑姑道，想当年……还提当年干什么?！喝酒！怎么，没有我的酒杯？我可是带着酒来的！（莫言《蛙》）

②"闹不清城里怎么提倡，村里要是有了这事儿，那男的不娶也得娶。"大芝娘说。

"都得娶？"

"不娶，算什么汉们家？叫闺女嫁给谁？"（铁凝《麦秸垛》）

教学关注点：使用疑问句的条件、修辞效果。

教学法提示：问答法、分析法、角色扮演法。

（5）指出各语例的语气类型并分析其修辞效果。

> **教学示例**

①劳驾您把桌子搬走。

②您把桌子搬走。

③把桌子搬走！

④把桌子搬走，好吗？

⑤难道不能把桌子搬走吗？

⑥可不可以把桌子搬走？

教学关注点：句类辨析、修辞效果。

教学法提示：比较法、情境演绎法。

（6）综合分析语例中句类的使用情况及其修辞效果。

> **教学示例**

①爷爷退到高粱地里，叫着："豆官，帮帮我。"爷爷撕开袖子，让父亲抽出他腰里那条白布，帮他捆扎在伤口上。父亲趁着机会，说："爹，俺娘想你。"爷爷说："好儿子！先跟爹去把那些狗娘养的杀光！"爷爷从腰里拔出父亲扔掉的勃郎宁手枪，递给父亲。刘大号拖着一条血腿，从河堤边爬过来，他问："司令吹号吗？"

"吹吧！"爷爷说。

刘大号一条腿跪着，一条腿拖着，举起大喇叭，仰天吹起来，喇叭口里飘出暗红色的声音。

"冲啊，弟兄们！"爷爷高喊着。（莫言《红高粱》）

②大哥大嫂忙不迭地解释：第一个想请的就是您老人家，咱老万家的第一把交椅，永远是您坐的。

呸！姑姑一屁股坐在父亲身旁的座位上，提着大哥的名道：大口，你爹活着，还轮不到我坐第一把交椅；你爹死了，也轮不到我坐第一把交椅！嫁出去的女儿，泼出去的水，你说是不是，大哥？（莫言《蛙》）

教学关注点：句类综合分析、修辞效果。

教学法提示：交流心得法、角色扮演法、朗读法。

2. 从句子修辞角度，分析语例中句式的修辞效果

（1）分析语例中主动句和被动句的修辞效果。

> **教学示例**

①那瀑布从上面冲下，仿佛已被扯成大小的几绺；不复是一幅整齐而平滑的布。（朱自清《温州的踪迹·绿》）

③他也躲到厨房里，哭着不肯出门，但终于被他父亲带走了。（鲁迅《故乡》）

教学关注点：主动句与被动句使用的上下文语境、修辞效果。
教学法提示：知识回忆法、比较分析法。
（2）分析语例中肯定句和否定句的修辞效果。

> **教学示例**

①可是他去了，过早地去了。这一年多，从他生病到逝世，真像是个梦，是个永远不能令人相信的梦。（宗璞《哭小弟》）

②妈，我知道旁人会笑话我，您不会不同情我。（曹禺《雷雨》）

教学关注点：肯定句与否定句使用的语境条件、修辞效果。
教学法提示：问答法、比较分析法。
（3）分析语例中整句和散句的修辞效果。

> **教学示例**

①大一俏，大二娇；大三拉警报，大四没人要。（大学校园顺口溜）

②彼此说着闲话，掌上灯烛。管家捧上酒饭，鸡、鱼、鸭、肉，堆满春台。王举人也不让周进，自己坐着吃了，收下碗去。（吴敬梓《儒林外史》）

教学关注点：整句与散句使用的语境条件、修辞效果。
教学法提示：启发引导教学法、比较分析法。
（4）分析语例中紧句和松句的修辞效果。

> **教学示例**

①多少工地，多少工厂矿山，多少高楼大厦，多少城市和农村，都在殷切地等待着你们？（袁鹰《井冈翠竹》）

②于是看小旦唱，看花旦唱，看不知什么角色唱，看一大班人乱打，看两三个人互打，从九点多到十点，从十点到十一点，从十一点到十二点，——然而叫天竟还没有来。（鲁迅《社戏》）

教学关注点：紧句与松句使用的心理动因、修辞效果。
教学法提示：合作探究法、比较分析法、问答法。
（5）分析语例中长句和短句的修辞效果。

> **教学示例**

①今天，这里有没有特务？你站出来！是好汉的站出来！你出来讲！凭什么要杀死李先生？（厉声，热烈的掌声）杀死了人，又不敢承认，还要诬蔑人，说什么"桃色事件"，说什么共产党杀共产党，无耻啊！（热烈的鼓掌）这是某集团的无耻，恰是李先生的光荣！李先生在昆明被暗杀，是李先生留给昆明的光荣！也是昆明人的光荣！（鼓掌）（闻一多《最后一次的讲演》）

②我记得有一种开过极细小的粉红花，现在还开着，但是更极细小了，她在冷的夜气中，瑟缩地做梦，梦见春的到来，梦见秋的到来，梦见瘦的诗人将眼泪擦在她最末的花瓣上，告诉她秋虽然来，冬虽然来，而此后接着还是春，胡蝶乱飞，蜜蜂都唱起春词来了。（鲁迅《秋夜》）

教学关注点：长句与短句使用的心理动因、修辞效果。

教学法提示：小组讨论法、朗读感悟法、比较分析法、情境再现法。

3. 仔细审读语例，指出各属于什么句式并分析其修辞效果

提示：从不同角度看，有些语例的句式并不是单一的，可以进行单一分析，也可以做多角度分析。

> **教学示例**

①我们分担寒潮、风雷、霹雳；我们共享雾霭、流岚、虹霓。（舒婷《致橡树》）

②不过，瞿塘峡中，激流澎湃，涛如雷鸣，江面形成无数漩涡，船从漩涡中冲过，只听得一片哗啦啦的水声。过了八公里的瞿塘峡，乌沉沉的云雾，突然隐去，峡顶上一道蓝天，浮着几小片金色浮云，一注阳光像闪电样落在左边峭壁上。（刘白羽《长江三日》）

③风把树叶吹落了。

④树叶被风吹落了。

⑤忽而一个红衫的小丑被绑在台柱子上，给一个花白胡子的用马鞭打起来了……（鲁迅《社戏》）

教学关注点：句式辨识、修辞效果。

教学法提示：小组讨论法、比较分析法。

三、句子修辞模拟训练设想

模拟训练是学生把句子修辞理论知识运用到现实修辞实践之前的模拟性演练阶段，也是句子修辞单元教学中引导学生综合应用句子修辞理论知识进行修辞表达的能力训练阶段。关注点是培养与提高学生在特定语体规制下和具体语境中选择句子修辞手段进行修辞表达的能力。

（一）目的与要求

（1）考查学生对所学句子修辞理论知识的掌握情况。通过句子修辞表达的模拟性训练，检视学生是否做到了学以致用，是否真正理解相关句子修辞理论知识的本质属性，是否掌握了句子修辞的基本原则与基本要求。

（2）注重考查学生句子修辞手段的应用能力。要指导学生学会在特定语体规制下和具体语境条件中运用恰当的句子修辞手段开展修辞实践活动，以培养学生较强的造句和择句能力。要求引导学生善于把具体句子的修辞现象纳入某一特定语体规制的管控之下以及具体语境条件的制约中。

（3）要围绕着句子修辞单元的教学目标、教学重点、教学难点，以及某个专项能力目标设计不同的训练话题，以此来锻炼学生恰当选择多样化同义句式的能力。

（二）模拟训练思路

（1）以实现句子修辞教学总目标为原则来设计句子修辞专项能力训练目标或综合能力训练目标。

（2）根据设定句子修辞专项能力目标或综合能力训练目标，设计适合于学生训练的句子修辞话题。比如可据情设置特定句式变换、特定句式选择、连句成篇、仿句造句、常规句式构拟、变异句式创新等话题。

（3）根据训练话题，提出难易适中的训练要求以及可供操作的训练条件。

（4）根据训练要求选用恰当的训练手段和方法。比如可以根据具体情况采用讲故事、谈判、复述、转述、写总结、写小说、写散文、写诗歌、写议论文、写演讲稿、自由交谈、讨价还价、自我介绍等手段和方法。

（三）模拟训练示例

在修辞学范畴内，采用文化阐释策略、语境参照策略、语体管控策略、变换法、比较法等，从不同角度训练并提高学生造句和择句的能力。

模拟训练 1

训练目标：培养学生的句式变换能力。

训练话题：按照要求变换句式。

①阿Q进三步，小D便退三步，都又站着；小D退三步，阿Q便退三步，又都站着。（变换：散句）

②他前进三步，月亮便退了三步；他退三步，月亮却又照数前进了。（变换：整句）

③这只钟不走了。（变换：肯定句、疑问句）

④秋天的黄昏，晚霞烧红了西方的天空。（变换："把"字句、"被"字句）

⑤它是一种腐蚀剂，使团结涣散，关系松懈，工作消散，意见分歧。（变换：松句）

训练要求：

（1）根据括号内提示变换句式。

（2）要仔细揣摩原句意思和句式特征，并比较与变换句的异同。

（3）要根据不同句式的构成情况，采用适宜的变换手段和方法。

（4）变换句要保持基本意思不变。

模拟训练 2

训练目标：培养学生的造句能力。

训练话题：利用以下给出的核心词语按照要求造句。

超市、小芳、奶粉、昨天、同学、买

训练要求：

（1）利用以上核心性词语构拟"把"字句、"被"字句、肯定句、反问句、双重否定句。

（2）所造句子要符合相应句式的构成特点，做到文从字顺。

（3）根据造句需要，可适当增加一些非核心性词语，也可重复使用核心性词语。

（4）立意要正确，表意要清楚。

模拟训练 3

训练目标：培养学生的造句能力。

训练话题：利用以下给出的核心词语按照要求造句。

珠江、广州塔、美、夜晚、灯火辉煌

训练要求：

（1）利用以上核心性词语构拟感叹句、疑问句、陈述句、肯定句、反问句、选择问句、是非问句、设问句。

（2）所造句子要符合该句式的构成特点，做到文从字顺。

（3）根据造句需要，可适当增加一些非核心性词语，也可重复使用核心性词语。

（4）立意要正确，表意要清楚。

模拟训练 4

训练目标：培养学生的造句和择句能力、连句成篇能力。

训练话题：某学生来异地求学已经半年多了，时常思念家乡的亲朋好友。请以"想家"立意，按照要求写一段话。

训练要求：

（1）表达者角色身份为学生（可以是中国学生，也可以是外国学生），听读者身份为自己家乡的亲人或朋友。

（2）立意要正确，思路清晰，表意清楚，做到文从字顺。

（3）话语中要使用感叹句、陈述句、整句、长句、否定句、肯定句等句类句式。

（4）句子构拟与选择要与思乡心理、个人情感、语意内容、角色身份相适应。

（5）采用散文体（含记叙体但不限于记叙体）。

（6）篇幅控制在 300 字左右。

模拟训练 5

训练目标：培养学生的造句和择句能力、连句成篇能力。

训练话题：某学生刚刚游览了某风景区，请以写景为话题，按照要求写一篇短文。

训练要求：

（1）角色身份是学生（可以是中国学生，也可以是外国学生）。

（2）立意要正确，思路清晰，表意清楚，做到文从字顺。

（3）要求使用祈使句、短句、散句、感叹句、疑问句、松句等句式。

（4）采用散文体（含记叙体但不限于记叙体）。

（5）篇幅控制在 300 字左右。

模拟训练 6

训练目标：培养学生的造句和择句能力、连句成篇能力。

训练话题：请以在某地所见所闻为话题，按照要求写一段话。

训练要求：

（1）角色身份是学生（可以是中国学生，也可以是外国学生）。

（2）立意要正确，思路清晰，表意清楚，做到文从字顺。

（3）至少要用 5 种以上的句式，并做到与题旨内容、具体情境、上下文、表意需要、汉文化相适应。

（4）除诗歌体外，其他语文体式不限。

(5) 篇幅控制在 500 字以内。

模拟训练 7

训练目标：培养学生的造句和择句能力、会话能力。

训练话题：同学甲上课经常迟到，同学乙找同学甲交流谈心。请以此为话题按照要求对话（或设计会话）。

训练要求：

(1) 甲、乙角色身份是不同国别的学生（如泰国、越南、朝鲜、韩国、英国、菲律宾等国学生）；或者，甲、乙来自同一个国家。

(2) 立意要正确，表意要清楚，做到文从字顺。

(3) 句式不限，但要符合日常谈话语体对句子使用的基本要求。

(4) 会话至少要有 20 个话轮，同时要求甲、乙二人话轮的数量基本平衡。

(5) 会话要顺应汉族交际文化。

模拟训练 8

训练目标：培养学生的造句择句能力、连句成篇能力。

训练话题：请向同学介绍本国的民风民俗，按照要求写或说一段话。

训练要求：

(1) 角色身份是某国学生（如泰国、越南、韩国、英国、菲律宾、马来西亚、印度尼西亚等国学生）。

(2) 立意要正确，思路清晰，表意清楚，做到文从字顺。

(3) 语言表达不但要考虑本国民族文化，更要考虑汉民族文化。

(4) 句式不限。

(5) 篇幅不限。

第三节 句子修辞拓展实践策划

拓展实践是学生把相关句子修辞理论知识和汉语修辞实践真正结合的实战阶段。以课外拓展实践形式来锻炼学生的句子修辞能力。关注点是培养锻炼并全面提高学生在特定语体规制下和具体语境中的句子应用能力。

一、句子修辞拓展实践要求

(1) 通过实践训练促使学生意识到句子修辞的重要性，学会运用不同的句子修辞手段来表情达意；要坚持以句子修辞理论为指导，开展句子修辞实践活动。

(2) 锻炼学生在特定语体规制下和具体语境中对多样化句式的选择能力，促使学生善于应用各种句子修辞手段进行得体表达。

二、句子修辞实践策划路径

第一步：要求学生先明确语文实践活动属于什么性质的圈子，也就是准确地认知所处的话语交际领域。研判的标准就是看交际的目的属于什么性质。比如，如果与领导以公务化角色身份讨论工作事宜,那么就要毫不犹豫地把这一话语实践活动归属于社会交际领域;如果与领导以私人化角色身份相互问候、彼此聊天,那么就应该把这一话语实践活动归属于日常交际领域。某一话语实践活动究竟属于哪个圈子,要看交际的目的与愿望以及角色属性。

第二步:根据语体先行主张,在确定交际领域后首先就要认知并确认话语表达该选用什么语体及其下位语文体式:是使用口头语体还是使用书面语体,是使用书面语体中的事务语体还是政论语体,是政论语体中的论证体还是评论体,等等。如果是当面聊天,当然首选口头语体,这是常态。由于大家都具备自媒体条件,在某种特定语境下或者在某种心理因素支配下,也可以通过微信、QQ平台采用书面留言方式,那选择的就是书面语体,这是非常态。

第三步:语体及其语文体式选定之后,就要根据所选定语体及其语文体式修辞应用的基本要求对句子做出选择。要求学生把语体规制和具体语境作为构拟句子、选择句式的参照因素,并根据实际,从语言、文化、情景、心理等方面做出综合考量,使句子修辞手段适应语体、相协语境。

三、句子修辞实践策划示例

实践活动示例1 日常交际领域话语实践。

实践目的:锻炼学生日常口语交际中的句子运用能力。

实践任务:和不同国别的学生面对面交流在中国留学的所见所闻,尤其是学习汉语的情况。

实践者:学生2～3位(来自不同国家)。

实践过程:

(1) 要求选择口头语体,并用汉语普通交流。

(2) 内容要真实,能够反映自己学习汉语或在中国生活的基本状况。

(3) 思路要清晰,话题要相对集中。

(4) 话轮转换要顺畅,适度利用态势语和副语言。

(5) 修辞表达要得体,要把重点放在恰当选择多样化句式(比如省略句、变式句、短句、感叹句、陈述句、祈使句、疑问句等)上。

(6) 要充分考虑口头语体和具体语境条件对句子构拟与选择的制约作用。

(7) 参加实践的每位学生至少要有20个以上话轮。

实践活动示例2 社会交际领域话语实践。

实践目的:锻炼学生社会交际领域中的句子理解(评改)能力。

实践任务:为某公司审阅评改年度工作总结。

实践过程:

(1) 要反复阅读该公司年度工作总结,弄懂工作总结的主要内容和基本观点。

(2) 要理清工作总结的思路以及结构安排,把握其内在逻辑联系。

(3) 就句子评改来说,主要抓住事务语体语言应用尤其是对句子修辞的基本要求,结合上下文、语意等具体语境条件识别判断句子应用得体状况。

（4）按照事务语体句子修辞的基本要求，采用增添、删减、替换、换位等手段修改调整总结中存在的句子偏误现象，以使文中句子运用依规合体。

（5）请老师或其他同学对改文提意见，根据意见再修改并最终完成任务。

实践活动示例3 艺术交际领域话语实践。

实践目的：锻炼学生艺术交际领域中的句子运用能力。

实践任务：从网上或现实生活中寻找合适的图片，依据自己的想象力看图写文章并把稿件投给某网站。

实践过程：

（1）引导学生仔细观察图片，整体把握图片中的文字、标点、图像等信息，找准写作的立足点。

（2）立意要正确，思路要清晰，内容有血有肉，篇章要完整。

（3）在文学语体范围内，根据立意选用恰当的语文体式。

（4）根据文学语体和所选用语文体式对语言应用的基本要求，采用适宜的句子修辞手段（比如长句、倒装句、"把"字句、"被"字句、复句、单句、感叹句、疑问句等）进行修辞表达。

（5）要充分利用特定语文体式和具体语境条件对句子同义手段选择的制约与影响作用。

（6）写完后，请老师或其他同学提意见，并根据意见再修改并最终定稿。

（7）篇幅控制在500字以内。

【思考与练习】

1. 请收集20个句子修辞例子。要求：①科学语体、文学语体、政论语体、事务语体等特定语体用例各5个；②例子本身得体与否不限；③要注意例子所适用的语境条件。

2. 以特定语体规制下和具体语境中"把"字句、"被"字句的使用状况作为教学内容，从综合分析角度设计微型教学方案。

3. 把整句与散句异同比较作为讲授内容，要求采用小组讨论法、问题导引法、复习法等教学法，请据此设计微型教学方案。

4. 根据本章教学重点与难点，设计课外作业题。要求：设计综合应用题3～5道、句式异同比较题5道、简答题5道。

5. 根据本章教学重点与难点，设计课外作业题。要求：①填空题10道，答案均为知识性内容；②选择题10道，答案均为分析理解性内容；③判断题10道，答案均为分析理解性内容。

6. 为锻炼学生在特定语体规制下和具体语境中的句子修辞表达能力，请对国际、国内或身边发生的某个特定事件进行记述与描写，设计模拟训练微型教学方案。

7. 为锻炼学生的修辞理解能力，请选择诸如《红楼梦》《乡愁》《背影》等名著名篇中的句子修辞例子作为教学材料，从综合分析角度设计微型教学方案。

8. 请把造句、择句的基本原则与要求作为教学内容，设计微型教学方案。

9. 就特定同义句式，诸如长句与短句、紧句与松句、书面句式与口语句式等之间的变换作为教学内容，设计微型教学方案。

10. 就常式句与变式句的异同教学设计微型教学方案。

11. 请以同义句式理论知识作为教学内容，设计微型教学方案。

12. 请以双重否定句式作为教学内容，设计微型教学方案。

13. 结合本章拓展实践环节提出的要求，以某些句式，诸如感叹句、祈使句、疑问句、陈述句、变式句、常式句、整句等，写一篇抒情散文。请据此设计主题鲜明的实践话题，策划相应的路径，并提出切实可行的要求和做法。

14. 为锻炼学生的句子修辞理解能力，请从人教版八年级上册《语文》教材中选择一篇课文，从综合分析角度认知、解读、品评其中的句子修辞现象。请据此要求设计微型教学方案。

15. 请根据本章所学重要内容，设计3～5道综合分析题，并提出明确要求和具体做法。

16. 你认为句子修辞单元教学应该把着力点聚焦于哪些方面？为什么？

第八章 辞格修辞教学实验

【教学目标与要求】

通过讲解、分析、训练与实践，促使学生熟悉辞格修辞的基本理论知识，掌握辞格修辞在语文实践与修辞应用中的作用与价值，学会根据特定语体规制和具体语境构拟、选择、分析修辞格式，培养其分析理解辞格修辞现象的能力以及恰当构拟和使用修辞格式的能力。

【教学重点】

辞格修辞理论知识、常用辞格的构成条件、常用辞格的修辞功能、辞格使用与分析能力培养、易混辞格异同比较能力培养。

【教学难点】

辞格手段构拟与使用能力培养、易混辞格异同比较能力培养。

第一节 辞格修辞教学内容取舍

一、辞格修辞实质

修辞格也叫辞格、修辞格式，通常也称为修辞方法。黎运汉、盛永生把修辞格定义为：在长期的言语交际过程中逐渐定型的，为了适应修辞主体的审美追求和语体需要而运用的，功能上具有特定的修辞效果，结构上具有特殊的组合关系和聚合关系，语用上具有特别的偏离性和变异性的表达模式。① 该定义实际上包含了五个重要信息，人们可以由此更好地去解读修辞格式的实质。

其一，修辞格式是稳定的独特的表达形式。修辞格式既然是一种"格式"，就意味着是经过人们长时期运用而逐渐形成的模式化表达方式，已经习以为常，已经被广泛认可和接受。因此，不是随便哪个表达主体都可以临时改变修辞格式的常规表现形式的。而且，每种修辞格都有自己区别于其他辞格的特有结构形式。比如比喻，稳定的基本格式就是"本体+喻词+喻体"。这是经历了千百年锤炼而成的一种稳定的表达形式，不可以随意改变。

其二，修辞格式是基于修辞需要而构拟和使用的。修辞表达都有一定的修辞动机和修辞目的。不管是审美追求还是表意需要，不管是抒发情感所用还是写景状物之需，正是由于各不相同的修辞动机与修辞目的的驱动，才使得表达主体创新利用语言要素，从而形成别致的修辞格式。

---

① 黎运汉、盛永生主编：《汉语修辞学》，暨南大学出版社2006年版，第247页。

其三，修辞格式是具体语境和特定语体中的产物。辞格是建立在语言要素基础之上的，是对语言要素综合利用而形成的特殊表达方式。修辞格式都是表达者在具体语境和特定语体中，出于不同修辞愿望，依赖于语音、词汇、语法要素所创造或选用的，所以具体语境和特定语体是修辞格式的存在条件。比如，语体不同，对辞格的要求也就不同，像文学语体需要大量的辞格，而科学语体则很少使用或基本不使用修辞格。

其四，修辞格式都具有特有的修辞效果。修辞表达时之所以使用辞格，就是因为它在修辞效果上有别于一般的常规的表达形式，更能够有效地表情达意。而且，不同的辞格与辞格除了构造形式上的区别外，更为重要的其实就是各自的修辞功能或者说修辞作用、修辞效果存在着差异。辞格间修辞效果差异性的存在，是表达者会选用不同修辞格式的重要理由。

其五，修辞格式是常规表达的偏离与变异形式。常规表达是对语言要素的正常使用，中规中矩，依规合法，符合汉语言构造规律。辞格则是在合格规范基础上对语言要素的超常规应用，是语言规则发生变异而形成的正偏离现象。对字、词、句形体、语音、意义、结构的新奇巧妙使用，突破了语言使用习惯，"造成超脱寻常文字、寻常文法以至寻常逻辑的新形式，而使语词呈现出一种动人的魅力"①。

二、辞格修辞功能

修辞格可以依据不同的标准来分类，由此形成多种多样的类型。陈望道从材料、意境、词语、章句四个角度分出了四类三十八格。② 唐松波、黄建霖主编的《汉语修辞格大辞典》收录了四类一百五十六格。③ 可以说辞格世界洋洋大观，大小类各有不同。常用辞格主要有比喻、比拟、借代、拈连、夸张、双关、仿词、反语、婉曲、设疑、对偶、排比、层递、顶真、回环、对比、映衬、反复、设问、反问、通感、移就、引用、呼告、换算等。

每一种修辞格式都有特殊的修辞功能，这是作为辞格的基本条件之一。辞格大多是对常规用法的变异应用或者叫正偏离运用。也就是说，为了突出某种表达效果，或者为了追求某种修辞效应而对字、词、句以及其语音、语义、结构做了艺术化处理，使之具有理想化的修辞作用。对于外国学生来说，在学习汉语的初级、中级阶段熟练掌握像比喻、借代、夸张、双关、设问、反问、对比、夸张、比拟、仿拟、排比、反复等几种重要修辞格式即可；而对于就读汉语言文学专业的学生来说，则不限于此。

学界关于辞格属性、构成、功能等的学理阐释各有所标，但大多大同小异，万变不离其宗。为了教学的方便，本书参照学人观点，对所讨论辞格的属性及其功能特征简要分述如下。

---

① 陈望道：《修辞学发凡》，上海教育出版社1997年版，第4页。
② 陈望道：《修辞学发凡》，上海教育出版社1997年版，第71－72页。
③ 唐松波、黄建霖主编：《汉语修辞格大辞典》，中国国际广播出版社1989年版。

（一）比喻及其修辞功能

1. 定义与类型

比喻就是打比方，把两类不同质的事物借助于相似点连接在一起，来说明道理或描绘事物的辞格，也叫譬喻。比喻有本体、喻体和喻词三个构成要素。类型可分为三种。其一，明喻：本体＋喻词＋喻体。常用喻词如"像""犹如""宛如""似的""一般""像……一样"等。其二，暗喻：本体＋喻体＋喻词。常用喻词如"是""变成""成为""等于"等。其三，借喻：喻体。本体和喻词都不出现，借助于具体语境略去了本体和喻词。

2. 修辞功能

比喻最常见、最常用，是人们喜闻乐见的一种辞格。秦牧说，比喻"像是童话中的魔棒，碰到哪儿，哪儿就产生奇特的变化。它也像是一种什么化学药剂，把它投进浊水里面，顷刻之间，一切杂质都沉淀了，水也澄清了"①。其主要修辞功能体现为：使陌生化为熟悉，使抽象化为具体，使深奥化为浅显，使平淡化为生动。

（二）借代及其修辞功能

1. 定义与类型

借代是指本体不出现而用在某些方面具有密切关联性的借体代替本体的辞格，也叫换名。可分为特征代本体、专名代泛称、具体代抽象、部分代整体、品牌代商品等类型。

2. 修辞功能

借代的形成靠的是相关性，基于两个事物之间在某些方面上的关联性这一点而借用其他说法来代替本有名称。这就使得借代具有突出特征、生动传神、新颖有趣、含蓄精炼等修辞功效。

（三）双关及其修辞功能

1. 定义与类型

双关是利用语音或语义条件，故意使语句同时照顾表里两层意思，言在此而意在彼的辞格。可分为谐音双关和语义双关。

2. 修辞功能

双关具有表里两层意思，需要听读者通过字面意思体会解读字里所暗含的意思，所以具有含蓄委婉、生动活泼、耐人寻味的丰富意蕴，由此而增强了话语的表现力。

（四）夸张及其修辞功能

1. 定义与类型

夸张是故意言过其实，对人或事物做扩大、缩小或超前描述的辞格。可分为扩大夸

---

① 秦牧：《艺海拾贝》，中国青年出版社 2008 年版。

张、缩小夸张和超前夸张。

2. 修辞功能

夸张是故意言过其实，夸饰性比较强，带有较浓重的渲染色彩。夸张突出强调了事物本质和特征，能够使人获得更加鲜明突出的印象，并有助于表达者表现主观情感。

（五）比拟及其修辞功能

1. 定义与类型

比拟是把物当作人写或把人当作物写，或把甲事物当作乙事物来写的辞格。可分为拟人和拟物。

2. 修辞功能

比拟是借助于联想机制而使人与物、物与物联系在一起，赋予人以物的属性，或赋予物以人的情感，或赋予甲物以乙物的属性特征。这样就使得物我交融，浑然一体，属性相通。不仅便于抒发情感、托物咏怀，而且也增强了语言的生动性、新颖性，便于更加形象地描绘事物。

（六）仿拟及其修辞功能

1. 定义与类型

仿拟是一种模仿既有语言形式而临时创造新颖表达方式的修辞格式。可分为仿词、仿句、仿篇等类型。

2. 修辞功能

仿拟是对已经存在的人们熟悉的表达形式的类推和演绎，似曾相识，但又新颖别致，具有幽默诙谐、新颖别致、对比强调、简洁凝练的修辞作用。

（七）设问及其修辞功能

1. 定义

设问是一种无疑而自问自答的修辞格式，本无疑问，但为了引起注意与思考而发问，随即解答疑问。

2. 修辞功能

设问是为了避免平铺直叙，故意向对方提出问题，以促使对方思考；再把回答问题的权利夺回来，以强调答案的重要性，给对方留下深刻印象。这样的明知故问、自问自答，可以使语言更加活泼生动，并能起到提纲挈领、点明中心思想的作用。

（八）反问及其修辞功能

1. 定义

反问是一种无疑而问，借助于疑问句式来传递确定信息，以加强肯定或否定语气的辞格。

2. 修辞功能

反问具有反驳的语气，具有鼓动性，比陈述句更强化了肯定或否定的意思。使用反问句，有助于表现强烈的情感，增强语言的感染力。

（九）对比及其修辞功能

1. 定义

对比就是把两种事物或同一事物的两个方面放在一起做比较，以相互映照找出异同的辞格，也叫对照。

2. 修辞功能

把具有明显差异、矛盾和对立的双方安排在一起进行对照比较，使不同事物的性质更加鲜明突出，好坏、善恶、良莠更加清晰可见。这有助于人们认清事物的本质，有助于认知理解不同事物以及同一事物不同方面的属性特征。

（十）排比及其修辞功能

1. 定义与类型

排比是把结构相同或相似、语气一致、意思密切相关的句子或句法成分排列起来，使内容和语势增强的辞格。① 可分为句子排比、句法成分排比。

2. 修辞功能

排比中，各排比部分互相衔接，气脉贯通，结构相同，节奏鲜明，给人以密集紧凑、一气呵成之感，有一泻千里的特点。用排比的方法叙事集中透彻，说理条分缕析，抒情隽永有力。②

（十一）反语及其修辞功能

1. 定义与类型

反语是一种故意用相反的话语来表达原本要表达的意思的辞格。也叫倒反、说反话，也就是正话反说，或者反话正说。可分为正话反说、反话正说两类。

2. 修辞功能

反语具有讽刺挖苦、幽默调侃、委婉亲昵等修辞作用。正话反说，字面消极贬抑，但字里积极褒扬，不仅诙谐幽默，而且也表达了亲昵随和情感。反话正说，字面积极褒扬，但字里消极贬抑，更具有贬斥、嘲讽意味。这种反差与对比，更能够表达鲜明的感情色彩，提高语言的生动性、批判性。

（十二）反复及其修辞功能

1. 定义与类型

反复是为了强化某个语意内容，突出某种思想感情，有意重复使用某些词语或句子而形成的辞格。可分为连续反复、间隔反复两类。

2. 修辞功能

相同的词语、句子甚至是段落先后多次使用，或连续出现，或间隔出现，毫无疑问

---

① 黄伯荣、廖序东主编：《现代汉语》（增订五版，下册），高等教育出版社 2011 年版，第 213 页。
② 黎运汉、盛永生主编：《汉语修辞学》，暨南大学出版社 2006 年版，第 288 页。

会强化要表达的语意内容，而且对抒发强烈情感和深切情意也有重要作用。相同语音形式的复现又增强了话语的韵律和节奏感，并具有衔接语篇的功能。

三、辞格综合应用

（一）综合应用类型

表达语意时，可以只使用某一个修辞格，也可以同时或先后使用两个或两个以上修辞格式，只要符合辞格使用的相关要求，做到得体，都是允许的。这实际上就是辞格综合应用问题。

1. 辞格连用

连用就是一个语句中先后使用相同或不同辞格的修辞现象。比如两个以上比喻先后连用、夸张和借代先后连用等。例如：

要问白洋淀有多少苇地？不知道。每年出多少苇子？不知道。只晓得，每年芦花飘飞苇叶黄的时候，全淀的芦苇收割，垛起垛来，在白洋淀周围的广场上，就成了一条苇子的长城。（孙犁《荷花淀》）（两个设问与一个比喻连用）

2. 辞格兼用

兼用就是在一个语句中同时使用至少两种辞格的修辞现象。站在不同角度看，属于不同辞格，多种辞格交融在一起，浑然一体。例如：

白发三千丈，缘愁似个长。（李白《秋浦歌》）（夸张与比喻兼用）

3. 辞格套用

套用就是一种辞格内部又包含其他辞格，形成分层套叠的辞格修辞现象。例如：

五岭逶迤腾细浪，乌蒙磅礴走泥丸。（毛泽东《七律·长征》）（对偶套用夸张、比喻）

（二）综合应用要求

辞格综合应用在文学语体、政论语体、广告语体等中较为常用。在使用过程中，基本要求如下。

其一，要依据主旨内容，理清辞格关系。在一句话或一段话中，不管用几种辞格，说到底都是为了更好地表达主旨内容而使用的。因此，必须整体把握话语的思想内容，并按照思想内容的统一要求合理使用不同的辞格，并弄清楚各种辞格之间的相互关系，安排好各辞格所在的结构层次。

其二，要参照具体语境，多角度使用辞格。观察修辞现象的角度不同，得出的结论可能是不一样的。要表达某个意思，可以用一种辞格来表达，也可以使用多种辞格来表达。由于视点不同，在构拟辞格时好好利用语境条件，把具体语境作为辞格综合应用的制导因素。

其三，要结合主旨内容，分清主次辞格。综合运用多种辞格，并不是糊里糊涂地随便使用几种辞格，而是强烈意识支配之下的修辞行为。在使用过程中，辞格使用是有主次之分的，修辞功能是有显隐之别的。哪种或什么样的辞格在表意时，起到了主要作用，修辞功能是显在的；哪种或什么样的辞格只起到次要作用，修辞功能是潜隐的，必须做到心中有数，以尽量突出主要辞格的地位和功用。

四、辞格修辞要求

（一）要适应语体规制

其一，口头语体中，辞格使用限制比较大，经常不使用或较少使用修辞格式。若要使用，则常常选用容易取材、具体可感的辞格。比如比喻、反复、双关、夸张、对比、设问、反问、反语使用的概率较大。

其二，文学语体中，对辞格运用基本上没有限制，可以综合应用所有的修辞格。这显然与该语体对语言运用的开放性要求有关。

其三，事务语体中，不用或较少使用修辞格。法规体、契约体基本上禁止使用辞格，公文体、通报体中可以使用对比、排比、换算、引用等辞格。

其四，科学语体中，尤其是专门科技体中基本不用辞格，有时会使用比喻、引用、设问等常见辞格。

其五，政论语体中，对辞格使用的限制不多，排比、对偶、设问、反问、反复、反语、对比、比喻等辞格经常会被用来表情达意。

其六，新闻语体中，对辞格使用的限制也不大，除了夸张、通感等较少使用外，其他辞格大多都可以综合运用。

其七，广告语体中，经常使用双关、比喻、排比、对偶、反复、回环、顶真、设问、反问、夸张、比拟等辞格，以此来提高广告语言的传播效应。

（二）要适应语境条件

在坚持语体为先行原则下，具体语境中用不用辞格、用什么辞格、不用什么辞格，都必须把语言语境、心理语境、文化语境、物理语境等条件考虑在内，以便做出准确研判和适宜选择。辞格使用要考虑上下文、前言后语、修辞主体（表达主体和接受主体）、文化背景、文化心理、地域文化、文化水平、人际关系、心理状况等具体因素。比如，与受教育少的人交流时，就不能满口辞格，甚至完全可以不用辞格。如果要用，也只能使用相对容易理解的辞格，比如使用人们日常生活中常见的比喻、对比、反复、夸张等辞格。

（三）要适应题旨内容

题旨内容不同决定了辞格的创拟与使用。幽默风趣的题旨内容，以使用双关、反语、夸张、比拟、仿拟、比喻等辞格见长；鼓动性、宣传性强的题旨内容，以使用排比、呼告、反问、设问、夸张等辞格见长；描绘性、抒情性强的内容，以使用比喻、夸张、对偶、排比、反复、层递、借代、通感、婉曲、映衬、双关、仿拟、顶真、回环、拈连、移就、比拟等辞格见长；含蓄委婉的题旨内容，以使用婉曲、双关、映衬、通感等辞格见长；逻辑性强、严谨周密的题旨内容，较少使用甚至不使用辞格，若用，则以使用对比、排比、换算、层递、设问、引用等辞格见长。

（四）要适应修辞需要

适应修辞需要就是要根据表达者的修辞动机和修辞目的来应用辞格。这是在满足其他使用要求的基础上，表达者根据修辞表达需求对相关修辞格做出选择。用不用辞格、用什么辞格、用多少辞格，取决于表达者修辞需求。

总之，辞格使用必须在坚持得体性根本原则前提下，把语体和语境作为必备条件。不同语体规制和语境条件对辞格有不同的要求，不同辞格必然得与不同的语体和语境相适应。辞格种类繁多，每种辞格既有相同的应用要求与条件，也有各不相同的应用环境，要根据具体情况做出决断。

第二节 辞格修辞课堂教学设计

一、辞格修辞课堂讲授构想

课堂讲授是学生学习并掌握汉语辞格修辞理论知识的初始阶段，也是辞格修辞单元教学中培养学生运用辞格手段进行修辞实践的基础阶段。关注点是引导促使学生理解掌握汉语辞格修辞理论知识。

（一）目的与要求

（1）要求学生熟悉并掌握汉语修辞格式的构成条件、基本属性及功能特征。尤其是大家常用的比喻、夸张、排比、对偶、设问、反问、对比、比拟、顶真、回环等辞格，都有自己特有的建构形式、属性特征和修辞功能，通过讲授促使学生理清思路，加深理解，重点掌握。

（2）促使学生记忆并熟练掌握辞格修辞理论知识，比较不同辞格间的差异性与共同性，为分析理解辞格修辞现象，以及锻炼并提升学生分析理解辞格修辞能力，夯实辞格修辞理论基础。

（3）促使学生记忆并熟练掌握辞格修辞理论知识，为在特定语体规制下和具体语境中使用辞格进行修辞表达，以及培养辞格应用能力提供辞格修辞理论支持。

（二）重点与难点处理及教法选用

汉语修辞格式丰富多彩，运用时更加复杂。在教学过程中，重在让学生熟练掌握并自如使用常见修辞格式即可，没必要讲授汉语所有辞格。可根据教学大纲要求有重点、有选择性地讲授辞格修辞内容。

1. 要引导学生学会分析并掌握辞格的构成特征

（1）比喻的构成特征。

比喻的基本构成特征是本体像喻体。通常再分为明喻、暗喻和借喻。本体和喻体必须有相似点，相似点是构成的必备条件。相似点的获取靠的是本体、喻体在视、听、触、嗅、味等方面的一致性,这是客观基础;同时还需要表达者具有丰富的想象力并依托于特有的语言形式,这样才能够把不同感觉器官的不同感受联系在一起。否则,难以构成比喻。

教学示例

① 真理像星星一样闪出光亮,照亮一切。(革拉特珂夫《荒乱年代》)(明喻)
② 春天的暴风雨是杀人的刀子。(欧琳《天山的红花》)(暗喻)

教学关注点:比喻构成基础、联想能力、构成特征,与借代、比拟异同比较。

教学法提示:定义法、小组讨论法、联想法、比较法。

(2) 借代的构成特征。

借代的基本构成特征是:依赖于人或事物之间的相关性而用借体代替本体。之所以能够代替本体,除了要有上下文等语境条件作为参照外,借体与本体之间必然存在着某种联系。这种联系或以标志、特征为纽带,或是依赖于专名与泛称、具体与抽象、部分与整体、结果与原因等语意关系。

教学示例

①在这群光头、毡帽、长衫、马褂中间,他有种鹤立鸡群的气度。(石楠《张玉良传》)(标志代本体)
②他是我们同学中的诸葛亮。(专名代泛称)
③中国人民的手,在全人类中是出色的手。(老舍《我们在世界上抬起了头》)(具体代抽象)
④请勿动手。(部分代整体)
⑤我们今天中午就喝蓝带吧!(品牌代商品)

教学关注点:借代构成基础、联想能力、构成特征,与借喻异同比较。

教学法提示:问答法、小组讨论法、比较法。

(3) 双关的构成特征。

双关的基本构成特征是:同一个语言形式,但借助于音义关系而形成表里两层意思。

教学示例

①孔夫子搬家——尽是书(输)。
②空对着,山中高士晶莹雪;终不忘,世外仙姝寂寞林。(曹雪芹《红楼梦》)
③我以为他们已经护送你出城了呢,没想到你现在还站在这十字街口!(姚雪垠《李自成》)

教学关注点:双关构成条件、语音和语义关系、构成特征。

教学法提示:音义联想法、讨论法、语义分析法。

(4) 夸张的构成特征。

夸张的基本构成特征是:以客观现实为基础,表达者主观上故意为之,对人或事物属性尽量往大的、小的或超前的方面做极端形容。

教学示例

①隔壁千家醉，开坛十里香。（放大夸张）

②天上的星星悬得特别低，好像只要你高兴，随时都可以摘下一把来。（华莎《母女浪游中国》）（缩小夸张）

③药方还没开呢，病就好了。/未饮心先醉。（超前夸张）

教学关注点：夸张构成基础，事实与夸张比较、构成特征。

教学法提示：定义法、小组讨论法、逻辑分析法、讲练法。

（5）比拟的构成特征。

比拟的基本构成特征是：本体与拟体不同，把人和物、物和物的属性互换，把拟体直接当作本体来写。

教学示例

①沟仿佛在那儿说：我臭，你敢把我怎样了？我淹死你的孩子，你敢把我怎样了？（老舍《龙须沟》）（拟人）

②那肥大的荷叶下面，有一个人的脸，下半截身子长在水里。（孙犁《荷花淀》）（拟物）

教学关注点：比拟构成条件、构成特征，与比喻异同比较。

教学法提示：定义法、讨论法、联想法、比较法。

（6）仿拟的构成特征。

仿拟的基本构成特征是：把既有表达方式的声音、形体、意义、结构作为仿造对象，仿体与本体在某些方面具有相似特征，内容上又有新意。

教学示例

①那些口讲大众化而实是小众化的人，就很要当心……（毛泽东《反对党八股》）（仿词）

②甲：您真是个天才！

乙：不，我是个地才。（仿词）

③打声、骂声、吵架声，声声入耳；闲事、杂事、无聊事，事事关心。（网络）（本体："风声、雨声、读书声，声声入耳；家事、国事、天下事，事事关心。"）（仿句）

教学关注点：仿拟构成条件、构成特征。

教学法提示：类比推导法、讨论法、情境法、仿写法。

（7）设问的构成特征。

设问的基本构成特征是：本无疑问，明知故问，为了引起注意与思考而发问，随即解答疑问。

教学示例

①什么是路？就是从没有路的地方踏出来，从只有荆棘的地方开辟出来的。（鲁迅《生命的路》）

②是谁创造了人类世界？是我们劳动群众。（《国际歌》）

教学关注点：设问构成条件、构成特征，与反问异同比较。

教学法提示：问答法、讨论法、比较法、答疑法。

（8）反问的构成特征。

反问的基本逻辑关系是：明知故问，答案就在问句之中。

> 教学示例

① 池水涟漪，莺花乱飞，谁能说它不美呢？（郭沫若《习习谷风》）

② 人间还有什么花朵能同他们争妍呢？（曹靖华《花》）

教学关注点：反问构成条件、构成特征，与设问异同比较。

教学法提示：问答法、讨论法、比较法。

（9）对比的构成特征。

对比的基本逻辑关系是：两个不同事物或同一事物的两个方面在内在属性或外在形式上存在着不同，通过比较更加突出双方不同之处。

> 教学示例

① 活得糊涂的人，容易幸福；活得清醒的人，容易烦恼。（曾毅平《华语修辞》用例）

② 昨天忙得一塌糊涂，今天闲得百无聊赖。

教学关注点：对比构成条件、构成特征。

教学法提示：答疑法、讨论法、比较法、讲解法。

（10）排比的构成特征。

排比的基本构成特征是：两个或两个以上语句，在意思上有关联，结构大致相同，语气一致。

> 教学示例

① 成熟是一种明亮而不刺眼的光辉，一种圆润而不腻耳的音响；一种不再需要对别人察言观色的从容，一种终于停止向周围申诉求告的大气；一种不理会哄闹的微笑，一种洗刷了偏激的淡漠；一种无须声张的厚实，一种并不陡峭的高度。（余秋雨《苏东坡突围》）（句子成分排比）

② 漓江的水真静啊，静得让你感觉不到它在流动；漓江的水真清啊，清得可以看见江底的沙石；漓江的水真绿啊，绿得仿佛那是一块无瑕的翡翠。（陈淼《桂林山水》）（句子排比）

教学关注点：排比构成条件、构成特征，与反复、对偶异同比较。

教学法提示：问答法、讨论法、合作探究法。

（11）反语的构成特征。

反语的基本构成特征是：话语的表面意思并不是本意，隐含的意思才是话语真实意思的表达。

> 教学示例

① 最后，张腊月无可奈何地笑骂道："我现在才认识你，你是个顶坏顶坏的女人啊！"（汪文石《新结识的伙伴》）（正话反说）

② 饭后，母亲把我叫到她房里，第一句话就是："孩子，你太任性了。你媳妇表面

上是丑了点，可是她的心并不丑。""美、美、美得像天仙！"（汪洋《换眼记》）（反话正说）

教学关注点：反语构成条件、构成特征，与反问异同比较。
教学法提示：问答法、讨论法、阐释法、比较法、心理语境分析法。
（12）反复的构成特征。
反复的基本构成特征是：相同词语或句子至少出现两次，或连续出现，或间隔出现。

> **教学示例**

①终于是"学者"，或"教授"乎？还是"学匪"或"学棍"呢？"官僚"乎，还是"刀笔吏"呢？"思想界之权威"乎，抑"思想界先驱者"乎，抑又"世故的老人"乎？"艺术家"？"战士"？抑又是见客不怕麻烦的特别的"亚拉籍夫"乎？乎？乎？乎？乎？（鲁迅《阿Q正传的成因》）
②逃，逃，逃，老李心里跳着这一个字。逃，连鸟儿也放开，叫它们飞、飞、飞，一直飞到绿海，飞到有各色鹦鹉的林中，饮着有各色游鱼的溪水。（老舍《离婚》）（连续反复、间隔反复）

教学关注点：反复构成条件、构成特征，与反问、排比异同比较。
教学法提示：问答法、讨论法、阐释法、分类指导法、朗读顿悟法。

2. 要促使学生熟练掌握实现辞格修辞功能转化的要求与做法
（1）比喻修辞功能的转化。

> **教学示例**

①没有智慧的头脑，就像没有蜡烛的灯笼。（托尔斯泰）（化陌生为熟悉）
②是小些了，却变成浓雾一样的东西，天空更加灰暗，吴荪甫心里也像挂着一块铅。（茅盾《子夜》）（抽象化为具体）
③困难是弹簧，你强它就弱，你弱它就强。（化深奥为浅显）
④这一张文凭，仿佛有亚当、夏娃下身那片树叶的功用，可以遮羞包丑。（钱钟书《围城》）（化平淡为生动）

教学关注点：比喻修辞功能转化的条件、心理基础、修辞效果。
教学法提示：联想法、比较法、阐释法、讨论法。
（2）借代修辞功能的转化。

> **教学示例**

①靠屋的西南角，有一张床，床中间放着一盏灯，床上躺着两个人，一个是小个子，<u>尖嘴猴</u>；一个是<u>塌眼窝</u>。床边坐着一个人，伸着脖子好像个鸭子，一个肘靠着<u>尖嘴猴</u>的腿，眼睛望着<u>塌眼窝</u>。（赵树理《李家庄的变迁》）（突出特征，生动传神）
②"<u>健力宝</u>"上门殴打"<u>康师傅</u>"事件有了新进展。（生动新颖）
③三个臭皮匠，胜过一个<u>诸葛亮</u>。（具体、熟悉、有代表性）

教学关注点：借代修辞功能转化的条件、本体与借体对比、修辞效果。
教学法提示：比较法、合作探究法。

(3) 双关修辞功能的转化。

【教学示例】

①夜正长，路也正长，我不如忘却，不说的好吧。（鲁迅《为了忘却的记念》）（含蓄深刻，耐人寻味）

②姓陶不见桃结果，姓李不见梨花开，姓罗不见锣鼓响，三个蠢材哪里来？（《刘三姐》）（同音相谐，幽默风趣）

教学关注点：双关修辞功能转化的条件、话语语音和语义特征、修辞效果。

教学法提示：语义分析法、比较法、问答法、语境参照法。

(4) 夸张修辞功能的转化。

【教学示例】

①白发三千丈，缘愁似个长。（李白《秋浦歌》）（抒发强烈情感，渲染深情厚谊）

②活儿我不做了！三颗粮食收不收有什么关系？（赵树理《三里湾》）（突出主观感受，彰显鲜明观点）

③瞧我磨的剪子，多快，你想剪天上的云霞，做一床天大的被，也剪得动。（杨朔《雪浪花》）（幽默风趣，表现对自己手艺的自信）

教学关注点：夸张修辞功能转化的条件、言过其实与客观事实比较、修辞效果。

教学法提示：联想法、逻辑分析法、语体管控法。

(5) 比拟修辞功能的转化。

【教学示例】

①只见大自然抖开了丝绸，甩开了锦缎，大幅大幅地铺在中国大地上，它们覆盖起一座座山峰，使整座整座山峰都穿上了剪裁合身的最时新的艳丽的衬衫和裙子。（徐迟《生命之树常青》）（以物拟人，赋予物以人的情感，酣畅淋漓地直接表达对祖国的热爱）

②青番公的喜悦漂浮在六月金黄的穗浪中，七十多岁的年纪也给冲走了。（黄春明《青番公的故事》）（以物拟物，喜悦像……一样可以漂浮，并且年纪犹如……一样可以被冲走）

教学关注点：比拟修辞功能转化的条件、修辞效果。

教学法提示：联想法、语体管控法、语境参照法。

(6) 仿拟修辞功能的转化。

【教学示例】

①将来可否有一种嗅觉交响乐呢？当然那不能叫交响乐，或许可以叫交味乐？（史铁生《答自己问·随笔十三》）

②承你老人家半夜暗临，蓬荜生黑，十分荣幸！（钱钟书《写在人生边上》）

③我七岁开始住阁楼，屈指算来已满十五年的阁龄了。（《文汇报》）

④校草/校花；每周一哥/每周一歌；引进外姿/引进外资；衣名惊人/一鸣惊人；盒情盒理/合情合理（某月饼广告）

教学关注点：仿拟修辞功能转化的条件、仿体与本体关系分析、修辞效果。

教学法提示：仿造法、设疑法、语境参照法、语体管控法。
（7）设问修辞功能的转化。

> 教学示例

① 你以为我在讲笑话吗？不！这是铁的事实。
② 她是谁？不是别人，是你的亲生妈妈呀！
教学关注点：设问修辞功能转化的条件、修辞效果。
教学法提示：比较分析法、交流心得法、讨论法。
（8）反问修辞功能的转化。

> 教学示例

①这算是什么财富和骄傲？这不是我们欠下人家的一笔巨债吗？
（比较：这不算是什么财富和骄傲，这是我们欠下人家的一笔巨债。）
②大海呵，那一颗星没有光？
那一朵花没有香？
那一次我的思潮里
没有你波涛的清响？（冰心《繁星》）
教学关注点：反问修辞功能转化的条件、修辞效果。
教学法提示：比较法、朗读自悟法、强调法、讨论法。
（9）对比修辞功能的转化。

> 教学示例

①亲贤臣，远小人，此先汉所以兴隆也；亲小人，远贤臣，此后汉所以倾颓也。（诸葛亮《出师表》）
②有缺点的战士终究是战士，完美的苍蝇终究不过是苍蝇。
教学关注点：对比修辞功能转化的条件、修辞效果。
教学法提示：比较法、问答式、文化阐释法。
（10）排比修辞功能的转化。

> 教学示例

①"弄潮儿向涛头立"，散文家应当有勇气、有魄力到改革的第一线去，去感受，去思索，去振奋，去呐喊！（语势强，层层递增，节奏急促明快）
②紫薇：这么爱你，这么喜欢你，这么要你，这么离不开你。（琼瑶《还珠格格》）（一气呵成，情感强烈，语气铿锵有力）
③浓绿的柳枝后面，衬景是变换的；有时是澄蓝，那是晴空；有时是乳白，那是云朵；有时是金黄的长针，那是阳光；有时是银白的细丝，那是月色。（陈之藩《垂柳》）（结构一致，气脉贯通，描写清新隽永）
教学关注点：排比修辞功能转化的条件、修辞效果。
教学法提示：分析法、语体管控法、小组讨论法、朗读法。
（11）反语修辞功能的转化。

> 教学示例

①直至艇子恢复了平静,依然在微波中轻巧前行的时候,凤英低声骂道:"粗心鬼,艇子翻沉了怎回家?"

"不回,"何津含笑道,"陪你在河边坐一夜。"(陈残云《香飘四季》)(亲昵、喜爱)

②几个女人有点失望,也有些伤心,各人在心里骂着自己的狠心贼。(孙犁《荷花淀》)(亲昵、模拟、满满爱意)

③老太爷:皇军好,皇军给中国人民造福来了!不杀人,不放火,不抢粮食,你看看多好啊!(电影《平原游击队》)(嘲讽、痛斥、揭露)

教学关注点:反语修辞功能转化的条件、修辞效果。

教学法提示:比较分析法、语体管控法、角色扮演法、小组讨论法、文化阐释法。

(12)反复修辞功能的转化。

> 教学示例

但是我,我没有**眼泪**。**宇宙**,**宇宙**也没有**眼泪**呀!**眼泪**有什么用呵?我们**只有**雷霆,**只有**闪电,**只有**风暴,我们没有拖泥带水的雨!这是我的意志,宇宙的意志。鼓动吧,风!咆哮吧,雷!闪耀吧,电!把一切沉睡在黑暗怀里的东西,**毁灭**,**毁灭**,**毁灭**呀!(郭沫若《屈原》)

教学关注点:反复修辞功能转化的条件、修辞效果。

教学法提示:语体观照法、语境参照法、设疑法、小组讨论法、朗读法。

例中,"眼泪""宇宙""只有"都是间隔性反复,"毁灭"则是连续性反复。再加上使用排比等辞格,不仅给人以强烈的节奏感和韵律感,而且酣畅淋漓地表达了屈原激愤的情绪,造成了浩荡的气势和豪放无拘的话语风格。

3. 要促使学生熟练掌握识辨易混辞格的要求与做法

有些辞格虽然构成条件与本质特征不同,但由于它们在形式上或某种性质上存在着共同之处,学生在学习和运用时往往会把它们混为一谈。在辞格修辞教学中,教师应该从形式、性质、作用等不同方面加以比较分析,找出它们之间的异同。这既有助于学生理解识别易混辞格,也有助于学生在汉语修辞实践中正确地运用。

(1)要注重借喻与借代异同的比较。

借喻和借代因为本体都不出现,分别用喻体或借体代替本体,稍不留意就会发生混淆。它们之间主要的差异性表现在借喻是喻中有代,而借代则是代而不喻;借喻以相似性为构成的必然条件,而借代则以相关性为构成的基本要求。

> 教学示例

①用小米加步枪战胜了敌人。

②我似乎打了个寒噤;我就知道,我们之间已经隔了一层可悲的厚障壁了。(鲁迅《故乡》)

教学关注点:借喻与借代的异同。

教学法提示:语境参照法、问题导引法、小组讨论法、比较法。

例①中,"小米加步枪"基于和战争武器装备的相关性而用以指代作战时所使用的所有武器设备,这是借代,用具体代替了抽象,用个体来代整体。例②中,直接用喻体"一层可悲的厚障壁"代替本体彼此"思想与感情上的隔阂",省略本体和喻词。整个比喻构成的过程,需要联系具体语境加以推导。

(2) 要注重反复与排比异同的比较。

反复从形式上与排比有点相似,都使用了重复的字词。但反复着眼于字面的重复,排比着眼于结构的相似;反复的主要功用是强调突出,排比的主要功用是增强语势;反复多由不限定数量的词、词组或句子的重复出现构成,排比则通常由三个以上的词、词组或句子并列在一起构成。①

教学示例

①盼望着,盼望着,东风来了,春天的脚步近了。(朱自清《春》)

②在轻轻荡漾着的溪流的两岸,满是高过马头的野花,红、黄、蓝、白、紫,五彩缤纷,像织不完的织锦那么绵延,像天边的彩霞那么耀眼,像高空的长虹那么绚烂。(碧野《七月的天山》)

教学关注点:反复与排比的异同、重复运用的语言成分。

教学法提示:语境参照法、问题导引法、小组讨论法、语体管控法、反复朗读法、比较法。

两例都使用了相同的词语或结构,但在构成条件上、表达效果上都有很大区别。例①中"盼望着"连续出现两次,是反复,用以强调人们急切期盼的心情,旨在给人留下深刻印象。例②中,三个"像……"是形式相似、意义相关、语气一致的结构,前后依次表达出来,在形式上给人以整齐划一的感觉,并且使话语更具有气势。"像……那么……"作为重复的字眼,主要是起到提示标志的作用,以使前后几个语句在形式上上下衔接。

(3) 要注重设问与反问异同的比较。

设问与反问都是无疑而问,明知故问,但设问是自问自答,反问则是只问不答,答案包含在问话之中。

教学示例

①是谁帮你做完了这些事情?是我,是我张小曼!(设问)

②人间还有什么比友情更让人难以割舍的呢?(反问)

教学关注点:设问与反问的异同。

教学法提示:问题导引法、小组讨论法、比较法。

(4) 要注重比拟与比喻异同的比较。

比拟与比喻属于两种不同的辞格,彼此既有本质区别,又有相同之处。有学者认为,这两种辞格的相同点在于都是两事物相比。不同的是比喻重在"喻",即用甲事物比喻乙事物,甲、乙事物一主一从,比喻突出两类不同事物的相似性;比拟重在"拟",即将甲事物当作乙事物来写,甲、乙两事物彼此交融,浑然一体。②

---

① 黎运汉、盛永生主编:《汉语修辞学》,暨南大学出版社2006年版,第295页。
② 黄伯荣、廖序东主编:《现代汉语》(增订五版,下册),高等教育出版社2011年版,第196页。

> 教学示例

①鲁迅主张痛打落水狗。(借喻)
②我到了自家的房外,我的母亲早已迎着出来了,接着便飞出了八岁的侄儿宏儿。(鲁迅《故乡》)

教学关注点:比拟与比喻的异同。
教学法提示:问题导引法、合作探究法、比较法。

例①是比喻中的借喻,直接用喻体"落水狗"喻代本体"敌人"。例②是比拟,以人拟物,赋予人以物的动作,显得有趣得体。

4. 要促使学生熟练掌握综合应用辞格的要求与做法

表达语意时,可以只使用某一个修辞格,也可以同时或先后使用两个或两个以上修辞格式,只要符合辞格使用的相关要求,做到得体,都是允许的。这实际上就是辞格综合应用问题。

(1) 引导学生熟练掌握连用辞格的要求与做法。

> 教学示例

①听着,听着,听着那悲伤的歌声,蓦然,一股的心酸,像着波浪,在我的心海里汹涌澎湃了,我感觉着,天上的星星似乎要落泪了,远方的涛声似乎在哭泣了。(呼啸《春愁》)(反复、比喻、拟人连用)

② 离开渔船,走上堤岸,只见千百条水渠,像彩带似的,把无边无际的田野,划成棋盘似的整齐方块。那沉甸甸的稻谷,像一垄垄金黄的珍珠;炸蕾吐絮的棉花,像一厢厢雪白的珍珠;婆娑起舞的莲蓬,却又像一盘盘碧绿的珍珠。(谢璞《珍珠赋》)(比喻连用)

教学关注点:辞格连用现象、上下文语境条件、语体规制。
教学法提示:问题导引法、合作探究法、视点切换法、讨论法。

(2) 引导学生熟练掌握兼用辞格的要求与做法。

> 教学示例

①春光似海,盛世如花。(李广田《花潮》)(对偶、比喻兼用)
②团泊洼,团泊洼,你真是这样静静的吗?(郭小川《团泊洼的秋天》)(拟人、反复、呼告、反问兼用)
③真正的铜墙铁壁是什么?是群众,是千百万真心实意地拥护革命的群众。(毛泽东《关心群众生活,注意工作方法》)(设问、比喻兼用)

教学关注点:辞格兼用现象、上下文语境条件、语体规制。
教学法提示:问题导引法、视点切换法、讨论分析法、语体管控法。

(3) 引导学生熟练掌握套用辞格的要求与做法。

> 教学示例

① 一站站灯火扑来,像流萤飞走。(比喻中套用比拟)
②井冈山的翠竹啊!去吧,去吧,快快地去吧!多少工地,多少工厂矿山,多少高楼大厦,多少城市和农村,都在殷切地等待着你们!(袁鹰《井冈翠竹》)(比拟中套用

反复、排比、呼告)

教学关注点：辞格套用现象、上下文语境条件、语体规制。

教学法提示：问题导引法、视点切换法、比较分析法、小组讨论法、语体管控法、反复朗读法。

二、辞格修辞综合分析拟议

综合分析是引导学生巩固辞格修辞理论知识，进一步利用辞格修辞理论知识分析理解辞格修辞现象的重要阶段。着重培养并提高学生对辞格修辞现象的分析理解能力。关注点是培养并提高学生理解汉语辞格修辞现象的能力。

（一）目的与要求

（1）通过对辞格用例的分析评鉴，巩固学生所学汉语辞格修辞理论知识。在分析评点中，进一步认识、理解、探究辞格修辞的奥妙，从更深层意义上形成对辞格修辞理论知识的全新思考。也可以就比喻与比拟、对偶与排比、反问与设问、对比与映衬、借代与借喻等辞格加以比较，辨析彼此之间的异同，在比较分析中总结出共同点，寻找出差异性，这样更利于学生理解并使用易混辞格。

（2）引导学生学会运用辞格修辞理论知识评价分析相关修辞现象，尤其是要注重辞格修辞手段差异性与共同性的分析，以提高其对辞格修辞现象的理解能力和评鉴能力。要促使学生充分利用辞格修辞理论知识，从不同角度讨论修辞格式，辩证地对待修辞格式。既能够评点好的辞格，也能够分析不好的辞格；不光能看到辞格的积极效果，也能看到辞格的消极作用。

（3）引导学生通过对辞格修辞现象的讨论与分析进行反向思考，以寻求辞格修辞手段的使用条件。辞格都是临时性的，是表达者出于表意或者某种修辞心理，依赖于某种特定语体和具体语境条件而对语言的超常应用。因此，教学中要通过对辞格修辞现象的分析，探索某种特定语体规制下、某种具体语境中使用某种辞格的外部条件，这样才能让学生不光知其然，还能知其所以然。

（二）语料收集与引用

（1）辞格是语言常规在特定语体规制下和具体语境中的超常运用，是为了提高修辞效果而采取的一种非常态化修辞手段。这就意味着不是所有时候、所有场合、所有语体规制下都必须或经常使用的修辞手法。在我们常见的语体规制中，如文学语体、广告语体、网络语体、政论语体、演讲语体等中，使用辞格的频次要多一些，尤其是文学语体中有相当丰富的修辞格式。其他诸如科学语体、事务语体则较少使用甚至几乎不用辞格。因此，要引导学生在收集辞格语料时充分考虑不同语体中的辞格应用情况。

（2）收集辞格的目的当然是教学，所以要对收集到的相关语料进行筛选与甄别，引入课堂教学的辞格语料要便于学生评价分析。尤其是对比喻、夸张、比拟、借代、排比、反问、设问、双关、对偶、通感、对比、映衬等学生常见辞格的选用，能够帮助学生高效理解并掌握这些辞格的构拟特征以及应用条件。

（3）辞格是具体语境中的临时性语言表达形式，所以更应该看重选例所依存的特定语体规制和具体语境条件。不同语体规制和具体语境对辞格应用的要求是不一样的，有些语体比如文学语体开放性比较强，可以融进各种修辞格式；有些语体比如公文事务语体封闭性比较强，一般难以融进描绘性修辞格式。所以，在收集和引用时保持清晰的头脑，以便做出正确的选择。

(三) 综合分析示例

教学示例1 指出下列语例中主要用了哪种辞格。

①我一生买书的经验是：进大书店，不如进小书铺。进小书铺，不如逛书摊。逛书摊，不如偶然遇上。（孙犁《野味读书》）

②着意栽花花不发，等闲插柳柳成荫。（关汉卿）

③散文家应当有勇气、有魄力到改革的第一线去，去感受，去思索，去振奋，去呐喊！

④张允和（姐姐）和张兆和（妹妹）给沈从文的电报。张允和：允。张兆和：乡下人，喝杯甜酒吧！

⑤杨柳青青江水平，闻郎江上唱歌声。东边日出西边雨，道是无晴还有晴。（刘禹锡《竹枝词》）

⑥以前他是队长，忙也在情理，虽说是个顶细顶细的芝麻官，却不能和那些端着铁饭碗的官儿比。

⑦向前向前向前！
　我们的队伍向太阳……（公木《八路军进行曲》）

⑧我的老师是一个书橱。

⑨波浪一边歌唱，一边冲向高空去迎接那雷声。

⑩许多贪官也不爱江山爱美人，儿女情长，英雄气短，一个个成了石榴裙下的风流汉。

教学关注点：辨识确认辞格类型、识别条件。
教学法提示：知识回忆法、讨论法、认知研判法、比较辨识法。

教学示例2 结合句子选择相应辞格填空。

1. "高山低头，河水让路。"这句话用的是____。
   A. 比拟　　　B. 夸张　　　C. 比喻　　　D. 借代
2. "这种地方出来的人，肚子里都很有墨水儿的。"这句话用的是____。
   A. 借喻　　　B. 比拟　　　C. 借代　　　D. 夸张
3. "我们咋比你，你拔根汗毛都比我们的腰还粗。"这句话用的是____。
   A. 比拟　　　B. 夸张　　　C. 比喻　　　D. 借代
4. "这件事怎能不是你的错呢？"这句话用的是____。
   A. 设问　　　B. 反问　　　C. 夸张　　　D. 借代
5. "花儿在欢笑，鸟儿在歌唱，小草在翩翩起舞。"这句话用的是____。
   A. 对偶　　　B. 比喻　　　C. 排比　　　D. 双关

6. "海底有声音吗？海底有各种动物发出的细微的声音。"这句话用的是____。
   A. 比拟　　　　B. 比喻　　　　C. 反问　　　　D. 设问
7. "'泥裤子'一直跟在'粗辫子'身后，跑来跑去的。"这句话用的是____。
   A. 对偶　　　　B. 比喻　　　　C. 借代　　　　D. 对比
8. "沉默呵，沉默！不在沉默中爆发，就在沉默中灭亡。"这句话用的是____。
   A. 呼告　　　　B. 反复　　　　C. 排比　　　　D. 比喻
9. "妹妹的胆子可真大，一只猫也会把她吓得赶快跑到妈妈的身后躲起来。"这句话用的是____。
   A. 比拟　　　　B. 反语　　　　C. 夸张　　　　D. 对比
10. "人误地一时，地误人一年。"这句话用的是____。
    A. 对比　　　　B. 比喻　　　　C. 排比　　　　D. 双关

教学关注点：辨识确认辞格类型、识别条件、辞格选择。
教学法提示：翻转课堂法、合作讨论法、认知研判法、比较法、排除法。

教学示例3 指出下列每组语例中各句所使用的辞格并比较其异同。

A组：
①生产多么需要科学！革命多么需要科学！人民多么需要科学！（秦牧《向科学技术现代化进军的战鼓》）
②快！快！快！不然就来不及了。

B组：
①我们要为民生着想，进一步搞好菜篮子工程。
②我似乎打了一个寒噤；我就知道，我们之间已经隔了一层可悲的厚障壁了。（鲁迅《故乡》）

C组：
①还能有谁呢？还不是那个曹德旺吗？（欧阳山《一代风流》）
②这是谁在讲故事呀？哦，原来是小雨呀。

D组：
①防风林如一位英勇的战士，与狂风搏斗着。
②防风林挽起手臂，用身体挡住狂风。

E组：
①封锁间的一切，等于没有发生。整个的上海打了个盹，做了个不近情理的梦。（张爱玲《封锁》）
②先生，给现洋钱——袁世凯，不行吗？（叶圣陶《多收了三五斗》）

教学关注点：辨识确认辞格类型、识别条件、辞格比较。
教学法提示：讲解法、合作讨论法、认知研判法、比较法。

教学示例4 从综合应用角度指出语例中辞格的使用情况并分析其修辞效果。

①大兴安岭多会打扮自己呀：青松作衫，白桦为裙，还穿着绣花鞋！
②说时迟，那时快，薛霸的棍恰举起来，只见松树背后，雷鸣也似一声，那条铁禅杖飞将来，把这水火棍一隔，丢出九霄云外，跳出一胖大和尚来，喝道："洒家在林子

里听你多时！"（施耐庵《水浒传》）

③摇动的车轮，旋转的锭子，争着发出嗡嗡嘤嘤的声音，像演奏弦乐，像轻轻的歌唱。（吴伯箫《记一辆纺车》）

④"日出江花红胜火，春来江水绿如蓝"。这是革命的春天，这是人民的春天，这是科学的春天！让我们张开双臂，热烈地拥抱这个春天吧！（郭沫若《科学的春天》）

⑤迎战高峰，"丰"陪到底。（顺丰快递广告）

⑥好！黄山松，我大声为你叫好，
谁有你挺得硬，扎得稳，站得高；
九万里雷霆，八千里风暴，
劈不歪，砍不动，轰不倒！（张万舒《黄山松》）

⑦树叶不仅绿得快要滴出水来，而且绿得把湖水全染成了绿色。

教学关注点：辨识确认辞格综合应用类型、识别条件。

教学法提示：语境参照法、小组讨论法、认知研判法、综合分析法。

教学示例5 下列语例画线部分是不是双关？为什么？

①溥仪登基称帝时，由于太小，挣扎着又哭又喊："我不在这儿，我要回家！我要回家！"其身后的载沣结结巴巴地哄他："快别哭……别哭，这就……快快……完了！"文武官员马上联想到大清江山快要完了。

②"将那三春看破，桃红柳绿待如何？把这韶华打灭，觅那清淡天和。"（曹雪芹《红楼梦》）

③甲：我是你爸爸！

乙：啊？！

甲：——的同学的儿子。

乙：嗨，你一块说不行吗？

教学关注点：双关构成条件、上下文语境、原因分析。

教学法提示：比较法、合作探究法、判断法、问答法。

教学示例6 下列语例画线部分是不是夸张？为什么？

①好主任为了全厂职工的利益，每日必喝，每喝必醉，终于劳累过度，住进了医院。经化验，好主任血液中的酒精度高达85%。大夫给他做检查，好主任一口气呵出来，这位大夫竟然三天没醒过来。

②好主任为了全厂职工的利益，每日必喝，每喝必醉，终于劳累过度，住进了医院，竟然三天没有醒过来。经化验，好主任血液中的酒精度高达85%。大夫给他做检查，好主任一口气呵出来，这位大夫竟然三天没醒过来。

教学关注点：夸张构成条件、上下文语境、原因分析。

教学法提示：逻辑分析法、小组讨论法、问题导引法。

教学示例7 下列语例画线部分是不是反复？为什么？

① 昆明的冬天是温暖的。

眼下正是所谓寒冬时节吧。……

②一位口吃老师监考，看到有一位学生抄，十分生气。激动地说："你，你，你，你，你，站起来！"结果，和抄袭的这位同学紧挨着五位同学都站了起来。

教学关注点：反复构成条件、物理语境、原因分析。

教学法提示：讲解法、合作探究法、问题导引法、语境参照法。

教学示例 8 下列语例画线部分是不是仿拟？为什么？

①观察目睹——观睹、停止操作——停作、参加考试——参考

②承你老人家半夜暗临，蓬荜生黑，十分荣幸！（钱钟书《写在人生边上》）

③不要因"钱途"而误了孩子的前途。

④枯藤老树昏鸭，教室宿舍网吧，抽烟喝酒看花，夕阳西下，逃学人在天涯。

⑤考你没商量、一"键"钟情、一"网"情深、"烟"究生、花"钱"月下

教学关注点：仿拟构成条件、语言语境条件、语言规则、原因分析。

教学法提示：仿造法、讨论法、比较分析法、问题导引法、语境参照法。

教学示例 9 下列语例画线部分是不是比喻？为什么？

①他好像昨天来广州了。

②你如同莫小菲一样，到现在还没有弄明白这件事究竟是怎么回事。

③他经过多年奋斗，终于由一个打工仔变成了总经理。

④他在风雨中成了一棵大树，挡风遮雨，把危险留给了自己。

教学关注点：比喻构成条件、与对比的不同、原因分析。

教学法提示：讨论法、问题导引法、比较法。

三、辞格修辞模拟训练设想

模拟训练是学生利用辞格修辞理论知识进入现实修辞实践前的模拟性演练阶段，也是辞格修辞单元教学中引导学生综合应用辞格修辞理论知识进行修辞表达的能力训练阶段。关注点是培养与提升学生在特定语体规制下和具体语境中采用辞格手段进行修辞表达的能力。

（一）目的与要求

（1）考查学生对所学辞格修辞知识的掌握情况，是对学生学习辞格修辞理论知识状况的进一步实验和检测。比如考查学生对辞格内涵、构成条件、运用要求、辨析易混辞格切入点等基本理论知识的理解与把握情况。

（2）注重考查学生辞格修辞手段的应用能力。要指导学生学会在特定语体规制下和具体语境条件中运用恰当的辞格修辞手段开展修辞实践活动，以培养学生运用辞格进行修辞表达的能力。

（3）要围绕着辞格修辞单元的教学目标、教学重点和教学难点，设计不同的训练话题，以培养学生的辞格修辞应用能力。

（二）模拟训练思路

（1）要以实现辞格修辞单元教学总目标为原则设计辞格修辞专项能力训练目标或

者综合能力训练目标。比如对偶构拟专项能力训练、对偶与夸张兼用综合能力训练等。

（2）根据要达成的辞格修辞专项能力目标或者综合能力训练目标，确定适合于学生训练的辞格修辞话题。从理论上说，辞格修辞训练话题是无限的，这就要依据教学需要、教学重点、教学难点做微观上的调控。比如，可以就比喻、夸张、双关、排比、比拟、借代、反问、设问等辞格构拟以及使用能力分别设定为训练话题；也可以把易混辞格放在一起，通过模拟训练来提升使用这些易混辞格的技巧与能力。

（3）要根据不同的模拟训练话题，提出相对应的具体训练要求以及训练条件。提出的要求要适当，把握好难易程度，不能过多、过于复杂，但也不能太少、太简单；一定要做到清晰明确，而不能含混不清甚至前后矛盾，以至于让学生无所适从。

（4）要根据训练要求选用恰当的训练手段和方法。基于不同语体及其下位语文体式对修辞格式的不同要求，在训练手段的选用上，主张较多采用文学化手法，比如撰写小说、散文、短剧、小品、诗歌、韵文、演讲稿、辩论稿、相声段子、广告语等手段和方法，以此来强化学生辞格修辞手段的综合应用能力。

（三）模拟训练示例

模拟训练1

训练目标：培养学生构拟修辞格式的能力。
训练话题：运用下列词语，按照要求构拟辞格。
阳光　种树　幸福　似的　花领子　黄头发
嬉戏　山涧　后人　小白兔　星期天　花枝招展
训练要求：
（1）以上词语是构拟辞格的必用词语，请合理选用并分别造句。每个句子最少要使用给出词语中的任意两个，可以重复使用，也可以根据表意需要，恰当使用范围外的其他词语。
（2）造出的每个句子即为一个辞格，分别是比喻、借代、比拟、夸张、排比、对比、反复、设问、反问辞格。
（3）要充分发挥想象力，进行发散思维，使造句拟格顺畅通达。
（4）内容不限，但立意要正确，表意要清楚，思路要清晰。
（5）所创造的辞格要符合该辞格的基本要求和构成条件。

模拟训练2

训练目标：培养学生改句拟格的能力。
训练话题：按照要求改写下列句子并构拟相应的修辞格式。
①广场上的人很多。
改句1（含夸张）：
改句2（含比拟）：
改句3（含比喻）：
改句4（含仿拟）：
改句5（含排比）：

②我觉得这个碗很重，怎么也送不到嘴边。

改句1（含夸张）：

改句2（含比喻）：

改句3（含设问）：

改句4（含反问）：

③站在山头远远看去，村边那条清亮的小河像一条碧绿的带子。

改句1（含比拟）：

改句2（含夸张）：

改句3（含对比）：

改句4（含借代）：

④他在我的心目中有重要的位置。

改句1（含三个比喻）：

改句2（含两个夸张）：

改句3（含一个比喻、一个夸张）：

⑤这里很适合鸟儿生活。

改句（含一个排比、四个比喻）：

训练要求：

（1）必须以原句意思为根本，不可抛开原句的基本意思。

（2）立意要正确，表意要清楚，思路要清晰。

（3）可合理采用添加、删减、移位、替换等手段，改句要通顺畅达。

（4）根据括号内提示来构拟相应的修辞格式，所拟辞格要符合该辞格的基本要求和构成条件。

模拟训练3

训练目标：培养学生仿造修辞格式的能力。

训练话题：根据原句格式按照要求仿造修辞格式。

①小鸟在树枝上快乐地跳舞。

仿造句：

②一片片树叶像雪片似的从空中飘落。

仿造句：

③教室里静得连根针掉在地上也听得到。

仿造句：

④这块地方没有巴掌大，怎么能盖房子呢？

仿造句：

⑤青春是一首歌，她拨动着我们年轻的心弦；青春是一团火，她点燃了我们沸腾的热血；青春是一面旗帜，她召唤着我们勇敢前行；青春是一本教科书，她启迪着我们的智慧和心灵。

仿造句：

⑥你看，小张他们都是生龙活虎的，你怎么这样无精打采呀？

仿造句：

⑦上面坐着两个老爷，东边一个是马褂，西边的一个是西装。

仿造句：

⑧这么简单的道理，你都不明白，你可真了不起啊。

仿造句：

⑨满足读者的好奇心，作者需要幻想；把事物集中概括起来，作者需要幻想；使"神龙见首不见尾"的事物纤毫毕现，作者需要幻想；表现自己强烈的愿望和想象，作者尤其需要幻想。（秦牧《幻想的彩翼》）

仿造句：

训练要求：

（1）请首先指出各例用了哪些辞格，然后仿造所用辞格。

（2）在保持原句所用辞格不变前提下，发挥想象力，任意组词造句。

（3）仿造句立意要正确，表意要清楚，思路要清晰。

（4）所仿造出的辞格要符合该辞格的基本要求和构成条件。

模拟训练 4

训练目标：培养学生综合应用修辞格式的能力。

训练话题：分别以喜事、怒事、哀事、乐事、"囧事"作为话题，按照要求写一段话。

训练要求：

（1）要发挥丰富的想象力进一步拓展话题范围。比如写"囧事"，可以写付账时突然发现口袋没钱、认错了人、无意间打探别人隐私被拒绝、内急找不到厕所、不想借书给对方却说了谎话等。

（2）立意要正确，表意要清楚，思路要清晰。

（3）根据语意内容、情感表达、话语格调、具体语境，恰当运用辞格。

（4）至少运用三种或以上辞格。可以只使用一种辞格，也可以使用两种以上辞格，还可以连用、兼用、套用。

（5）篇幅限制在 300 字以内。

模拟训练 5

训练目标：培养学生综合应用修辞格式的能力。

训练话题：分别以"人""物""情""景"为话题按照要求写一段话。

训练要求：

（1）要发挥丰富的想象力进一步拓展话题范围。比如写人，可以写亲人、朋友、老师、同学、古人、外国人、陌生人、男人、女人、小孩儿、大人等。

（2）立意要正确，表意要清楚，思路要清晰。

（3）根据语意内容、情感表达、话语格调、具体语境，恰当运用辞格。

（4）至少运用三种或以上辞格。可以只使用有一种辞格，也可以使用两种以上辞格，还可以连用、兼用、套用。

（5）篇幅限制在 300 字以内。

第三节 辞格修辞拓展实践策划

拓展实践是学生把课堂上学到的相关辞格修辞理论知识和汉语修辞实践真正结合的实战阶段。以课外拓展实践形式来锻炼学生的辞格修辞能力。关注点是培养锻炼并全面提高学生的辞格修辞能力。

一、辞格修辞拓展实践要求

（1）要引导学生真切地意识到，辞格修辞虽然不是每时每刻都必须用到的，但是确实是提高语言表达效果的重要修辞手段，所以必须重视辞格修辞，学会通过构拟和选择不同辞格手段来表情达意。

（2）锻炼学生在特定语体规制下和具体语境中的辞格修辞能力，促使学生善于应用各种辞格修辞手段进行得体表达。要促使学生尤其要重点关注文学语体、广告语体、演讲语体、政论语体、网络语体对辞格修辞运用的制导作用。

二、辞格修辞实践策划路径

第一步：研判并确认参加语文实践的话语领域。比如，如果是相声创作话语实践活动，那么应该把这一话语实践活动归入艺术交际领域；如果是撰写书评、学年论文、毕业论文，则应该把这一话语实践活动划入社会交际领域。由于日常交际领域对辞格修辞应用的条件限制较多，约束力较大，主张引导学生首先善于在艺术交际领域施展辞格修辞应用能力，其次是考虑在社会交际领域内开展辞格修辞实践活动，最后再考虑在日常交际领域内开展辞格修辞实践活动。

第二步：艺术交际领域和社会交际领域为辞格修辞应用提供了广阔的天地，要求学生最好在这两大领域内再选择适当的语体及其下位语文体式作为进行辞格修辞实践的领地。要认知并确认所要选用的是哪一种语体、哪一种语文体式。比如，是文学语体还是政论语体，是演讲语体还是广告语体；是文学语体中的散言体还是韵文体，是散言体中的相声体式还是小说体式；是单一的语文体式还是交叉的语文体式；等等。

第三步：同样的，不同语体甚至是同一语体下的不同语文体式，对辞格构拟与选择的要求是有区别的，有的甚至有非常大的不同。这就要求学生必须在听、说、读、写语文实践活动中，认真践行得体性原则，把握好相关辞格的构成条件、修辞特征与修辞功能，根据需要恰当地选用辞格修辞手段。

三、辞格修辞实践策划示例

实践策划示例1 日常交际领域话语实践。

实践目的：锻炼学生在日常交际领域中使用辞格进行修辞表达的能力。

实践任务：在微信平台上用汉语同中国朋友聊天，聊天内容涉及自己在中国留学期间的喜怒哀乐，尤其是在完成某件重要事情时是如何消除所遇到的文化障碍的。

实践过程：

(1) 要选择一位无话不谈的中国朋友作为交流对象。

(2) 要选择随意谈话体，并用汉语书面语微信聊天。

(3) 内容要真实，能够反映自己的喜怒哀乐，并把消除文化障碍的办法说清楚。

(4) 针对中国朋友微信回复的内容与话语做出积极反应。要把重点放在辞格手段（比如比喻、夸张、比拟、借代、反问、设问、对比等）的恰当选择上。

(5) 要充分考虑微信体式和具体语境条件对辞格应用的制约作用。

(6) 微信聊天时间不限，直到把事情说完为止。

实践策划示例2 社会交际领域话语实践。

实践目的：锻炼学生在社会交际领域中应用辞格手段进行修辞表达的能力。

实践任务：某学生即将大学毕业，给所就读的大学写一封告别类演讲稿。

实践过程：

(1) 以"给大学母校的告别辞"为话题，题目自拟。

(2) 作为即将离开就读大学的学生在毕业（结业）典礼上演讲，听众是学校领导和老师以及同届毕业的学生。

(3) 演讲观点要明确，要结合在读学校实际情况、个人感受来写作，切忌凭空抒发感情。

(4) 演讲稿内容应包括回顾大学生活、对未来的期望、对母校的感恩、对同学的留念与祝福等，演讲内容要紧扣观点。

(5) 论证观点时要思路清晰，层次分明，立意正确。

(6) 语言要具体生动，灵活应用比喻、比拟、双关、借代、反问、设问、对比等修辞格式，尤其要强调辞格的综合应用。

(7) 字数控制在800字左右。

(8) 请老师或其他同学对该文提意见，并根据意见再修改并最终完成任务。

实践策划示例3 艺术交际领域话语实践。

实践目的：锻炼学生对艺术交际领域中辞格应用的修辞批评能力。

实践任务：让同学或朋友提供一篇文学习作（或小说，或散文，或诗歌，或剧本），评改其中的语言应用，重点评改辞格修辞。

实践过程：

(1) 要认真反复阅读该习作，弄懂该习作的主要内容和基本观点。

(2) 要理清该习作的思路以及结构安排，把握其内在逻辑联系。

(3) 就辞格修辞评改来说，主要抓住文学语体语言应用尤其是对辞格修辞的基本要求，结合上下文、语意内容、人物塑造、故事情节等具体语境条件识别判断辞格应用得体状况。

(4) 按照文学语体对辞格修辞的基本要求，采用增添、删减、替换、换位、重新构拟等手段修改调整习作中存在的辞格偏误现象，以使文中辞格运用依规合体、有理有据并能够解释得通。

(5) 请老师或其他同学对改文提意见，根据意见再修改并最终完成任务。

【思考与练习】

1. 请收集30个辞格修辞用例。要求：①文学语体、政论语体、演讲语体、广告语体、新闻语体等特定语体用例各6个；②要注意例子所适用的语境条件。

2. 把对特定语体规制下和具体语境中某个辞格，诸如比喻、借代、夸张、排比、对偶等具体应用情况的分析评鉴作为教学内容，设计微型教学方案。

3. 把"借喻"与"借代"的异同比较作为讲授内容，要求采用合作探究法进行教学，请据此设计微型教学方案。

4. 根据本章教学重点与难点，设计课外作业题。要求：设计辞格综合应用题3～5道、简答题3道。

5. 根据本章教学重点与难点，设计课外作业题。要求：①填空题15道，答案均为知识性内容；②选择题10道，答案均为分析理解性内容；③判断题10道，答案均为分析理解性内容。

6. 为锻炼学生在特定语体规制下和具体语境中综合运用修辞格式的能力，以拟写一篇演讲稿为话题，设计模拟训练微型教学方案。

7. 为锻炼学生的辞格修辞理解能力，请从人教版高一《语文》教材中选择一篇课文，从综合分析角度认知、解读、品评其中的辞格修辞现象。请据此要求设计微型教学方案。

8. 请把"比喻"作为教学内容，设计微型教学方案。

9. 在表达同一个意思时，运用辞格与不用辞格有什么异同。请据此设计微型教学方案。

10. 以辞格综合运用知识点作为教学内容，设计微型教学方案。

11. 结合本章拓展实践环节提出的要求，为本地撰制公益性宣传广告，内容涵盖人、情、景、物、山、水、史等。要求每则广告语使用至少一种辞格。请据此设计主题鲜明的实践话题，设计出相应的技术线路，并提出切实可行的要求和做法。

12. 修辞格教学在修辞教学中居于什么地位？如何才能把辞格教好？

13. 你认为辞格修辞单元教学应该把着力点聚焦于哪些方面？为什么？

第九章　风格修辞教学实验

【教学目标与要求】

要求学生掌握汉语风格修辞的基本理论知识，清楚风格修辞在语文实践与修辞应用中的作用与价值，学会在特定语体规制下和具体语境中塑造、分析话语表现风格，培养其恰当理解话语表现风格以及选择话语表现风格的能力。

【教学重点】

风格修辞理论知识、不同表现风格的修辞要求、表现风格理解能力培养、表现风格选择能力培养。

【教学难点】

风格差异性与共同性比较、表现风格选择能力培养。

第一节　风格修辞教学内容取舍

一、风格修辞内涵与类型

（一）什么是风格与风格修辞

风格就是语言风格，包括表现风格、语体风格、民族风格、时代风格、地域风格、流派风格、个人风格等。汉语修辞学中所谓风格是指表现风格。王希杰认为，表现风格就是由于表现手法的异同而形成的语言风格类型。[①] 倪宝元认为，语言的表现风格是指综合运用各种语言表现手段从不同的侧面对其格调和气氛所做的抽象概括。[②] 黎运汉认为，语言的表现风格是从综合运用各种风格表达手段所产生的修辞效果方面来说的。[③] 不难看出，表现风格实际上就是基于特定语体规制和具体语境条件要求，综合运用包括语音、词语、句子、辞格、辞趣等各种修辞手段而形成的话语格调或话语风貌。风格修辞则是为了取得更好的表达效果，根据修辞实践中语言表达的需要而对话语格调的恰当选择与适度调配。

（二）风格类型

南朝刘勰在《文心雕龙·体性》中把风格归纳为典雅、远奥、精约、显附、繁缛、壮丽、新奇、轻靡八种类型。20世纪90年代以后，黎运汉进一步分列出五组十种类

[①] 王希杰：《汉语修辞学》，商务印书馆2004年版，第464页。
[②] 倪宝元：《大学修辞》，上海教育出版社1994年版。
[③] 黎运汉：《汉语风格探索》，商务印书馆1990年版，第211页。

型：豪放—柔婉、简约—繁丰、蕴藉—明快、藻丽—朴实、幽默—庄重。① 王希杰则认为有四组八种类型：藻丽—平实、明快—含蓄、简洁—繁丰、典雅—通俗等。②

二、表现风格的基本属性

根据学界对风格的分类以及学生汉语修辞学习实际，在汉语修辞教学中，主要对简明、朴实、生动、庄重、幽默、委婉等表现风格基本属性做简要分析。

（一）简明风格

简明风格是指综合采用各种修辞手段所形成的简单明快、自然流畅、恬淡闲舒的整体话语风貌。孔子"辞达而已"观点、刘知几所说的"文约而事丰"（《史通》），其实就是要求语言表达做到简洁明快即可。这种风格要求在话语表达时，做到尽可能少加修饰，是什么说什么，有多少说多少，直言不讳，快人快语；不拖泥带水，不虚张声势，不卖弄造势。呈现出快捷、精当、明快的基本风格特征。

（二）朴实风格

朴实风格是指综合采用各种修辞手段所形成的平实自然、质朴无华、不事雕饰的整体话语风貌。老子说的"信言不美，美言不信"，就是要求语言表达做到平易质朴。这种风格追求平易质朴、通俗易懂，以达到言近旨远的效果。要求在话语表达时，做到情真意切，质朴无华，力争"清水出芙蓉，天然去雕饰"；尽量接近现实生活用语，但不避俚俗粗俗，有时甚至还追求粗俗；尽可能较少使用修饰语，不刻意粉饰做作。呈现出浅显、俚俗、晓畅、本色、平淡的基本风格特征。

（三）生动风格

古人所谓"言而无文，行而不远"，就是要求语言表达做到生动形象即可。生动风格就是指综合采用各种修辞手段所形成的声情并茂、细腻丰赡的整体话语风貌。这种风格要求在话语表达时，在声音形象、词汇形象、语法形象和辞格形象上多下功夫，更强化语音、词语、句子和辞格的超常应用。注重语言应用上的叠床架屋、辞采缤纷、精雕细刻、语意丰腴、情感丰富。呈现出艳彩、奇特、装饰、细腻、立体、变异的基本风格特征。

（四）庄重风格

庄重风格是指综合采用各种修辞手段所形成的严谨肃穆、平稳持重的整体话语风貌。这种风格注重话语气势上的威严性和不容置疑性、修辞手段使用上的稳妥性与规范性、语意表达上的逻辑性和缜密性，呈现出稳妥、规范、严谨、缜密的基本风格特征。

---

① 黎运汉：《汉语风格学》，广东教育出版社2000年版，第221–291页。
② 王希杰：《汉语修辞学》，商务印书馆2004年版，第464页。

（五）幽默风格

幽默风格是指综合采用各种修辞手段所形成的轻松活泼、讥嘲揶揄、滑稽可笑、妙趣横生的整体话语风貌。这种风格源于民族文化、地域文化和个人心理的幽默基因和幽默机制。在表达过程中，以轻松自在、诙谐滑稽作为心理驱动力，说话不拘一格，使话语充满了浓浓的幽默情趣。呈现出诙谐、幽默、风趣、新奇的基本风格特征。

（六）委婉风格

宋时姜夔《白石诗说》中认为"语贵含蓄"。唐代刘知几《史通》中主张"言近而旨远，辞浅而义深"，其实说的都是委婉含蓄的问题。委婉风格就是指综合采用各种修辞手段所形成的意在言外、意藏辞中、婉转含蓄的整体话语风貌。这种风格注重的是话语含而不露、语辞柔和委婉、气势舒缓有致。呈现出含蓄、模糊、残缺、潜隐的基本风格特征。

三、表现风格的修辞要求

学界关于表现风格的修辞特征、构成条件、修辞要求等有诸多论述与讨论，提出了非常多有见地的主张与观点。为了教学的方便，综合简述如下。

（一）简明风格的修辞要求

第一，语音修辞方面。要求做到节奏活泼爽朗，语调轻重有度，停顿长短适宜，语速变化自如。第二，词语修辞方面。要求做到词语选用精练简洁，词意表达明白易懂；经常选用最能表现事物特征的词语，尤其是富有概括性的熟语、通用的单义性词语；较多使用感情色彩较为丰富的词语。第三，句子修辞方面。要求做到句子简短，结构简单，句意丰富明确；较多使用短句、陈述句、主谓句、紧缩句、省略句、独词句等。第四，辞格修辞方面。要求做到经常使用精约意明的修辞格式，尤以比喻、层递、排比、拟人、对比等辞格为优选。第五，适应语体方面。较多时候适用于随意谈话体、专题谈话体、日常信函体、演讲语体、政论语体等语文体式中。

（二）朴实风格的修辞要求

第一，语音修辞方面。要求做到音节安排稳妥，节奏平铺直叙，语速停顿接近于现实语言生活。第二，词语修辞方面。要求做到较多选用日常生活中生动活泼的大众口语、通俗易懂平淡朴素的俗语谚语，也经常运用方言土语；努力做到专业术语的通俗化、语意表达的明朗化；谨慎选用粗俗的词语，不用或较少使用描绘性形容词之类的修饰语。第三，句子修辞方面。要求做到特别注重句子结构的单一化、连贯性、紧凑感以及话语衔接的有序化；句式简短平实，常用修饰成分较少的短句以及陈述句，少用或不用结构复杂的长句、复句以及修饰性分句。第四，辞格修辞方面。要求做到多用白描手法平铺直叙、直陈事理，有时使用对比、设问、反问等浅显易懂的辞格，较少使用比喻、夸张、双关、通感等修饰性特别强的修辞格式。第五，适应语体方面。平实质朴风格多用于公文语体、谈话语体、礼仪性演讲体、日常信函体等相关语体及语文体式中。

(三) 生动风格的修辞要求

第一，语音修辞方面。要求做到注重语音动听，节奏和谐，声情并茂，讲究韵律。常常有意识地运用双声、叠韵、叠音、音节、句调、停顿、轻重音等各种语音手段，以塑造多姿多彩的整体语音形象。第二，词语修辞方面。要求做到尽量多地使用浓艳色彩的描绘性、表情性、形象性词语；大量使用耳熟能详的成语、谚语、格言、歇后语、惯用语等熟语；经常连用同义词、反义词、叠音词、同音词等，从不同角度不同方面去铺陈描写。第三，句子修辞方面。要求做到句式灵活多样，较多运用描绘性、细致性、周密性的繁丰多变的语句以及整齐均衡的句式；经常使用修饰成分多、限制成分较多、结构复杂、内涵丰富的长句。第四，辞格修辞方面。要求做到经常使用奇巧繁复而又形式多样的辞格，较广泛运用比喻、夸张、比拟、通感、顶针、双关、映衬、回环、反复、层递等描绘类修辞格；经常采取单用、兼用、连用、套用等手段使用相同或不同辞格，力求语言表达华丽绚烂、生动形象。第五，适应语体方面。经常应用于文学语体，也有不少时候应用于政论语体、说服性演讲语体、传授性演讲语体；科学语体、公文语体一般不会采用生动格调来表情达意。

(四) 庄重风格的修辞要求

第一，语音修辞方面。要求做到较多时候追求平稳的话语节奏；音节结构平淡无奇；不强调语音上的喧哗多变，不刻意在韵律、语调、节奏等语音修辞方面过多地用力。第二，词语修辞方面。要求做到大量使用专业词语、书面语词语，尤其注重选用惯用词语、文言词、单义词、成语、敬语、谦语等；较少使用口语化词语，尤其要避免选用方言土语、俚俗词语、粗野的词语。第三，句子修辞方面。要求做到较多使用复句、长句、完整句、常规句和整齐句，较少使用省略句、短句和变异的句子。第四，辞格修辞方面。要求做到少用甚至不用修辞格式，尤其排斥夸张、比拟、摹拟、双关、反语等辞格；有时也会选用排比、对偶、层递、对比、反问、设问、换算等辞格手段。第五，适应语体方面。普遍存在于公文语体、科学语体和政论语体。当然，文学语体、演讲语体中也不乏这种风格特征。

(五) 幽默风格的修辞要求

第一，语音修辞方面。要求做到较多时候利用音同音近关系、故意偏离语音规范特意植入方言语音，使话语给人以幽默风趣的感觉；经常巧妙调配语气、句调、停顿、轻重音等语音手段，使话语充满欢声笑语。第二，词语修辞方面。要求做到善于利用同音词、方言土语、俚语、俗语、熟语、模糊词语；经常采用词语变异手段，利用词义变异、色彩变异、情感变异、词性变异、大词小用、小词大用、搭配错置等非常规用法，由此来塑造风趣幽默的词语形象。第三，句子修辞方面。要求做到巧妙选用多样化句式，并习惯于结合具体语境条件对句子做超常组配；突破惯常思维做大胆的诡奇惊异的反常表达，利用游戏性文字、无标点语句、绕口令式的长句、缺乏逻辑关联度的语义句等手段，形成不伦不类、错落怪异的句子形象。第四，辞格修辞方面。要求做到奇用多样化辞格手段，尤其擅长使用夸张、双关、反语、仿拟、拆词、飞白等修辞格式，以凸显幽默风趣气氛。第五，适应语体方面。幽默风格凸显的是诙谐风趣，因此更多适用于日常口头语体、文学语体、网络语体，尤其是广泛应用于相声、小品、笑话、杂文、幽默故事等语文体式中。

（六）委婉风格的修辞要求

第一，语音修辞方面。要求做到注重韵律柔和，多采用低沉、开口度小、声音不太响亮的韵。第二，词语修辞方面。要求做到寓意深广，常用"转义"词语、委婉词语、模糊词语、内含典故的词语。第三，句子修辞方面。要求做到言短意长，常用警句、压缩句、委婉句、疑问句、跳跃句、多义句等。第四，辞格修辞方面。要求做到努力使辞格"义生文外"，常用比喻、比拟、借代、反语、双关、移就、拈连、拆字、摹绘、婉曲、避讳等"辞面"与"辞里"相"离异"的辞格。第五，适应语体方面。在口头语体和书卷语体中都很常见，但在书卷语体中受到诸多限制。这种风格尤其适应于文学语体及其下位语体中的诗歌、小说、戏剧等语文体式，也时常应用于政论语体。①

第二节　风格修辞课堂教学设计

一、风格修辞课堂讲授构想

课堂讲授是学生学习并掌握汉语风格修辞理论知识的初始阶段，也是风格修辞单元教学中培养学生选用风格手段进行修辞实践的基础阶段。关注点是培养和提升学生学习理解并掌握汉语风格修辞理论知识的能力。

（一）目的与要求

（1）要求学生熟悉并掌握汉语风格修辞的基本属性及其修辞应用特征，熟悉每种风格塑造的主要修辞手段，包括语音修辞手段、词语修辞手段、句子修辞手段、辞格修辞手段等。

（2）引导学生熟练掌握风格修辞理论知识，比较不同风格间的差异性与共同性，为分析理解风格修辞现象，以及培养学生评价鉴赏风格修辞能力夯实风格修辞理论基础。

（3）引导学生熟练掌握风格修辞理论知识，为表情达意过程中采用适切的风格修辞手段提供学理意义上的支持。

（二）重点与难点处理及教法选用

在汉语修辞教学中，要根据教学大纲要求和学生现实语文实践需求，把风格修辞教

---

① 黎运汉、盛永生主编：《汉语修辞学》，暨南大学出版社2006年版，第533－543页。

学的重点放在简明、朴实、生动、庄重、幽默、委婉等几种风格上。

1. 要促使学生掌握不同话语风格的修辞要求

（1）促使学生掌握简明风格的基本修辞要求。

教学示例 政论体用例。

这种作风，拿了律己，则害了自己；拿了教人，则害了别人；拿了指导革命，则害了革命。总之，这种反科学的反马克思列宁主义的主观主义的方法，是共产党的大敌，是工人阶级的大敌，是人民的大敌，是民族的大敌，是党性不纯的一种表现。（毛泽东《改造我们的学习》）

教学关注点：语体识别、简明风格研判、风格表现手段（句子手段和辞格手段）。

教学法提示：小组讨论法、反复体会法、语体管控法、朗读感悟法、分析法。

该例属政论语体，语言表达直截了当，简洁易懂，观点明确，节奏鲜明，具有很强的说服力。从句子修辞方面看，前后两个整句的运用使语言表达在结构形式上显得整齐划一，凝练流畅；后句作为松句使语言表达在语音上显得简洁明快；前后两个长句的使用则使得句子表意更加丰富。从辞格修辞方面看，前句用排比套用宽对、反复、层递辞格，后句则是排比套用层递、比喻、反复辞格。句子手段和辞格手段的恰当运用是形成简洁明快风格的重要条件。

（2）促使学生掌握朴实风格的基本修辞要求。

教学示例 剧文体用例。

赵老：别遇到我手里！我会跟他们拼！

大妈：新鞋不踩臭狗屎呀！您到茶馆酒肆去，可千万留点神，别乱说话！

赵老：你看着，多咱他们欺负到我头上来，我教他们吃不了兜着走！（老舍《龙须沟》）

教学关注点：语体识别、朴实风格研判、风格表现手段（词语手段和句子手段）。

教学法提示：合作探究法、角色扮演法、语体管控法、分析法。

该例是剧文体中的会话，词语修辞和句子修辞遵守了朴实平易风格的修辞要求。从词语修辞看，例中使用了不少便于口说的口语化词语、北京方言土语和俗语，如"别""遇到""拼""留点神""看着""肆""多咱""新鞋不踩臭狗屎""吃不了兜着走"等。这些词语词义通俗、质朴，带有浓重的生活气息。从句子修辞看，使用了四个祈使句、一个感叹句，而且结构都很简单短小，松散自如，没有更多的修饰性成分和描绘性成分，就像日常语言生活一样朴实无华。

（3）促使学生掌握生动风格的基本修辞要求。

教学示例 小说体用例。

风吹来外滩公园里的音乐，却只有那炒豆似的铜鼓声最分明，也最叫人兴奋，暮霭挟着薄雾笼罩了外白渡桥的高耸的钢架，电车驶过时，这钢架下横空架挂的电车线时时爆发出几朵碧绿的火花。（茅盾《子夜》）

教学关注点：语体识别、生动风格研判、风格表现手段（词语手段和辞格手段）。

教学法提示：小组讨论法、语体管控法、朗读感悟法、问答法。

该例属于文学语体中的小说体，整个话语格调凸显出生动形象特征。语言表达藻丽奢华，较多使用描绘性成分、形容性成分来写景。从词语修辞方面看，两次使用了夸饰性词语"最"，运用了"分明""兴奋""高耸""碧绿"等多个形容词性词语，以及具体可感的动词性词语"吹""挟""笼罩""爆发""架挂"。在辞格构拟方面，采用比拟手段把由人弹奏的音乐说成树叶、纸片等一样随风吹来的，采用比喻手段把铜鼓声说成像"炒豆似的"，又兼用比喻和比拟手段来描写"横空架挂的电车线时时爆发出几朵碧绿的火花"。这些修辞手段的应用做到了对生动风格要求的适应。

（4）促使学生掌握庄重风格的基本修辞要求。

教学示例 信函体用例。

马英九唁电全文如下："惊悉道涵先生逝世，令人痛悼！道涵先生长期致力两岸关系，以温和理性创意之风格，扮演关键角色，对增进和平交流，贡献卓著。敬请先生亲属节哀顺变。"

教学关注点：语体识别、庄重风格研判、风格表现手段（词语手段和句子手段）。

教学法提示：合作探究法、反复体会法、朗读感悟法、语体管控法、阐释法。

该例属于公文事务语体中的唁电体。例中多使用"惊悉""逝世""痛悼""致力""之""卓著""亲属"等书面词语以及"先生""敬""请""节哀顺变"等礼貌性词语。句子平稳庄重，语气低沉，并带有极为强烈的感情色彩。整个电文庄重文雅、诚挚有礼。

（5）促使学生掌握幽默风格的基本修辞要求。

教学示例 小品体用例。

青年：（讥讽地）你还行业呢，你也就是个修破鞋的。

老者：你别抬举我，我是修鞋的，不是修破鞋的——扫黄不归我管。（小品《鞋钉》）

教学关注点：语体识别、幽默风格研判、风格表现手段（谐音手段和词义变用手段）。

教学法提示：小组讨论法、角色扮演法、语音调控法、文化阐释法。

该例属于文学语体中的小品体。该例中，幽默情趣源于对"修破鞋"含义的深入剖析，在语言上则体现为"修破鞋"与"修鞋"之间的互换。二者虽然只有一字之差，但由于"破鞋"比喻义的存在，并借助于谐音关系，使得老者话语意思更加丰富，由对现实物理世界事件的真实陈述转换为对"破鞋"比喻义的应用，语意便由字面义转化为言外之意，整个话语风趣幽默色彩也便油然而生。

（6）促使学生掌握委婉风格的基本修辞要求。

教学示例 小说体用例。

小芹去洗衣服，马上青年们也都去洗；小芹上树采野菜，马上青年们也都去采。（赵树理《小二黑结婚》）

教学关注点：语体识别、委婉风格研判、风格表现手段（委婉式表达）、婉曲辞格。

教学法提示：语体管控法、小组讨论法、反复体会法、分析法。

该例属于文学语体中的小说体。表面看，说的是小芹干什么，青年们马上也就干什么，似乎没什么特别之处。但是仔细分析不难发现，这种表达方式实际上是一种委婉式表达。字面上写的是小芹和青年们的日常活动景象，但实际上为的是描写小芹的美。正因为漂亮，所以才会有更强的自然诱发力和吸引力，才会吸引青年们围着她转。写美，在字里行间却没有出现一个"美"字，使用婉曲辞格形成委婉的话语风格。

2. 要促使学生熟练掌握选用话语风格的要求与做法

（1）要促使学生熟练掌握根据语体规制选用话语风格的要求与做法。

不同语体往往需要有相匹配的话语风格，同一种语体规制下可以营造一种话语氛围，也可以使用多种不同的话语格调。谈话语体以简明、朴实风格见长，但也不乏幽默、委婉风格，有时也会采用庄重、生动风格；公文语体以庄重、朴实见长，但也不乏简明风格的运用；演讲语体多采用简明、生动话语格调，但庄重、幽默风格也时常应用；科学语体自然以庄重风格为主导，但也会应用朴实风格；政论语体多表现为生动、庄重风格，但也时常应用幽默风格；文学语体属于开放性语体，所有话语风格都可以利用。在教学中，要通过语例分析、课堂讨论、模拟训练等手段引导学生学会把握特定语体规制，并根据特定语体规制、具体语意内容等相关条件选用适宜的言说基调。

教学示例1 根据文学语体规制选择生动的表现风格。

就在这时，听到一个妇女的叫门的声音，他立刻跳起来去开门，……他甜蜜地、妩媚地、文明地、礼貌地、麻利地、乖巧地、快活地、亲切地转动着暗锁，拉开了门。（王蒙《悠悠寸草心》）

教学关注点：语体识别、生动风格研判、风格表现手段（长句手段和形容词手段）。

教学法提示：语体管控法、小组讨论法、结构分析法。

该例属于文学语体，语言表达生动形象。正是基于文学语体规制提供的条件，这段话表现出的是生动风格。最能体现这一风格的当属八个由形容词充当的表示不同性状的修饰性状语，从不同角度对"转动"这一动作加以描写，使得"转动"的内涵更加丰富，动作行为更加形象。

教学示例2 根据科学语体规制选择庄重的表现风格。

复杂系统中的结构稳定性代表着有序性，但这稳定性到底是怎么产生的呢？首先给出这方面线索的是普里戈金和由他率领的所谓比利时布鲁塞尔学派。（钱学森《系统科学、思维科学与人体科学》）

教学关注点：语体识别、庄重严谨风格研判、风格表现手段（设问答疑、专业词语使用、逻辑关联、形式衔接）。

教学法提示：语体管控法、小组讨论法、逻辑分析法。

该例属于科学语体，语言应用庄重严谨。采用设问方式以引起读者注意，并以解答方式顺理成章地把答案说了出来。语言表达秩序井然，有较强的逻辑性，"系统""结构稳定性""布鲁塞尔学派"等相对专业词语的运用更使话语具有严谨性和庄重性。

教学示例3 根据公文事务语体规制选择庄重的表现风格。

第三十七条文物收藏单位可以通过下列方式取得文物：

（一）购买；

（二）接受捐赠；

（三）依法交换；

（四）法律、行政法规规定的其他方式。

教学关注点：语体识别、庄重严谨风格研判、风格表现手段（条分缕析、专业词语使用、非主谓句使用）。

教学法提示：语体管控法、合作探究法、问答法、比较法。

该例属于公文事务语体中的法规体。语言表达分条缕析，条理清楚，表意严谨，多使用动词性非主谓句，凸显了庄重严谨风格的基本表现特征。

（2）要促使学生熟练掌握根据具体语境条件选用话语风格的要求与做法。

在特定语体规制下，还必须根据具体语境条件决定说话的语势和格调。例如，在悲伤情境中，庄重、朴实风格是首选；在欢快情境中，自然以简明、幽默风格为首选；在文学创作情境中，各种风格都在备选之列。

教学示例1 现场谈话情境决定了简明风格的选择。

鲁贵：（喘着气）四凤！

四凤：（只做听不见，依然滤她的汤药）

鲁贵：四凤！

四凤：（看了她的父亲一眼）喝，真热。（走向右边的衣柜旁，寻一把芭蕉扇，又走回中间的茶几旁扇着）

鲁贵：（望着她，停下工作）四凤，你听见了没有？

四凤：（烦厌地，冷冷地看着她的父亲）是！爸！干什么？

鲁贵：我问你听见我刚才说的话了么？

四凤：都知道了。（曹禺《雷雨》）

教学关注点：语体识别、简明风格研判、风格表现手段（独词句、短句、省略句、口语化词语）。

教学法提示：语体管控法、合作探究法、角色扮演法、语境参照法。

该例属于剧文体中的会话，实质上就是日常随意性谈话体。由于是面对面口头交流，现场情境使得交际双方共同营造了简洁明了的话语氛围。广泛使用了省略句、短句、独词句、口语化词语，使得话语简洁明了，语意表达清楚。

教学示例2 现场情境条件决定了幽默风格的选择。

有一年，戏剧大师梅兰芳与张大千在一次酒会上同席，张大千素来对梅兰芳景仰，便主动举起酒杯与梅先生敬酒，梅兰芳一时不知所措。张先生先说："梅先生你是君子，我是小人。"见梅先生没答话，又说："君子动口，小人动手啊！"

教学关注点：语体识别、幽默诙谐风格研判、风格表现手段（引用和别解辞格的使用、心理认知手段）。

教学法提示：语体管控法、小组讨论法、语境参照法、心理认知法。

该例属于随意性谈话语体。例中，张大千把自己说成是小人，把梅兰芳说成是君子，让在场的所有人感觉到异常突兀，以至于不知所措，无以应对，由此造成一个特别大的悬念并留给了在场众人。但接着，张大千又顺口说出大家都耳熟能详的熟语"君子动口，小人动手"，便立刻激活了在场众人的记忆。基于对张大千和梅兰芳职业背景的认知，众人便自然而然地把这一熟语的内涵转而嫁接在张大千的话语中，由此又突然完全明白了张大千说这句话的实际用意。众人悬着的心在瞬间放下来，幽默诙谐色彩自然形成。这种幽默诙谐话语风格形成的条件是什么呢？简单地说，是张大千利用交际双方的职业背景这一条件以及语言上的谐音关系，由此造成言内之意与言外之意之间的落差而形成的。

教学示例3 语境条件决定委婉风格的选择。

我爱日月我爱星，光华照我新长征。

星儿眨眼唤日月，人间天上寰宇中。（马林、达江夏、朱枚《厨房交响曲》）

教学关注点：委婉含蓄风格研判、风格表现手段（旁敲侧击、引导暗示）。

教学法提示：语境参照法、小组讨论法、因果推导法。

该例中，章炳华向明锦华表达爱意并不是直接说"我爱你"，而是在画中写了四句诗，把"我爱明"蕴含其中。表达主体采用了拆字手段，把"明"拆解为"日"和"月"。诗中"我爱明"的意思暗藏在"我爱日月"之中，委婉含蓄地表达了章炳华隐藏在内心的爱情。心理语境条件决定了表达主体话只能采用委婉含蓄话语基调来表情达意。

（3）要促使学生熟练掌握根据主旨内容选用话语风格的要求与做法。

不管出于何种目的，语文实践都以表情达意为根本。理论上说，所要表达的内容和情感范围是无限宽广的，难以量化，难以穷尽。在表达具体内容与不同情感时，究竟选择什么样的话语风格，也往往会受制于内容与情感本身。换句话说，风格选择要顺应具体主旨内容和思想情感，有什么样的内容与情感，便常常选择与之相吻合的话语风格。教学过程中，要引导并训练学生学会根据所要表达的主旨内容与思想情感选用相应的话语风格。

教学示例1 主旨内容决定庄重风格的选择。

为什么这儿要用"羞愧"这个词呢？儿子为革命牺牲，"羞"在哪里，"愧"在何处？不好理解啊！但紧扣主题思想琢磨，就懂得了它的深刻含义和独到用法。该词原指因做错事有所觉悟而感到羞耻惭愧，夏母不因儿子为革命献身感到光荣，反而觉得羞耻惭愧，这说明连革命者的母亲都不理解革命，除出于母性本能怜爱儿子外，对儿子牺牲的意义全无所知。运用这个词就入木三分地针砭了当时的民主主义革命脱离群众、不宣传发动群众的严重弱点。（《特级教师谈教学》）

教学关注点：主旨内容、庄重严谨风格研判、风格表现手段（精确词语使用、自问自答、环环相扣）。

教学法提示：合作探究法、问答法、语体管控法、逻辑推导法。

该例属于传授性演讲语体，由于是讲课，要解释鲁迅《药》中"羞愧"的含义，语意内容的表达必须做到准确严谨,因此采用了庄重严谨的说话风格。例中这位教师的语言表达,首先连续发问,以引起学生注意,并对问题产生兴趣,接着便给出答案。可以说,从提出问题到回答问题,从解释"羞愧"的意思到分析作为革命者母亲的夏母对革命的不理解,再推演出当时民主革命存在着的弱点,语言上环环相扣,语意上严丝合缝、合理准确。

教学示例2 主旨内容决定了简明、庄重风格的选择。

各位同事:
  大家好!
  根据国家节假日安排,并结合公司实际情况,现将2012年中秋、国庆放假安排通知如下:
  一、放假调休时间:9月30日至10月7日,共计八天。
  二、放假期间,请各位严格执行假日值班安排,加强防火、防盗,注意人身安全,并请在假期间保持手机通信畅通。
  三、假期结束后,请全体员工于10月8日早上8:00准时到中心大会议室召开晨会。
  预祝大家节日愉快!
  特此通知

行政人力资源部
2012年9月17日

  教学关注点:语体识别,主旨内容,简明、庄重风格研判,风格表现手段(精确数字使用、分条缕析、言说体式)。
  教学法提示:语体管控法、小组讨论法、分析法。
  该例属于公文事务语体中的通知体,简明风格与庄重风格并存。该例作为通知,就是要告诉本公司工作人员中秋节和国庆节放假的相关事宜,只要把放假时间、注意事项等说清楚即可,因此,在言说方式上不必啰里啰唆,更不用抒发情感。正是通知体内容上的规约性,才使该例语言应用简洁庄重,表意准确明了。

二、风格修辞综合分析拟议

  综合分析是引导学生利用风格修辞理论知识分析理解不同风格修辞现象的重要阶段,也是风格修辞单元教学中巩固风格修辞理论知识,培养并提升学生风格修辞分析能力的阶段。关注点是培养并提高学生理解风格修辞现象的能力。

(一)目的与要求

  (1)通过对各种话语风格认知、评鉴与分析,以巩固学生所学风格修辞理论与知识,强化其对各种风格塑造的外部环境要求、语言应用特征、构成手段、修辞效果的理解。
  (2)引导学生学会运用风格修辞理论知识分析相关风格修辞现象,尤其要注重风格修辞手段差异性与共同性的分析,以提高其对风格修辞现象的简单分析能力和综合分析能力。前者是指培养并练就对单一风格修辞现象的分析能力和理解能力，后者是指培养并练就对复杂风格修辞现象的分析能力和理解能力。

（3）引导学生通过对风格修辞现象的讨论并进行反向思考，寻求运用构拟特定表现风格的手段和条件。这是要求学生由果逆向推导出因，通过对结果的分析，顺藤摸瓜找出造成这一结果的原因。也就是已经推定是某种表现风格，再从这种风格开始，按照不同的路径，倒推出是在什么条件、什么因素、什么修辞目的、什么体式、什么情境下形成了这一表现风格。

（二）语料收集与引用

（1）利用多种不同的手段，借助于不同的路径，尽量广泛地收集具有简明、朴实、庄重、幽默、生动、委婉等不同风格特色的语料。在教学过程中，再根据具体教学目标与教学要求对所拥有的风格修辞用例加以辨析整理、去伪存真，作为解决问题的实证性材料。

（2）选例要有助于风格修辞教学，更要考虑学生对风格修辞现象的理解能力。尤其是对名家名作，比如朱自清的《荷塘月色》《春》、孙犁的《荷花淀》、徐志摩的《再别康桥》、老舍的《茶馆》、曹禺的《雷雨》等文学语体所表现出的风格特色的综合分析，不仅有助于提升学生对风格修辞现象的品鉴能力，而且还能促使学生从名家名作中学习到更多更优质的构拟风格手段与方法，理清这些不同作品的语言格调为什么会有不同的表现。

（3）选例尤其要考虑语篇语境的完整性和特定语体的适应性。以语体适应性为例，不同语体往往会形成不同的语言表现风格。比如，事务语体、科学语体自然是以规范、平稳、严谨风格为主调；文学语体基于自身的包容性，可以允许多种不同的风格存在，所以在阅读文学作品时，简明、朴实、庄重、幽默、生动、委婉等风格类型在同一部作品中都会有不同表现。基于此，风格修辞语料选择更应做到对特定语体规制的适应。

（三）综合分析示例

教学中要思考的主要问题是：利用什么样的风格修辞理论知识？如何运用这些风格修辞理论知识？根据以下教学示例中的语料，分析研判表现风格。

教学示例1 散言体用例。

曲曲折折的荷塘上面，弥望的是田田的叶子。叶子出水很高，像亭亭的舞女的裙。层层的叶子中间，零星地点缀着些白花，有袅娜地开着的，有羞涩地打着朵儿的；正如一粒粒的明珠，又如碧天里的星星，又如刚出浴的美人。微风过处，送来缕缕清香，仿佛远处高楼上渺茫的歌声似的。这时候叶子与花也有一丝的颤动，像闪电般，霎时传过荷塘的那边去了。叶子本是肩并肩密密地挨着，这便宛然有了一道凝碧的波痕。叶子底下是脉脉的流水，遮住了，不能见一些颜色；而叶子却更见风致了。（朱自清《荷塘月色》）

教学关注点：生动风格。
教学法提示：阅读体会法、语体导引法、分析法、合作探究法。

教学示例2 诗歌体用例。

静夜思
李白
床前明月光，疑是地上霜。
举头望明月，低头思故乡。

教学关注点：简明风格。

教学法提示：诵读感悟法、语体管控法、讲练法、分析法、小组讨论法。

教学示例3 网络语体用例。

悟空和唐僧一起上某卫视《非诚勿扰》节目。

悟空上台，24盏灯全灭。理由：①没房没车，只有一根破棍；②保镖职业危险；③动不动打妖精，对女生不温柔；④坐过牢，曾被压五指山下500年。

唐僧上台，哗！灯全亮。理由：①公务员；②有兄弟做官，后台最硬；③精通梵文等外语；④长得帅；⑤最关键一点——有宝马！（网络段子）

教学关注点：幽默风格。

教学法提示：分析法、合作探究法。

教学示例4 科学语体用例。

日常交际领域是人们日常的语言生活领域，最常见最普通的口语交际充斥其中。日常交际的目的是干什么的呢？无非是正常的人际交往、情感沟通、人际关系搭建与疏通、日常事务处理等。这些交往活动中，只要把话说明白、说清楚即可，虽然也讲究话语的变异表达，但大可不必过分苛求或者一味追求口头交际的艺术化。因此，在日常交际领域中的口语交际处在常规表达界面，得体性这一根本目标就体现为交际话语的合格性、语意的真实性，坚持以常规表达为主导，但并不排斥变异表达。

教学关注点：严谨风格。

教学法提示：设疑法、练讲法、分析法、合作探究法。

教学示例5 剧文体用例。

田秀姑红着脸说："你喜欢我们山里吗？"何山："喜欢。""将来你愿意住在我们山里吗？""我家里还有父亲。""把他接来。"（电视剧《乌龙山剿匪记》）

教学关注点：委婉风格。

教学法提示：分析法、合作探究法、角色扮演法。

教学示例6 散言体用例。

去的尽管去了，来的尽管来着；去来的中间，又怎样地匆匆呢？早上我起来的时候，小屋里射进两三方斜斜的太阳。太阳他有脚啊，轻轻悄悄地挪移了；我也茫茫然跟着旋转。于是——洗手的时候，日子从水盆里过去；吃饭的时候，日子从饭碗里过去；默默时，便从凝然的双眼前过去。我觉察他去的匆匆了，伸出手遮挽时，他又从遮挽着的手边过去，天黑时，我躺在床上，他便伶伶俐俐地从我身上跨过，从我脚边飞去了。等我睁开眼和太阳再见，这算又溜走了一日。我掩着面叹息。但是新来的日子的影儿又开始在叹息里闪过了。（朱自清《匆匆》）

教学关注点：朴实风格。

教学法提示：语体导引法、分析法、小组讨论法、问答法。

三、风格修辞模拟训练设想

模拟训练是学生利用风格修辞理论知识进入现实语文实践前的模拟性演练阶段，也是风格修辞单元教学中引导学生综合应用风格修辞理论知识进行修辞表达的能力训练阶段。关注点是培养并提高学生按照表现风格的修辞要求进行修辞表达的能力。

（一）目的与要求

（1）考查学生对所学风格修辞理论知识的掌握情况，是对学生学习掌握风格修辞理论知识状况的进一步实验和检测。通过有条件、有目的的限定性的模拟训练，让学生进一步意识到系统性地掌握风格修辞理论知识的重要性，以及风格修辞理论知识在汉语修辞理论体系的不可或缺性。

（2）每种表现风格在话语领域、语体规制、语言环境、语言要素手段和非语言要素手段等方面都有自己有别于其他表现风格的要求，因此，要指导学生学会运用适合于特定风格要求的修辞手段开展语文实践活动，培养并锻炼学生根据特定表现风格的修辞要求选择语音、词语、句子、辞格等手段的技巧和能力。

（3）要围绕着风格修辞单元教学目标、教学重点和教学难点设计不同的训练话题，以锻炼学生恰当选择风格及其风格构拟手段的能力。这实际上是围绕着教学效果提出的模拟训练要求，强化了教学效果的中心地位。

（二）模拟训练思路

（1）以实现风格修辞教学总目标为原则来设计风格修辞专项能力训练目标或者综合能力训练目标。

（2）根据要达成的风格修辞专项能力目标或者综合能力训练目标，确定适合于学生训练的风格修辞话题。比如，以某种表现风格或生动、或幽默、或朴实、或委婉、或简明、或庄重的构拟能力作为专项训练话题，要求学生在语言应用上从语音、词语、句子、辞格等方面做出努力，以形成模拟训练所要达成的规定话语表现风格目标。

（3）训练话题确定后，引导学生根据所确定表现风格类型在构拟手段、语体规制、语言环境、话语内容等方面的基本特征，提出具体而又切实可行的训练要求。要促使学生分清主次，抓住主要条件，兼顾次要要求，明确从哪些方面下功夫，在哪些方面着力。

（4）根据训练要求选用恰当的训练手段和方法。比如，可以通过谈判、演讲、召开主题班会、写演讲稿、邀请函、会议纪要、记叙文、议论文、读后感、散文，自由交谈、辩论、谈判、拟定规章制度、草拟宿舍规则、制定班级班规、撰写个人总结等话语实践活动，采取相应的施言手段来构拟不同的表现风格。

（三）模拟训练示例

从不同角度训练并提高学生不同风格的选择能力，以及遵循特定风格规范进行修辞表达的能力。

模拟训练 1

训练目标：训练学生在科学语体规制下构拟严谨风格的能力。

训练话题：介绍一种常见的生活用品。

训练要求：

(1) 采用严谨的话语风格。

(2) 选择科学语体中的说明科学体。

(3) 词语、句子、辞格等修辞手段的应用要符合该表现风格的基本要求。

(4) 立意要正确，内容要具体，条理要清晰，主次要分明。

(5) 篇幅控制在 300 字以内。

模拟训练 2

训练目标：训练学生在谈话语体规制下构拟委婉风格的能力。

训练话题：以拒绝对方邀约为话题编写一段会话。

训练要求：

(1) 采用委婉的说话风格。

(2) 选择谈话语体中的随意性谈话体。

(3) 语音、词语、句子等修辞手段的应用要符合该表现风格的基本要求。

(4) 编写对话，至少要有 15 个话轮。

(5) 话题转换要合理，话轮衔接要自然。

(6) 立意要正确，内容要具体，条理要清晰。

模拟训练 3

训练目标：训练学生在文学语体规制下构拟生动风格的能力。

训练话题：以抒情为内容写一篇散文。

训练要求：

(1) 采用生动形象的话语风格。

(2) 选择文学语体中的散言体。

(3) 语音、词语、句子、辞格等修辞手段的运用要符合该风格的基本要求。

(4) 立意要正确，内容要具体，条理要清晰。

(5) 篇幅控制在 700 字左右。

模拟训练 4

训练目标：训练学生在演讲语体规制下构拟简明风格的能力。

训练话题：以传授小学生读书方法为话题写一篇讲稿。

训练要求：

(1) 采用简洁明了的风格。

(2) 选择演讲语体中的传授性演讲体。

(3) 语音、词语、句子、辞格等修辞手段的使用要符合该风格的基本要求。

(4) 立意要正确，内容要具体，条理要清楚，结构安排要合理，符合小学生接受能力。

（5）篇幅控制在600字左右。

模拟训练5

训练目标：训练学生在公文事务语体规制下构拟朴实风格的能力。

训练话题：以学习汉语的心得体会为话题写一篇文稿。

训练要求：

（1）采用朴实平易的风格。

（2）选择公文事务语体中的通报体。

（3）语音、词语、句子、辞格等修辞手段的应用要符合该风格的基本要求。

（4）立意要正确，内容要具体，要尊重事实。

（5）条理要清晰，结构安排要合理。

（6）篇幅控制在600字左右。

模拟训练6

训练目标：训练学生在政论语体规制下构拟幽默风格的能力。

训练话题：就当下某个新闻热点展开评论，写一篇政论文。

训练要求：

（1）采用诙谐幽默的风格。

（2）选择政论语体规制。

（3）语音、词语、句子、辞格等修辞手段的运用要符合该风格的基本要求。

（4）立意要正确，内容要具体。

（5）条理要清晰，结构安排要合理。

（6）篇幅控制在600字左右。

模拟训练7

训练目标：训练学生不同表现风格的转换能力。

训练话题：改写下列语例，使其表现风格按照要求进行转换。语例如下：

①绿，鲜绿，浅绿，黄绿，灰绿、各种的颜色，连接着，交织着，变化着，波动着，一直绿到天边，绿到山脚，绿到渔帆的外边去。风不凉，浪不多，船缓缓的走，燕低低的飞，街上的花香和海上的咸香味混到一处……（老舍《五月的青岛》）

训练要求：

（1）该例为生动风格，请改写语例，使语言表达转化为朴实的话语风格。

（2）在改写过程中，要采用删减、增添、替换、位移、重组等改写方法，改变原有风格所采用的语音、词语、句子、辞格等修辞手段，使之符合朴实风格的修辞要求。

（3）改文与原文基本意思要保持不变。

（4）条理要清晰，语意要明确。

②一位水手准备出海。他的朋友问他："你的父亲是怎么死的？""死于海难。""那你的祖父呢？""也死在一次海洋风暴中。""天呢！"朋友大嚷，"那你为什么还要当水手去远航呢？"水手淡淡一笑，问："你父亲死在哪里？""死在床上。""你祖父呢？"

"也死在床上。""朋友,"水手说,"那你为什么晚上还要睡在床上呢?"(乙白莲《幽默诙谐妙推理》))

训练要求:

(1)该例为委婉风格,请改写语例,使语言表达转化为简明的话语风格。

(2)在改写过程中,要采用删减、增添、更替、换序等改写手法,改变原有风格所采用的语音、词语、句子、辞格等修辞手段,使之符合简洁明了风格的修辞要求。

(3)改文与原文基本意思要保持不变。

(4)要做到条理清晰,语意明确。

第三节 风格修辞拓展实践策划

拓展实践是学生把课堂上学到的相关风格修辞理论知识和汉语修辞实践真正结合的实战阶段,目的是以课外拓展实践形式来锻炼学生的风格修辞能力。关注点是培养锻炼并全面提高学生选择和构拟话语表现风格的能力。

一、风格修辞拓展实践要求

(1)培养学生的风格养成意识,在语文实践中重视风格修辞,学会通过培养、塑造、选择不同话语风格来表情达意。

(2)锻炼学生在特定语体规制下和具体语境中的风格修辞能力,促使学生善于应用各种风格修辞手段进行得体的表达。

二、风格修辞实践策划路径

第一步:如果从三大交际领域来看,不同话语领域可以塑造不同的语言表现风格,反过来,同样的表现风格也可以应用于不同的话语领域。换句话说,话语领域与表现风格之间没有必然关系,不是说某个话语领域只能使用一种表现风格,某种表现风格也只能应用于某个话语领域。但是,在三大交际领域内部,每个交际领域中又有众多小的交际圈子,这些小的交际圈子与话语表现风格有着千丝万缕的联系。因此,要引导学生在研判并确认参加语文实践大圈子之后,还要研判并确认话语领域的小圈子,这样才能为话语风格的选择与构拟提供保证,做到中规中矩。

第二步:在确定大小交际圈后,要进一步引导学生审慎选择语言应用的规制,也就是慎重选用通往目的地的便捷而又高效的车制与轨道。明确哪种语体规制及其下位语文体式是最适宜于培育滋养某种表现风格的土壤,哪种语体规制及其下位语文体式不能满足塑造这种表现风格所需要的外部条件。一般来说,事务语体、科学语体、新闻语体更能够为庄重严谨风格的形成提供外部体式上的保证;文学语体、网络语体由于自身的包容性,可以为所有表现风格的形成提供足够优质的外部环境;谈话语体则更便于朴实风格的形成。从总体上来看,不同语体表现风格的丰富程度,文学语体和网络语体要大于广告语体,广告语体要大于政论语体和演讲语体,政论语体和演讲语体要大于口头语体,口语语体要大于新闻语体,新闻语体要大于科学语体和事务语体。要促使学生认识到这些，并依据现实话语状况做出合理的选择。

第三步：话语交际领域和语体规制及其下位语文体式的确定为具体话语实践活动中的语言应用指明了方向，作为学生，就要朝着明确的施言方向在听、说、读、写语文行为上下足功夫。要教育学生遵守得体性原则及其分原则，构拟恰当的风格修辞手段，以顺利、有效地开展综合性修辞实践活动。

三、风格修辞实践策划示例

实践活动示例1 日常交际领域话语实践。

实践目的：锻炼学生在日常交际领域中用庄重严谨话语格调进行修辞表达的能力。

实践任务：在微信平台上和朋友聊天，交流自己读某本文学名著的心得与收获。

实践过程：

（1）话语表达的整体风格形象是庄重严谨。

（2）紧紧围绕着内容组织话语，话题转换要适度，内容要具体。

（3）修辞手段要符合微信聊天体的语言应用要求。

（4）要采用相应修辞手段来体现庄重严谨的风格特征。

（5）聊天时间尽量长一点，尽可能多说话，以强化锻炼过程。

实践活动示例2 社会交际领域话语实践。

实践目的：锻炼学生在社会交际领域中用朴实通俗话语格调进行修辞表达的能力。

实践任务：学生作为讲解员，向同学讲1～2种比较有代表性的文化习俗，就此写一篇讲解稿。

实践过程：

（1）学生要仔细琢磨，选出自己认为有代表性的文化习俗。

（2）立意要正确，思路要清晰，条理要清楚，主次要分明。

（3）要结合朴实通俗风格的修辞要求，好好组织话语，尤其是对语音、词语、句子的选择，要做到对该风格的适切。

（4）要注意思维习惯和思维方式的改变。

（5）篇幅以讲10分钟时间为限。

实践活动示例3 艺术交际领域话语实践。

实践目的：锻炼学生在艺术交际领域中用生动形象话语格调进行修辞表达的能力。

实践任务：为某剧社创作一出小品短剧。

实践过程：

（1）学生主动接受创作小品短剧的任务，主动了解该剧社创作小品短剧的目的等相关问题。

（2）选择文学语体规制下的小品体式，篇章结构安排要与小品体相吻合。

（3）要按照生动形象风格的修辞要求组织话语，尤其是对语音、词语、句子、辞格等修辞手段的选择要能够体现该风格语言应用的基本特征。

（4）立意要正确，思路要清晰。

（5）篇幅以能够表演 10～15 分钟时间为限。

【思考与练习】

　　1. 请收集风格修辞用例。要求：①文学语体、政论语体、演讲语体、广告语体、新闻语体、科学语体、事务语体、网络语体、谈话语体等特定语体用例各 1 个；②要注意例子所适用的语境条件。

　　2. 把对特定语体规制下和具体语境中某种表现风格得体状况的分析品评作为教学内容，设计微型教学方案。

　　3. 把"朴实"风格与"生动"风格异同的比较作为讲授内容，要求采用合作探究法、讨论法进行教学，请据此设计微型教学方案。

　　4. 请运用不同的表现风格来记述、描写、议论、论证某个相同的事情。请据此作为教学内容，设计微型教学方案。

　　5. 根据本章教学重点与难点，设计课外作业题。要求：①填空题 5 道，答案均为知识性内容；②选择题 5 道，答案均为分析理解性内容；③判断题 5 道，答案均为分析理解性内容。

　　6. 为锻炼学生在特定语体规制下和具体语境中调适表现风格的能力，要求学生就自己的亲身经历拟写一篇记叙文。请就此教学内容设计模拟训练微型教学方案。

　　7. 为锻炼学生分析理解风格修辞现象的能力，请从人教版九年级《语文》教材中选择一篇课文，从综合分析角度认知、解读、品评其中的风格修辞现象。请据此要求设计微型教学方案。

　　8. 请把庄重风格作为教学内容，设计微型教学方案。

　　9. 在表达某个语意内容时，究竟要运用什么样的话语格调？需要考虑哪些因素和条件？请以此为教学内容设计微型教学方案。

　　10. 结合本章拓展实践环节提出的要求，课外组织一场辩论比赛。要求：①汉语言文学专业每个年级组成一支辩论队，四个年级共有四支辩论队参赛；②请各队根据辩题要求，讨论并准备材料，自行设定现场辩论的话语基调，形成鲜明的话语表现风格；请据此设计实践话题，设计出相应的技术路径，并提出切实可行的要求和做法。

　　11. 你认为风格修辞单元教学应该把着力点聚焦于哪些方面？为什么？

第十章 修辞语病教学实验

【教学目标与要求】
通过教学,引导学生树立正确的语病观,了解常见的修辞语病并弄清楚产生错误的主要原因,掌握评改修辞语病的基本原则和常用评改方法,培养其分析理解并修改修辞语病的能力,以达到规范表达和超常表达的目的。

【教学重点】
修辞语病产生的原因、修辞语病评改方法和技巧、培养评改修辞语病的能力。

【教学难点】
修辞语病产生的原因、修辞语病评改方法和技巧、培养修改修辞语病的能力。

第一节 修辞语病教学内容取舍

一、修辞语病及现象

王希杰在其系列性修辞学论著中提出并论证了零度偏离理论。[①] 根据这一理论来推演,在听、说、读、写各种语文实践活动中,都存在着零度与偏离现象。偏离又有正偏离与负偏离之分,而负偏离就是零度以下的,也就是违背了语言规范和修辞原则的语言现象。这种负偏离现象在修辞应用上就属于我们所说的修辞语病。因此,简单地说,修辞语病就是用修辞学眼光来看,语文实践过程中违背得体性根本原则以及语言、情景、文化和心理等具体规则,并带来消极修辞效果的负偏离修辞应用现象。因此,判断修辞话语是否有语病,关键是要在特定语体规制下和具体语境中用修辞学的眼光来研判动态情势下修辞的应用是否恰当、是否得体,而不是孤立、静止地看修辞话语本身是否合法、是否合理、是否合俗。换句话说,修辞语病涵盖了通常意义上说的所谓病句,但远远不限于这些病句。学界通常所说的"病句""病例""语病""偏误""病辞",从修辞学意义上来看都属于修辞语病。

按照修辞的四个世界理论,修辞语病就分别存在于语言世界、物理世界、文化世界和心理世界。对应起来,是说凡是违背了修辞应用的得体性原则,没有做到与特定语体规制和具体语境相适应的语音修辞偏误、词语修辞偏误、句子修辞偏误、辞格修辞偏误、风格修辞偏误、语体修辞偏误、语境利用偏误等现象,都属于修辞语病。

二、修辞语病的识辨

对修辞语病的判断自然是建立在拥有较强汉语语感、较高汉语语文素养和较为厚实

---

① 王希杰:《修辞学通论》,南京大学出版社1996年版,第199–201页。

的汉语修辞学基本理论知识基础之上的。除此之外，在具体研判过程中还必须掌握一定的技巧和手段。

（一）审读法

审读法就是仔细审视并认真阅读，看整个语例是否有违背语言规则的现象。比如要审查语例中的语言表达是否遵守了语音规则、语义规则、语法规则、语用规则、情景规则、文化规则、心理规则等，看是否顺应特定语体规制，是否适应具体语言环境。如果遵循了规则，顺应了语体，适应了语境，做到了得体，那么就是正确的表达；否则，就是错误的表达，也就是我们所说的修辞语病或修辞偏误。这种识别手段或方法注重的是对语言运用现象的整体认知，强调了个人语感的重要性。因此，审读法不仅适用于对规范修辞范围内语言应用问题的研判，也适用于对变异修辞范围内语言应用问题的研判。也就是说，这种方法适用于对所有语言应用现象的识别与判断。

（二）句法分析

句法分析是采用句子成分分析法、结构层次分析法等特定语法分析方法来研判语言应用是否有语病的识别手段。通常所说的抓干寻枝法就属于句法分析中的一种操作手段，也就是要在审读的基础上，通过对句子结构、构成成分及其相互关系进行分析，由此来研判语言表达是否存在搭配不当、成分残缺、成分多余、句式杂糅、词语误用、语序错位、歧义多解等违背语言规则的偏误现象。这种研判手段把重点放在句子内部结构层次、结构关系、结构成分等在句法上是否存在错误上，因此，这种手段更适用于对规范修辞范围内句法问题的研判与识别。

（三）语义分析

语义分析是采用语义指向分析、语义特征分析、语义关系分析、逻辑分析等特定语义分析方法来研判语言应用是否有语病的识别手段。这是在审读的基础上，通过对语言应用中词语的特定语义指向或特定语义特征，以及句子（或语段）内部的语义分析、逻辑语义关系分析，来研判识别语言应用是否存在语义搭配不当、词义不准确、歧义多解、句意费解、概念误用、判断错误、推理不周、关系不调、语义重复、层次不清、否定不当等错误现象。这种识别方法和手段着意于语言应用中语意（语义）上是否存在偏误问题，所以更适应于对规范修辞范围内语意（语义）问题的研判。

（四）语境参照

语境参照是充分利用修辞活动的四个世界（语言世界、物理世界、文化世界、心理世界）语境条件来分析研判语言应用是否存在语病的识别手段。这是在审读基础上，把语言应用放在具体语言环境之中来审视，通过分析语言应用对具体语境条件的适应程度来研判识别语言应用是否存在语音修辞不当、词语修辞不当、句式修辞不当、辞格修辞不当、风格修辞不当、意义修辞不当、语体修辞不当等错误现象。这种识别方法和手段强化了语境的重要性，把语境条件（含语体规制）作为研判识别是否有语病的不可或缺因素，更为突出的是语言应用效果好坏的程度，所以更适应于对变异修辞范围内语言应用问题的研判。

三、评点与修改原则

（一）评改基本要求

对修辞语病的评改有两种情况：一种是在遵循得体性原则的前提下，借助于具体语境条件和特定语体规制的帮助而使修辞语病（即负偏离现象）转化为修辞佳句（即正偏离现象）状态；一种是在遵循得体性原则的前提下，采用相应评改手段而使修辞语病（负偏离现象）转化为适应于特定语体规制和具体语境条件的规范修辞现象（零度修辞现象）。

在汉语修辞教学中，首先，要引导学生学会研判辨认哪些修辞现象违背了得体性原则；其次，要引导学生学会分析并弄明白修辞语病的具体表现类型以及造成偏误的具体原因；最后，要通过讲解、评析、训练和实践，促使学生掌握相关修改方法和技能，达到较高的评点与修改水平。

（二）评改原则①

坚持得体性原则是评点与修改修辞语病的根本原则，修辞语病评改以"得体"为最高标准。

1. 要保持原文基本意思不变

这是要求改文与原文在思想意义和主旨内容上尽可能保持一致性，修改后的基本语意没有发生大的变化甚至没有变化。当然，如果原文所表达的意思问题比较多甚至相当严重，那自然也要对原文语意进行修改。否则，在修改语病时就要尊重原文基本语意，使改文与原文意思基本不变。比如，原病态修辞的基本意思是"去广州开会"，修改后却成了"到北京爬长城""到泰国去体验异域文化"，这种修改虽然改后语句没有什么毛病，但背离了原病态修辞的基本意思，这种修改就违背了我们这里所说的评改原则。

2. 要尽量向原生修辞状态靠拢

要引导学生善于多就少改，也就是要多向原句基本框架靠拢，尽量不做伤筋动骨的大修大改。努力做到有错就改，无错则免；错在哪里，就在哪里修改。比如，原病态修辞的句法结构是双宾结构，原则上修改后依然保持双宾结构不变。

3. 要利用特定语体和具体语境条件

修辞语病评改必须做到合情合理，而要做到合情合理，就意味着在评改过程中要充分参照原文所出现的特定语体规制和具体语境条件，必须得到特定语体规制和具体语境条件的强有力支持，修辞结果要做到与特定语体规制和具体语境条件相适应。换句话说，修改结果能够说得通，要讲道理、有根据，能够经得起论证与检验，要具有较强的说服力和可接受性。

---

① 孟建安主编：《实用语体修辞训练教程》，中山大学出版社 2019 年版。

四、评点与修改方法

评改修辞语病的方法有很多。常见的评改方法有六种，即删减、添加、替换、位移、修正、重组。这几种方法各有优势。具体地说：删减就是竭力将修辞语病中多余的成分剔除掉，使修辞语病成为修辞应用常态；添加是把修辞语病中缺少的必要成分补充出来；替换是用相应语言成分代替修辞语病中已有的不当成分；位移是针对语序混乱、语意不明、层次不清、语意关系错乱等修辞语病，通过改变某些成分的相对位置，使修辞文本按照正常语序呈现；修正就是把修辞语病中的错误直接改正过来；重组是在保持基本语意不变的前提下，重新组词造句并构拟语篇。① 对修辞应用偏误现象的评改，需要根据特定语体和具体语境做出适宜判断与选择，或选用单一评改方法，或多种评改方法并用。

第二节　修辞语病课堂教学设计

一、修辞语病课堂讲授构想

课堂讲授是学生了解、认知汉语修辞语病基本表现形式，熟悉并掌握病辞评改基本要求、评改原则和评改方法的初始阶段，也是修辞语病单元教学中培养学生坚持得体性原则对修辞语病加以评改的基础阶段。关注点是促使学生理解并熟悉修辞语病产生的主要原因，掌握修辞语病评改的基本原则和常用方法。

（一）目的与要求

（1）要求学生认知并了解常见汉语修辞语病以及产生偏误的主要原因，引导学生用修辞学眼光看待语病，坚持得体性原则，从语言世界、物理世界、文化世界、心理世界等角度考查修辞语病形成的各种因素。

（2）促使学生熟练掌握修辞语病识辨评改的原则、要求、手段与方法，为培养学生识别判断修辞语病以及修辞语病理解能力奠定扎实的修辞理论基础。

（3）促使学生综合运用修辞理论知识，引导能够结合特定语体规制和具体语境条件识别并评改修辞语病，从修辞理论意义上为锻炼并培养学生修辞语病评改能力渗透更多的学术含量。

（二）重点与难点处理及教法选用

学生在学习汉语修辞过程中，在利用语境条件、使用修辞手段等各个方面都可能会出现违背得体性原则的现象。尤其是不同国别、不同文化、不同母语等差异性原因，在用交际时往往会出现语病。在教学过程中，教师要特别关注这一点，要把学生语病产生的原因与学生语言文化背景之间的关系讲清楚、讲透彻。本节按照得体性原则的相关要

---

① 孟建安：《汉语修辞转化论》，暨南大学出版社 2013 年版，第 268－269 页。

求,针对语体修辞语病、语境修辞语病、语音修辞语病、词语修辞语病、句子修辞语病、辞格修辞语病、风格修辞语病等负偏离修辞现象加以讨论与分析。

1. 语体修辞语病及评改

(1)语体修辞语病。

语体修辞语病是说语体或语文体式以及特定语体规制下修辞手段的选择违背了本有语体及其语文体式的基本规范而产生的错误现象。语体虽然有相对开放的一面,但是语体一旦形成,也便有一定程度的保守性和封闭性,因此也就会排斥一些异己的修辞手段或言说体式。如果强行使用,而又没有提供足够的语境条件等作为保证,则必然会出现故障,产生语体修辞语病。比如在公文语体的法规体中错误地使用了夸张、比喻、比拟、通感等辞格,或者错误地渗透了感情色彩、夸饰色彩、方言色彩比较浓重的词语,或者错误地交叉使用了反问句、感叹句等,或者错误地交叉使用了韵文体常用的表达手段,都会给法规体的语言表达造成不同程度的损害。这些都属于语体修辞语病。

(2)评点与修改。

语体规约着修辞主体对语意的表达和理解,因此,语体修辞单元教学必须把语体偏误评改能力的培养作为重要内容。学生只有具备了较强的语体偏误评改能力,才能在语文实践中更得体地选择语体、运用语体。教学过程中,可以收集较多的语体偏误用例,结合语例的具体语境条件,合理采用渗透、交叉、移植等手段,并利用适宜的评改方法,引导学生学会根据特定语体规范对语体偏误现象做出评改,掌握评改语体偏误现象的基本技巧。

要对语体偏误做出评改,首先,必须坚持语体先行教学策略。研判、识别、确认语体及其语文体式,以便对特定语体规制下的修辞应用规范做出准确的认知和强化。其次,就是要坚持语境教学策略。要根据具体语境条件对语体偏误进行判断:哪些地方错了,错在什么地方,什么原因造成的错误。最后,再结合本有语体及其语文体式的修辞要求进行调整修改,以使修辞应用做到与本有语体及其语文体式相适应。

教学示例1

请假条

敬爱的老师:

　　昨夜雨急风骤,风云异色,天气突变。

　　因吾尚在梦中,猝不及防,不幸受凉!

　　鸡鸣之时,吾方发现。不想为时已晚矣!

　　病毒入肌体,吾痛苦万分!

　　亦悔昨夜临睡之际,不听室友之劝,多加棉被一条,以致此晨之窘境。

　　吾痛,吾悔!无他,惟恸哭尔!室友无不为之动容!

　　本想学业之成就为吾一生之追求!又怎可为逃避病痛而荒辍学业乎!遂释然而往校。但行至半途,冷风迎面吹,痛楚再袭人。吾涕泗俱下。

×××
×年×月×日

教学关注点：请假条体及其语言应用特征、大量文学语体要素的错误植入、风格偏误。

教学法提示：比较法、小组讨论法、问题导引法、语体管控法。

该例带有更多调侃性质，但能够说明问题。请假条属于公文事务语体，在语言应用上要做到平实、准确、礼貌，并讲究体式规范。该例中，在体式上基本上符合请假条的相关要求，但是在话语基调、词语应用、句子选择、辞格构拟等语言要素和超语言要素的选用上大多背离了请假条所属公文事务语体的基本修辞规范。通篇来看，该文移植了文学语体的行文笔法，选用了文学语体常用的修辞手段，使得话语富丽堂皇、生动形象又富有陌生感。然而，遗憾的是，请假时间、请假理由等的说明与陈述都缺乏足够的说服力，语意是不清楚的、模糊的，而这恰恰是公文事务语体最忌讳的。显然，这种语体选择是失当的，是一种语体偏误现象。教学中，要根据请假条语文体式的规约和要求，并结合该例具体内容做出相应的调整与修改，以纠正语体选择中存在的偏误。

> [教学示例2]

老师，我因为要去上海接朋友，今天不上课，特此批准。

教学关注点：请假条语言应用特征、批复体语言应用特征、批复体专用话语（词语）模式误用。

教学法提示：比较法、小组讨论法、问题导引法、语体管控法。

该例是学生请假条中出现的语体偏误现象，误将批准他人请求的话语模式当作请求别人批准的话语模式。可改为：

老师，我因为要去上海接朋友，今天不上课，请批准。

> [教学示例3]

关于赴贵市就医相关事宜的函

中共广州市纪委办公室：

俗话说，天下之本在一家，天下纪委本一家。本人曹丽萍，女，身份证号：4523291983××××，桂林市纪委宣传部干部。近日，我家外甥王子曰（8个月大）在桂林市医学院确诊为先天性心脏病。悉闻贵地人民医院在儿童先天性心脏病方面具有传统优势，冒昧打扰贵委，恳请协助找一位小儿先天性心脏病的权威专家。不胜感激。请予安排接洽为盼。

联系电话：1378854××××　　办公室电话：×××××××

中共桂林市纪委宣传部（公章）
2017年8月9日

教学关注点：语例语言应用特征分析、信函体、公函体运用失当及其原因。

教学法提示：知识回忆法、分析法、练讲法、语体管控法。

2．语境修辞语病及评改

（1）语境修辞语病。

修辞表达和理解可能会存在语境差。语境差是指语文实践和修辞应用过程中表达主体与接受主体不处在同一个语境平面上,不同时拥有相同的语境条件,在语言世界、物理世界、心理世界和文化世界的某些方面存在着不同程度的不一致性。语境差有积极作用,也有消极影响。具有消极影响的语境差其实就是一种语境利用的偏误现象。[①] 学生在汉语修辞实践过程中,由于忽略了语境的作用力或者对相关语境条件认知不够、把握不准、判断有误,错误地利用了或者忽略了某些具体语境条件,使得修辞表达和理解未能拥有共同的语言环境,造成了程度不等的语境偏差,由此而给语文实践和修辞应用设置了障碍,这就是语境修辞语病。

1) 语言语境偏误。

语言语境偏误是指学生在汉语修辞实践中对语言世界条件的应用发生的负偏离现象。正因为语言语境利用存在着偏误,使得学生的修辞实践出现较多障碍。语境修辞语病主要体现为修辞应用与语言语境不协调、不适应,具体表现为对上下文、前言后语、主旨内容、表现风格、文字符号等语言内语境条件的应用出现偏差、错误等不良现象。

2) 物理语境偏误。

物理语境偏误是指学生在汉语修辞实践中对物理世界条件的应用发生的负偏离现象。物理世界条件的利用干扰了修辞主体的修辞实践,造成了物理语境意义上的障碍。比如基于听觉、视觉、触觉、嗅觉、味觉等感官方面的干扰,像噪音、烟味、掌声、光线太暗或太强、电话铃声、空间距离太远或太近、交往时间太久或频率过大等,这些都会对交际双方的说写与听读形成干扰,从而造成物理语境障碍。物理语境障碍制约和影响了修辞表达和修辞理解,因此必然会使修辞应用产生不得体现象。

3) 文化语境偏误。

文化语境偏误是指学生在汉语修辞实践中对文化语境条件的应用发生的负偏离现象。比如由于对时代文化、文化心理、知识文化、交际文化、习俗文化等文化语境条件认知不够、把握不准,以致制约和影响了修辞实践的顺利开展。这些都属于文化语境偏离现象。越南人无论是见面还是道别都用"你好",这是他们的交际文化规约。若与中国人告别时还使用"你好",就会让人不明就里,搞不清楚他们要表达什么意思。这实际上就是越南学生由于不了解中国交际文化,并受母语交际文化影响而错误地利用了文化语境条件。

4) 心理语境偏误。

心理语境偏误是指学生在汉语修辞实践中对心理语境条件的应用发生的负偏离现象。比如由于对个人心理、认知心理、社会群体心理等心理语境条件认知不够、把握不准,以致制约和影响了修辞实践的顺利开展。这些都属于心理语境偏误现象,即心理语境偏误。

(2) 评点与修改。

如何消除语境偏误现象?针对具体语境偏误,一方面要引导学生从思想意识上高度重视,时刻警示自己,不可掉以轻心;另一方面还必须从语境内部入手,找出造成偏误的根本原则,并结合修辞需要采取相应的针对性措施,做好纠偏工作,直至把各种语境

---

① 孟建安:《修辞语义:描写与阐释》,暨南大学出版社2015年版,第52页。

偏误现象消除掉。

消除语境偏误的最直接最有效的办法是：①要弄明白哪里存在语境偏误；②分析造成语境偏误的原因；③依因寻找修辞表达和修辞理解所需要的相同语境条件；④合理补足、调整相应的语境条件。

教学示例1

柔嘉直挺挺踏上毯子，毫无下拜的趋势，鸿渐跟她并肩三鞠躬完事。旁观的人说不出心里惊骇和反对，阿丑嘴快，问父亲母亲道："大伯伯大娘为什么不跪下去拜？"这句话像空房子里的电话铃响，无人接口。鸿渐窘得无地自容，亏得阿丑阿凶两人抢到红毯上去跪拜，险的打架，转移了大家的注意。（钱钟书《围城》）

教学关注点：对文化语境的准确认知、对心理语境认知的缺失、对物理语境条件的利用、语境偏误的消除方法。

教学法提示：语境参照法、文化阐释法、问题导引法。

例中，阿丑说出的"大伯伯大娘为什么不跪下去拜"这句话，造成了"这句话像空房子里的电话铃响，无人接口。鸿渐窘得无地自容"这一尴尬的局面。为什么呢？从语境角度看，阿丑的语境利用存在失误。其一，阿丑是小孩子，只依稀知道需要跪拜，可是他的大伯伯大娘并没有跪拜，感觉和平时看到的不一样，所以有疑问。其二，阿丑与方鸿渐、孙柔嘉存在语境差，他们之间不处在同一个语境层面。方、孙并不知道有跪拜这些规矩，但阿丑知道。其三，阿丑因为年龄小，率真诚实，但不懂得委婉提醒，于是便童言无忌地顺口说出了令大家都尴尬的话语。其四，怎么消除这样的语境偏误现象呢？撇开小说语体不说，可以通过作者的叙述，让阿丑与方、孙拥有相同的语境条件，从而改变语言表达的方式。

教学示例2

卫人迎新妇。妇上车，问："骖马，谁马也？"御曰："借之。"新妇谓仆曰："拊骖，无笞服！"车至门，扶，教送母："灭灶，将失火！"入室见臼，曰："徙之牖下，妨往来者。"主人笑之。此三言也，皆要言也。然而不免为笑者，蚤晚之时失也。（《战国策·宋卫策》）

教学关注点：对文化心理的准确认知、对时间场合的认知、对角色身份的认知、语境偏误的消除方法。

教学法提示：语境参照法、文化阐释法、讲解法、交际法、问题导引法。

交际主体对现场交际综合情境条件把握不准，没有慎重考虑情境因素对话题选择的制约作用，由此造成话题选择对情境的不适应。这则故事让我们看到，新妇对既有情境条件的利用是失当的，因此与人交际的效果则是"不免为笑者"。那么，该例中既有情境条件都有哪些呢？从交际主体来说，有新妇、御马者、仆、送行者、主人等；从交际时间来说，就是新妇出嫁这一天；从交际地点来说，主要是在新妇家门口、新郎家；从其他情境条件看，有马、灶、火、臼等；从事件来看，就是新妇出嫁。按照中国人的传统，女人出嫁这一天自不必操心夫家的事情，可是例中新妇却忘记了传统文化规约，不仅管了夫家的事情，而且还管得多了一点。正因如此，新妇在结婚这一天所说的"拊骖，无笞服""灭灶，将失火""徙之牖下，妨往来者"等这些话，虽然都是"要言"，都是正确的，但是还免不了被人笑话。为什么呢？就是因为"新妇"这一角色在说话时没有看交往的场合，没有掐好说话的时间点，没有把握好自我和交际对象的角色身份。总之，新妇对综合情境条件的利用存在问题，说了不该说的话，结果闹了大笑话。

3. 语音修辞语病及评改

（1）语音修辞语病。

在汉语修辞实践过程中，学生必然会受到母语负迁移等因素的干扰，而使汉语语音修辞发生负偏离，由此而产生语音修辞语病。语音修辞范畴内的偏误表现在方方面面，最主要的是音近音同拗口、节奏控制（语速、停顿）不当、音节不匀称、押韵不和谐、平仄不相间等语音障碍。

（2）评点与修改。

对外汉语修辞教学中，首先可以通过讲解、训练、模仿、分析、讨论、复习、情境演示等手段和方法分辨识别哪些语音修辞现象是失当的；然后，再根据相关语音修辞理论知识加以分析，以找出造成语音修辞语病的原因；最后，结合具体语境条件以及语意内容等，采用相应修改方法加以修改。黄伯荣、廖序东主编的《现代汉语》（增订五版）（下册）对汉语修辞中常见的三种语音修辞失误现象进行了举例性分析，把原文与改文放在一起作比，由此来评鉴它们之间语音修辞效果的差异。[①] 这里从学生语音修辞能力培养角度举例分析如下。

其一，要引导学生学会根据上下文音节配置情况，通过增加或减少音节数量使音节结构匀称整齐。

教学示例

原句：仿佛令人感到战鼓和进军号的撼人的气魄。（秦牧《土地》）

改句：仿佛令人感到咚咚战鼓和进军号角的撼人的气魄。（中学《语文》中的《土地》）

教学关注点：音节不匀称现象、上下文语境、评改方法、修辞效果。

教学法提示：朗读试听法、默读自悟法、比较法、扩展法。

原句中，"战鼓"是双音节词，"进军号"是三音节词，先后出现形成"2+3"音节结构形式。读起来不匀称，在上下文表意中也缺乏气势和力量，与作品所呈现出的文气不吻合。改句都是四个音节，形成"（2+2）+（2+2）"的音节结构形式，节奏感比较强烈，而且使文章增强了战斗力，气势十足，从容不迫。

其二，要引导学生学会通过调配声调消除平仄不相间的偏误现象。

教学示例

原句：明白从前苦，方知今天甜。

改句：了解从前苦，方知今日甜。（黄伯荣、廖序东主编《现代汉语》用例）

教学关注点：平仄偏误现象、评改方法、修辞效果。

教学法提示：朗读试听法、讲解法、比较法、替换法。

---

① 黄伯荣、廖序东主编：《现代汉语》（增订五版）下册，高等教育出版社2011年版，第55页。

原文中，第一句是"平平平平仄"，第二句是"平平平平平"。整个句子读起来不顺口，听起来也不悦耳，原因就在于上下语句平仄调配出现了问题，平仄调配失当造成平仄不相间。改句中，第一句是"仄仄平平仄"，第二句是"平平平仄平"。整个句子平仄交替出现，则避免了平直到底现象，语音修辞效果要好于原文。

其三，要引导学生学会通过置换韵脚消除押韵不和谐现象。

> [教学示例]
>
> 原句：石不烂抬起头，
>
> 穷岭上，
>
> 红灯出。
>
> 改句：石不烂抬起头，
>
> 穷岭上，
>
> 红灯亮。（田间《赶车传》）①
>
> 教学关注点：押韵偏误现象、评改方法、修辞效果。
>
> 教学法提示：朗读试听法、默读自悟法、比较法、替换法、合作探究法。

原文中，下文"出"与前文"上"不属于同一个韵脚，从语音修辞角度看完全不在一股道上，形成不了和谐的语音效果。改句更换"出"为"亮"，"上"和"亮"同属一个韵脚，这样就使得上下诗句在语音上畅达顺和，而且声音响亮。

其四，要引导学生学会通过选择同义词语消除音同音近拗口现象。

> [教学示例1]
>
> 咱们就上旅馆前面的码头上上船。
>
> 教学关注点：同音拗口现象、评改方法、修辞效果。
>
> 教学法提示：朗读试听法、默读自悟法、替换法、分析法。

例中先后用了三个"上"，但是这三个"上"的意思显然是不同的。第一个"上"是"去、到"的意思；第二个"上"是方位词，类似于"那里"的意思；第三个"上"是"登上"的意思。从语音修辞角度看，这句话由于使用了三个同音同形词"上"，读起来不顺畅，听起来也会模糊不清。这种情况下，要引导学生学会根据上下文语境并结合"上"的意思对应更换成同义词语。可以把第一个动词"上"替换为"去"或"到"，把第二个方位词"上"改为"那里"或删除，也可以把第三个"上"替换为"坐"或"登"。可改为：

> 咱们就到旅馆前的码头上去坐船。

这样就可以消除由于音同音近关系造成的拗口不顺畅现象。

> [教学示例2]
>
> ①多亏跑了两步，差点没上上上上海的车。
>
> ②用毒毒毒蛇毒蛇会不会被毒毒死？
>
> ③校长说衣服上除了校徽别别别的，让你们别别别的别别别的你非得别别的！！（提

---

① 黄伯荣、廖序东主编：《现代汉语》（增订五版）下册，高等教育出版社2011年版，第229页。

示：同音拗口、语意费解）

教学关注点：同音拗口、语意费解、评改方法、修辞效果。

教学法提示：朗读试听法、语义分析法、替换法。

4. 词语修辞语病及评改

（1）词语修辞语病。

学生在汉语修辞实践过程中，由于各种原因而造成的词语使用错误，就是词语应用的负偏离现象，也就是所谓词语修辞语病。比如表意不确切、色彩（包括感情色彩、语体色彩等）不相宜、词语误用、词义搭配不当等现象。

（2）评点与修改。

要引导学生善于利用汉语词语修辞理论知识分析词语应用中出现了什么样的偏误，找出产生偏误的原因，并引导学生学会利用语境等条件对词语修辞语病做出修改，使之顺应具体语境和特定语体，以获取理想的词语修辞效果。要培养学生评改词语修辞语病的能力，必须结合具体语境条件，采用释义、比较、分析等手段和方法对词语修辞语病做出评改。

教学示例1 表意不确切现象的评改。

初稿：今日洞庭，诗意盎然，彩笔难绘，简直是一个用珍珠砌成的崭新世界。（郭璞《珍珠赋》）

改稿：今日洞庭，诗意盎然，彩笔难绘，简直是一个用珍珠缀成的崭新世界。（郭璞《珍珠赋》）

教学关注点：同义词语理性义异同比较。

教学法提示：释义法、比较法、替换法、语境条件利用法。

通过理解辨别"砌成"和"缀成"意思以及用法上的异同，改稿根据上文"珍珠"这一语境条件，把"砌成"改为"缀成"，使珍珠具有连缀组合与装扮之意，显然比初稿更真实、更形象，更能描写出洞庭湖的新气象。

教学示例2 感情色彩不相宜现象的评改。

他是我们班的热心人，前两天为了班上同学的事情弄得自己上蹿下跳。

教学关注点：词语感情色彩不当。

教学法提示：比较法、文化阐释法角色认知法、交谈法、替换法。

该例中，说话者显然对"上蹿下跳"成语的意思和感情色彩不甚了了，以至于错误地用在了本应该褒奖的热心人身上，使得话语的感情色彩发生了重大转移。这显然不是表达者的真实意思所在。根据全句意思不难推知：表达者是要描述热心人急同学之急、为同学操劳的状况，意在表扬热心人，本应该选择具有褒义色彩的词语，却错误地选用了具有贬义色彩的成语"上蹿下跳"。可以采用替换法把"上蹿下跳"改为"心急如焚"。

教学示例3 语体色彩不相称现象的评改。

①扶贫工作人员来到了村里，对80多岁的老奶奶说："您好呀，一个人在家呢，您配偶呢？"老奶奶一脸茫然，不知道怎么回答。

教学关注点：词语语体色彩不当。
　　教学法提示：比较法、小组讨论法、替换法。
　　扶贫工作人员问一位在农村生活的 80 多岁的老奶奶她的配偶去哪了，老奶奶的反应为什么会是一脸茫然？究其原因，就在于工作人员没有看准对象，交际过程中选用了一个文绉绉的具有书面语色彩的词语"配偶"。一方面，老奶奶年纪大，又在农村生活，可能文化水平低，未必听得懂"配偶"的意思；另一方面，工作人员与老奶奶是面对面口头交流，在词语选择上忽略了"配偶"一词的书面语体色彩，这两个原因使双方交际遇到了障碍。如果工作人员根据口头语体语言使用的要求并考虑交际对象的角色特征，选择口语化词语"老伴"，那么老奶奶必然能够听得懂，这样双方的交流就不会有任何问题。显然，该例中"配偶"一词的语体色彩与口头语体、与交际对象角色身份是不相吻合的。
　　②还有一次，我的朋友们都很忙，可是他们特意访问了我家。（周小兵等《外国人学汉语语法偏误研究》用例）
　　教学关注点：正式语体与口头语体比较、"访问"语体色彩。
　　教学法提示：比较法、小组讨论法、讲练法、替换法。
　　该例可改为：
　　还有一次，我的朋友们都很忙，可是他们还特意来看我。

教学示例 4 词义误解现象的评改。
　　中国教师：你的汉语说得真不错。
　　外国学生：老师，你胡说。
　　教学关注点："胡说"词义分析、汉语交际文化、得体性原则。
　　教学法提示：比较法、小组讨论法、练讲法、文化阐释法、替换法。
　　例中外国学生的回答显然不符合汉语交际文化的基本规范，也与欧美交际文化相悖。这位外国学生对"胡说"词义的理解和使用环境都存在着偏误。可改为：
　　老师，哪里，还差得远呢！（或"您过奖了"等）

5．句式修辞语病及评改
　　(1) 句式修辞语病。
　　学生在修辞实践过程中，由于对汉语句子修辞缺乏足够的认知，没能很好地利用特定语体规制和具体语境条件，从而造成句式使用上的失误。这种失误主要表现为句式选择失当、语意重复多余、结构不简练、表达不连贯等偏误现象。
　　(2) 评点与修改。
　　教学过程中，要通过相关语例分析与评改，引导学生掌握评改句子偏误的基本要求以及常用手段和方法。结合语体，参照语境，采用相应评改方法对句子使用过程中出现的偏误进行修改与调整。

教学示例 1 祈使句与感叹句失调及评改。
　　原句：不要小视这些枯燥的数字。（马识途《我们打了一个大胜仗》）
　　改句：这是多么触目惊心的数字啊！（马识途《我们打了一个大胜仗》）
　　教学关注点：祈使句与感叹句失调原因、上下文语境条件。

教学法提示：位移转换法、替换法、讲评法、比较法、讨论法。

原句和改句在语气和语意上都有强调的色彩。原句书面上虽然是句号，但从语意和语气看应该属于祈使句，带有更多意义上的祈求性、强制性、命令性意味，句类选择失当。为了适应文意，改句换用了一些词语并把祈使语气改为感叹语气，句子也就由祈使句转化为感叹句。这就不仅加深了强调的色彩，而且还增加了惊叹意味，语意更丰满了，与表达者的心境更匹配了。①

教学示例 2 句子冗长及评改。

这份历史文献具体地阐明了解放军奉行的：联合各被压迫阶级、各人民团体、各民主党派、各地华侨和其他爱国分子，组成民族统一战线，成立民主联合政府；实行人民民主制度，保障人民的言论、出版、集会、结社等项自由；肃清贪官污吏，建立廉洁政治；没收官僚资本，发展民族工商业，改善职工生活，救济灾民贫民；废除封建剥削制度，实行耕者有其田的制度；承认中国境内各少数民族有平等自治的权利；废除一切卖国条约，同外国订立平等互惠通商友好条约，联合世界上以平等待我之民族共同奋斗等基本政策。（李裕德《怎样改病句》用例）

教学关注点：句子内部构造。

教学法提示：位移转换法、抓干寻枝法、拆解法、讲评法、讨论法。

该句长达 207 个字，读起来相当辛苦，看起来也难以上下兼顾。它不再是一般意义上的长句，句子长得已经让人不能接受，字数多得已经让人无法理解。李裕德这样分析：这个长达 207 个字的长单句的作者，可能意识到这个句子太长，采取了一些措施为读者提供点方便。例如在"奉行的"之后加上冒号，用以提示下文；中间用了几个分号，让句子条理清楚一些。但是，这只是从小处着眼，解决不了多大的问题。在谓语"阐明"和宾语中心"基本政策"之间插入了一个 192 个字的定语，形成了名副其实的"大肚子"句子。读者读了谓语，读完了定语之后，才好不容易见到了宾语，谓语可能早已忘记了，还得回过头来寻找谓语。②他建议将宾语提到前边，改为：

这份历史文献具体地阐明了解放军奉行的基本政策：联合各被压迫阶级……联合世界上以平等待我之民族共同奋斗。

教学示例 3 句子内部关系失调及评改。

不但你愿意，而且我陪你去白云山看看。

教学关注点：关系失调原因。

教学法提示：替换法、讲评法、练讲法。

该例究竟要表达什么意思，似乎很难弄懂。为什么会如此？就是因为句子内部的语意关系出现了错误，本来是假设关系，却误以为是递进关系；与此相应的，在外部关联的形式上也选错了衔接性词语"不但……而且"。该句可改为：

如果你愿意，那么我陪你去白云山看看。

---

① 孟建安主编：《实用语体修辞训练教程》，中山大学出版社 2019 年版，第 235-236 页。
② 李裕德：《怎样改病句》，北京出版社 1980 年版，第 24-25 页。

教学示例 4 句子表意不畅达及评改。

原句：它为哥儿和哥儿的姊妹兄弟们不休不歇地歌唱。

改句：它接连不断地唱，为哥儿，为哥儿的姊妹们。（叶圣陶《画眉》）

教学关注点：表意不畅原因、语篇语境条件、语意内容条件。

教学法提示：位移法、讲评法、讨论法。

原句为常式句；改句为变式句，使状语后置，放在谓语之后。根据《画眉》上下文语意，原句表意不够畅达，没有突出唱的目的；改句则结构紧凑，语气趋于舒缓，更加突出了状语所表达的意思。这显然是对上下文语篇和语意内容的顺应。

教学示例 5 句意费解及评改。

李老师好，我没有在群里的文件发现开会时发的申硕的两份要填写的表格。

教学关注点：句意费解原因、语篇语境条件。

教学法提示：位移法、讲评法、讨论法。

该例中，由于宾语前限制成分过多，且这些定语出现的顺序也存在问题，使得句子要表达什么意思着实让人费解。仔细琢磨，该句要表达的意思是：

李老师好，在群里的文件中我没有发现开会时发的关于申硕工作要求填写的那两份表格。

6. 辞格修辞语病及评改

（1）辞格修辞语病。

语言运用中，包括一些著名作家的文学作品中，既存在得体应用，也有修辞格病例。易蒲把修辞分为成功修辞和"病例"修辞两类，成功修辞又分为大为成功、比较成功、不很成功等几类；"病例"修辞又分为略有毛病的、毛病较大的、毛病很大即失败的等几类。[①] 理论上说，在具体使用过程中，每一种辞格都可能会发生负偏离而造成运用不当现象。通常所谓比喻、比拟、借代、夸张、双关、对比、排比、对偶、仿词、反问、设问等，如果没有做到对特定语体规制和具体语境的适应，自身构拟条件缺失或不健全，都会产生相应的辞格运用偏误现象。

辞格修辞语病存在建构偏误和选用偏误两种情况。其一，辞格建构偏误是说，所构拟的修辞格式缺乏足够的语言内和语言外基础，从而出现病态的修辞格式。每种辞格都有其构成的条件和构成基础。比如，比喻的构拟以相似性作为基础，夸张的构拟则以客观现实为基础，等等。如果基础不扎实，条件不充分，则必然会使辞格构拟出现偏误。学生在使用辞格表情达意时，因为没能吃透辞格的本质特征，对构成条件把握不准，所以常常会造成偏误。其二，辞格选择偏误是说，不该使用修辞格式时却用了修辞格式，或者是该选用这种辞格时，却选用了其他辞格。辞格选择偏误情况较为复杂，存在着辞格过于繁复、辞格选择错误、辞格没有顺应特定语体规制和具体语境、辞格应用多余等现象。

（2）评点与修改。

在汉语修辞教学中，作为教师要注重辞格运用得与失的比较分析，对辞格偏误现象

---

① 宗廷虎（易蒲）：《小议"病例"修辞》，载《修辞学习》1992 年第 2 期。

做出恰当的评改。具体操作过程中，可以采用训练、讲授、比较、增添、替换、创造、训练、分析等手段和方法，引导学生学会根据特定语体规制和具体语境条件对辞格偏误现象做出评改，以使其掌握评改辞格偏误现象的基本技巧和能力。

教学示例1 比喻偏误及评改。

群众是汪洋大海，个人只不过是其中的一滴水，不，简直就是一滴水中的一个原子。

教学关注点：比喻偏误点、偏误原因。

教学法提示：正误比较法、讨论法、判断法、知识对接法、修改方法。

该例中，用"汪洋大海"和"一滴水"来比喻群众与个人的关系就能够说明问题。再用"原子"作比，看起来似乎更深入、更具体了，但是由于人们对"原子"缺乏足够的认知与了解，这样理解起来就比较困难。这就与比喻构成的基本要求，即用熟悉的事物来描写陌生的事物、用浅显的道理来说明深奥的道理相背而驰，违背了常见易懂的建构原则。可采用删减法把该句改为：

群众是汪洋大海，个人只不过是其中的一滴水。

教学示例2 夸张偏误及评改。

广州雪花大如席。

教学关注点：夸张偏误点、偏误原因。

教学法提示：正误比较法、讨论法、判断法、物理语境参照法、修改方法。

该例是夸张辞格。夸张是以现实状况为建构条件的，是故意言过其实，但必须建立在客观现实基础之上，要夸而有度、夸而有节。广州长年累月都不具备下雪的气候条件，几乎没有下过雪。即便下雪，也只是零星小雪，星星点点，达不到"大如席"的程度。"广州雪花大如席"显然与现实情况不符，违背了客观物理世界语意的真实性。因此，该例是对夸张构拟条件的违背，是不真实的，是偏误现象。在教学过程中，要根据具体语境条件，对之进行适当调整。一方面，根据现实情况，完全可以不选用夸张辞格，而改用其他修辞格式；另一方面，如果确实需要运用夸张，则可坚持夸张应用的基本原则对原句做修改。比如可改为：

广州也出人意料地飘起了雪花。

教学示例3 比拟偏误及评改。

天气虽然不暖，蒲公英却已经开了，柔弱的茎上顶着小黄花，雄赳赳地站在路旁。

教学关注点：比拟偏误点、偏误原因。

教学法提示：正误比较法、讨论法、判断法、讲练法、修改方法。

建构比拟时，必须弄明白拟体与本体在性格、品质、属性、作用、形态、动作等方面的关联度，或者说它们之间要有更大的契合度和一致性。这样创造出的比拟才会给人以真实感，才能使人或物活灵活现、有声有色。该例把蒲公英当作人来写，并没有什么不可，但是由于对蒲公英"柔弱"这一特点视而不见，并把"雄赳赳"这一与"柔弱"完全相反的气质与特性用在了蒲公英身上。这就难以真实地描写本体"蒲公英"与拟体"人"之间在品性上存在着的一致性，因此也难以服众。修改时，可根据需要进行调整。

教学示例 4 排比偏误及评改。

她去书店，我去上课，你干啥。

教学关注点：排比偏误点、偏误原因。

教学法提示：正误比较法、讨论法、问题导引法、修改方法。

从相似的结构形式、有关联的语意内容这些条件来看，该例符合排比修辞格式的两个条件。但是，从语气来看，第三句话和前两句并不一致；从语势来看，该例"神气"散漫，缺失的正是排比应该具备的基本精神，那就是贯穿整个语句的"精气神"，缺少提振句子的"气势"，因此也就难以取得应有的修辞效果。

教学示例 5 仿拟和双关偏误及评改。

一家理发店门口招聘广告上横书"不可丝艺"。

教学关注点：仿拟、双关偏误点、偏误原因。

教学法提示：正误比较法、讨论法、判断法、知识对接法、修改方法。

例中"不可丝艺"显然是仿造"不可思议"而生成的谐音双关。"不可丝艺"与"不可思议"除了语音上谐音之外，似乎很难找到在语意上的关联点，而且也很难找到与理发店之间的对接点。语意不明，不好理解，因此是对仿词和双关的错误运用。

教学示例 6 辞格综合应用偏误及评改。

愿幸福像狗皮膏药粘你不掉，好运像狗屎被你经常踩到，快乐像苍蝇嗡嗡围你绕，财富像垃圾你随便捞到，意外之喜像老鼠总让你尖叫。

教学关注点：辞格综合应用偏误点、偏误原因。

教学法提示：正误比较法、合作讨论法、讲解法、格调对比法、文化阐释法、修改方法。

该例中，五个句子连续运用了五个比喻，这五个比喻句又先后排列形成了排比句式，实际上就是排比辞格套用了五连用的比喻。虽然表意生动，押韵和谐，但是感情色彩与一般人的文化心理不相吻合，作为祝福的话让人难以接受。在人们心中，"狗"虽然忠实，但是在语言表达中常常与脏话、不文明的话、低级趣味的话联系在一起。因此，该例排比与比喻套用现象从感情色彩上看就显得格调太低，与人们祝福向善的文化心理相去较远，是对汉文化中祈福祝愿礼仪文化的不得体。

7. 风格修辞语病及评改

（1）风格修辞语病。

简洁明快是好，但太过就是苟简干枯与草率匆忙；委婉含蓄是好，但用力过猛则会造成晦涩含混；庄重严谨是好，但把握不准则会枯燥正经、毫无生机；生动形象是好，但过于雕饰则会显得堆砌轻靡、啰唆冗长、故弄玄虚；平实通俗是好，但稍有不慎则会平庸呆板、粗俗浅薄。正因为如此，在修辞应用过程中，对话语风格的选用与塑造都必须在特定语体和具体语境中进行。用什么样的话语格调来说话必然要顺应特定语体规制和具体语境条件，做到风格面貌与语体、语境相吻合，从而形成协调一致的整体修辞形象。但是，由于种种原因，比如学生的心理状况、对风格特征认识不到位、对风格形成手段把握不准、对特定语体风格要求以及对具体语境条件利用出现了问题等，都会造成风格修辞语病。例如，该选用委婉时却选择了明快，该选用庄重时却选择了幽默，该选用朴实时却选择了生动等偏误现象；或者，风格构拟手段使用不当，错误地选用了语言要素手段和超语言要素手段。类似不伦不类的风格偏误现象都会影响到表达的效果，甚至会给工作或交际带来难以挽回的局面。

（2）评点与修改。

要对风格修辞语病做出评改，首先，根据语体规制、具体语境、主旨内容等在风格修辞方面的要求，着重研判、识别并确认风格选择偏误现象及其产生的原因，以便对特定语体规制下的修辞应用规范做出准确的认知和强化。其次，要坚持语境教学策略。根据具体语境条件对语体偏误进行判断：哪些地方错了，什么原因造成的错误。最后，再结合本有语体及其语文体式的修辞要求进行调整修改，以使修辞应用做到与本有语体及其语文体式相适应。任课教师要采用各种手段训练学生对风格偏误现象的研判能力，并培养其风格偏误的评改能力。

教学示例1 生动风格偏误。

这吻的分量很轻，范围很小，只仿佛清朝官场端茶送客时的把嘴唇抹一抹茶碗边，或者从前西洋法庭见证人宣誓时的把嘴唇碰一碰《圣经》，至多像那些信女们吻西藏活佛或罗马教皇的大脚趾，一种敬而远之的亲近。（钱钟书《围城》）

教学关注点：语体识别、生动风格偏误、偏误表现（比喻使用繁复、喻体选择生僻）。

教学法提示：语体管控法、合作探究法、问答法、讲评法、替换、位移、删减等修改方法的恰当运用。

该例属于文学语体中的小说体，语言表达营造了生动形象的话语格调。但是由于毫无必要地高频率使用比喻辞格手段，使得这种生动性形象性变成了啰里啰唆、故弄玄虚。其实用"清朝官场端茶送客时的把嘴唇抹一抹茶碗边"这个喻体，就能够把"吻的分量很轻，范围很小"形象地表达出来，语言表达就已经具有生动性和形象性，根本不需要再用另外三件事打比方毫无节制地纠缠着不放。而且，由于喻体都是不熟悉的陌生的事物或道理，因此理解起来难度就更大。这显然不是生动形象风格本质属性的基本反映，也未必是钱钟书拟格的初衷。当然，也有人认为这样设喻效果不错，但是在我们看来，这就是一种风格偏误现象。教学中通过分析，找出造成偏误的原因，再根据生动形象风格构拟需要，做出相应调整与修改。

教学示例2 庄重风格偏误。

请假条

王总：

  本小姐因家中有急事，本周三至周五不能回单位上班，特此请假。

  此致

敬礼

职员　金慧兰
2011年3月7日（曾毅平用例）

教学关注点：语体识别、庄重风格偏、偏误表现（口语词语运用）。
教学法提示：语体管控法、小组讨论法、讲解法、问答法。
该例属于公文事务语体中的请假条，言说方式应该平实庄重、简洁明了。但是，由于使用了"本小姐"这一带有傲慢、桀骜不驯、玩世不恭口吻的口语化词语，完全违背了请假条平实庄重风格的最基本特征，使得话语风格发生了偏误，语意表达带有更多的随意性和不严肃性。可改为：

请假条

王总：

　　本人因家中有急事，本周三至周五不能回单位上班，特此请假。

此致
敬礼

职员　金慧兰
2011 年 3 月 7 日

这样改，话语风格就顺应了请假条体式以及内容题旨的要求。

教学示例 3 朴实风格偏误。

阿婆笑着对我说："自十一届三中全会以来，我们家的生活日益美满。我虽然年高体弱，不再从事田间劳动了，然而干些家务还精神抖擞的。"

教学关注点：语体识别、朴实风格偏误、偏误表现（书面词语使用、长句使用）。
教学法提示：语体管控法、合作探究法、文化语境参照法、替换法、比较法。
该例中，一个农村的"阿婆"当面对"我"说的话，属于口头语体中的随意性谈话体，风格特征以简洁明了为常态。但在该例中，一位受教育并不多的农村阿婆却套用了官方话语方式，先后使用了"自""日益美满""年高体弱""从事""田间劳动""精神抖擞"等书面词语，并采用了"虽然……然而……"这种衔接手段，使得话语表达"官方"味十足，整体显得比较庄重严谨。这种说话风格显然是不得体的，没有做到对阿婆角色身份、口头交际体式、语意内容的得体。可改为：

阿婆笑着对我说："从国家允许以后，我们家的生活每天都很好。我年龄大了，身体又不好，不能再干体力活了，就在家干些家务活，精神头可好了。"

改文换用了说话的口气，换用了适合于阿婆身份经常使用的口语化词语。这样修改就得体了，风格也就协调了。

需要说明的是，学生学习过程中出现的众多修辞语病往往不是一种原因造成的，相反，常常是由多种因素综合制约产生的。因此，在教学过程中必须结合具体病例做出综合性评改，要找出产生语病的原因，以便做出中肯的评价与修改。

二、修辞语病综合分析拟议

综合分析是引导学生巩固所学修辞语病评改相关理论知识，进一步利用评改原则和方法分析理解修辞语病的重要阶段。着重培养并提高学生对修辞语病的分析理解能力和评改能力。关注点是培养并提高学生评改修辞语病的能力。

(一) 目的与要求

（1）通过对修辞语病的评鉴分析，巩固学生所学有关修辞语病评改理论知识。这是在把语病评改的相关理论知识应用到具体修辞语病综合分析过程中，带领学生加深对判断、评价、修改语病的原则、策略、手段和方法的理解。

（2）引导学生学会运用相关修辞理论知识研判、识别、评鉴、分析相关修辞语病，以提高其对修辞语病的理解能力和评鉴能力。教学中发现，学生语言成品中出现了语言错误，但是不少学生并不知道是错的，甚至已经习以为常，把错误当作正确；有的学生，虽然知道错了，但弄不清楚为什么错了。这表明学生对修辞语病的评鉴与理解能力还不够，所以需要通过综合分析这一教学环节来培养学生的修辞语病意识以及鉴别修辞语病的能力。

（3）引导学生通过对修辞语病的讨论与分析，寻求造成修辞语病的原因。由于语病是在具体语言应用中产生的，造成错误的原因非常多。虽然众多教材都对语病加以归类并分析了产生语病的原因，但不可能把所有语病以及产生的原因囊括其中。教学中，对具体语病进行综合分析，能够找到语病背后的千万个因素。毫无疑问，这有助于学生针对具体语病做出具体分析。

（4）引导学生研判、分辨、确认特定语体规制下和具体语境中的"语病"究竟是不是真的有"病"，要在对语体条件和语境因素充分讨论的前提下做出终结性认定。要让学生弄清楚真正的修辞语病与艺术佳句之间的关系，挖掘出它们之间能够实现跨范畴转化的条件以及不能实现跨范畴转化的理由。

(二) 语料收集与引用

（1）尽量广泛收集学生生活中的修辞语病用例，包括语音修辞语病、词语修辞病、句子修辞语病、辞格修辞语病、风格修辞语病、语体修辞语病、语境修辞语病等各种违背得体性原则的修辞语病语料。语病存在于各种修辞实践活动和各类语体中，无论是哪个话语交际领域，无论是口语修辞实践还是书面语修辞实践，无论是传统媒体还是新媒体，无论是口头语体还是书卷语体，无论是事务语体还是科学语体，无论是政论语体还是文学语体，无论是广告语体还是新闻语体，所有语体中的修辞语病都在收集范围之内。

（2）修辞语病语料的选用要有助于修辞语病评改教学，要便于学生深入理解与分析。尤其要选用那些常见的修辞语病，比如搭配不当、成分残缺、成分多余、语体选用失范、句式杂糅、韵律不协调、辞格构拟错误、词语错用、重复啰唆、语义矛盾等语料，促使学生更多地关注与思考。

（3）有些语例孤立地看确实是有语病的，当把它还原到原来语境和语体中的时候就未必是有问题的，也许还是非常不错的语例。因此，选例是否恰当，必须根据选例所出现的具体语境和特定语体做出判断。这就要求，在收集病例过程中一定不可忽视特定语体规制和具体语境条件的作用。除了日常口头语体中的语病语料外，传统媒介如报纸、杂志、图书、广播、电视，以及新媒介如网络、短信、BBS、QQ、博客、飞信、微信、微博等,其中的语言应用都或多或少地存在修辞语病,都属于语料收集的范围。

(三) 综合分析示例

(1) 从语体修辞角度分析下列语例的偏误情况。

教学示例1

通 知

陈克正全套产品由《高效学习法》《超强注意力》和《高分高能方略》组成。

为了减轻家长的经济负担,让更多的孩子享受高效学习的好方法,节目播出期间,前50名打进电话者,可享受6折优惠,望家长及时电话订购。

栏目热线:4001-008-007

(四川卫视《博士老爸教你30天考高分》电视广告)

教学关注点:通知体误用、通知体与广告语体比较、偏误原因。

教学法提示:问题导引法、比较法、语料分析法、合作探究法、语体管控法。

教学示例2

亲爱的YX-03:

你好!我们是2005年1月9日22时30分在网上认识的,说来还挺有缘。截至此时此刻,我们已经认识了整整5个月时间。

在此期间,我们共上网聊天150次,平均一天一次。合计聊天时间7500分钟,平均每次50分钟。其间,我们累计见面10次,平均15天见面一次。在这10次见面中,我约你9次,占总数的90%。我主动吻你34次,占我们接吻总数的82.5%。请你吃饭10次,共消费人民币2011元,平均每次201.1元。

另外,我送你礼物4件,去你家拜访3次,花费人民币2755元。综合各方面的情况,我爱你的程度比你爱我的程度高出22个百分点,我的爱情投资比你多出了52个百分点。

虽然如此,你爱我的程度也达到了婚姻所要求的基准线以上,并超出了17个百分点。就是说,我对你的满意度为84%,你对我的满意度为78%,通过电脑分析计算,恋爱双方满意度达到如此程度的只占恋爱总数的42%。因此,根据电脑给出的结论,我们可以考虑结婚。

现在,根据电脑指令,我向你提出书面结婚请求,请你在接到此信后7日内,做出正式答复,逾期不予回复,则视为拒绝。

如果拒绝的话请提出书面意见书,详细表述原因。如提供不出有效原因而予以拒绝,本人有权要求一定的经济赔偿。

想念你的KFO (语料引自网络)

教学关注点:情书体误用、情书体与总结(述职报告)体比较、偏误原因。

教学法提示:问题导引法、比较法、语料分析法、讲评法、语体管控法。

（2）从语境修辞角度分析下列语例的偏误情况。

教学示例1

徐志摩，你这个人性情浮躁，以至于学无所成，做学问不成，做人更是失败，你离婚再娶就是用情不专的证明！

陆小曼，你和徐志摩都是过来人，我希望从今以后你能恪遵妇道，检讨自己的个性和行为，离婚再婚都是你们性格的过失所造成的，希望你们不要一错再错自误误人。

不要以自私自利作为行事的准则，不要以荒唐和享乐作为人生追求的目的，不要再把婚姻当作是儿戏，以为高兴可以结婚，不高兴可以离婚，让父母汗颜，让朋友不齿，让社会看笑话！

总之，我希望这是你们两个人这一辈子最后一次结婚！这就是我对你们的祝贺！——我说完了！（梁启超在徐志摩婚礼上致的证婚词）

教学关注点：对情境场合不得体、得体状况、偏误原因、评改方法。

教学法提示：文化阐释法、重新拟写法、问题导引法、讨论法。

教学示例2

有个叫肖蒙的女孩子，平时不卑不亢，学习不错。有一天正在上课，有人推开教室门问："谁叫肖蒙？"没等回答，接着又说："你爸和你妈离婚了，你爸给你送生活费来了，下课到办公室去取！"全班同学交头接耳，肖蒙难为情地低下了头。（电影《与往事干杯》）

教学关注点：对场合不得体、人际语境判断失误、偏误原因、评改方法。

教学法提示：情境分析法、问题导引法、角色认知法、讨论法。

（3）从语音修辞角度分析下列语例的偏误情况。

教学示例1

①你受点委屈，倒到这单人床上，我们爷儿俩合睡那双人床，不就解决了……（浩然《机灵鬼》原稿）（提示：近音拗口）

②在那一刻，我看到了他们的眼睛；她的眼睛，他的眼睛。（白先勇《游园惊梦》）（提示：由于音同造成指代不明）

③所以革命前夜的纸张上的革命家，而且是极彻底，极激烈的革命家……（鲁迅《非革命的急进革命论者》）（提示：近音拗口）

④今儿下雨，我骑车差点儿摔倒，好在我一把把把把住了！（提示：同音拗口、语意费解）

⑤来到杨过曾经生活过的地方，小龙女动情地说："我也想过过过过过的生活。"（提示：同音拗口、语意费解）

教学关注点：语音修辞语病、语意费解、偏误原因、评改方法。

教学法提示：比较法、替换法、问题导引法、语义分析法。

教学示例2

原句：他的命就是数学。

改句：他的生命就是数学。（徐迟《哥德巴赫猜想》）

教学关注点：语音修辞语病（音节不对称）、评改方法。
教学法提示：比较法、替换法、小组讨论法、朗读自悟法。

（4）从词语修辞角度分析下列语例的偏误情况。

教学示例

①大妈心里一酸，眼泪唰地滚了下来，你委屈透了，你的委屈向谁说呢？（提示：由于缺乏具体语境条件支持，造成"你"指代不明）

②我坐在教室，思考良久，无一佳法。（提示：书面语体色彩不协调）

③电视台又出爆炸新闻。（提示：歧义）

④他的银行卡也被丢了。（提示：越南学生病例；"被"多余）

教学关注点：词语修辞语病、偏误原因、评改方法。
教学法提示：比较法、替换法、讲评法、讨论法。

（5）从句子修辞角度分析下列语例的偏误情况。

教学示例1

这个，这个普济寺最早的名字叫、叫这个这个……不肯去，不肯去庵，呃，这个为什么叫这个，这个名字呢？这里有个传说，嗯……这个这个传说是，五代梁贞年间，有个和尚，叫这个这个……慧锷的，对，这个这个和尚是日本来的，到中国山西的这个这个五台山……（一导游的讲解词）

教学关注点：句子啰唆、语句断裂、偏误原因、评改方法。
教学法提示：删减法、讲练法、阅读自悟法。

例中有较多的口头禅"这个"，还有不少重复字眼，并夹杂了"嗯、呃"等副语言，而且还有多处话语的断裂（省略号处）。这段话是典型的修辞语义病象。造成这种修辞语义病象的原因是多方面的，或许是内容不熟悉，或许是知识积累太少，或许是深层语义向表层句法转换时思维出现故障，或许是内心紧张不安，或许是导游语言组织能力较差。

教学示例2

谁也不会否认，铁锹没有木铲更结实。

教学关注点：多重否定不当、偏误原因、评改方法。
教学法提示：比较法、练讲法、讨论法。

教学示例3

①李姐姐不但学会了外语，还会了针灸，她那么顽强地学习，终于瘫痪了。

②李姐姐之所以瘫痪了，是因为顽强地学习，非但学会了多门外语，甚至学会了针灸。

③李姐姐是那么顽强地学习，不但学会了多门外语和针灸，最后还学会了瘫痪。

④李姐姐学会了多门外语，学会了针灸，又在顽强地学习瘫痪。

⑤李姐姐通过顽强地学习，学会了多门外语和针灸，结果照着一本外文版针灸书把自己扎瘫痪了！

教学关注点：关联词语使用、句内语序失当、偏误原因、评改方法。

教学法提示：比较法、位移法、讨论法、仿拟造句法、语义分析法。

教学示例 4

①钟裕宏同学说："我上去演讲时有点紧张，但我还是很希望被选。"（提示：柬埔寨学生病例；补语残缺）

②常常我被问，日本的经济那么发达，东西也丰富多彩，人们的生活水平也已经提高了。（日本学生病例；状语与中心语位置不当）

③有的我被朋友骗了，有的朋友只有困难的时候才找我。（印度尼西亚学生病例；定语与中心语位置不当）

教学关注点：句子成分残缺或语序不当、偏误原因、评改方法。

教学法提示：比较法、替换法、讲评法、讨论法。

（6）从辞格修辞角度分析下列语例的偏误情况。

教学示例 1

大家决心学雷锋人，走雷锋路，接雷锋抢，使雷锋精神不断发扬光大。

教学关注点：排比偏误、偏误原因、评改方法。

教学法提示：比较法、问题导引法、知识点拨法。

教学示例 2

登山远望，对岸一方池一方池的稻田，好像天上的繁星一样。

教学关注点：比喻偏误、偏误原因、评改方法。

教学法提示：比较法、替换法、讲评法、联想法。

教学示例 3

玉米稻子密又浓，铺天盖地不透风。

就是卫星掉下来，也要弹回半空中。

教学关注点：夸张偏误、偏误原因、夸张与夸大比较、评改方法。

教学法提示：比较法、问答法、联想法、事实分析法。

（7）从风格修辞角度分析语例的偏误情况。

教学示例 1

周爷爷：

惊悉阁下病了，父亲让我登门造访，未能见面，现馈赠鲜花一束，祝早日康复！

李晓明
8 月 10 日

教学关注点：过于庄重、偏误原因、评改方法。

教学法提示：比较法、替换法、问题导引法、讨论法。

教学示例 2

女儿悲，嫁个男人是乌龟。女儿愁，绣房钻出个大马猴。女儿喜，洞房花烛朝慵起。（曹雪芹《红楼梦》）

教学关注点：通俗风格与雅致风格不协调、偏误原因。

教学法提示：语境分析法、合作探究法、语体管控法、角色分析法。

（8）从综合应用角度分析下列语例的修辞语病。

> [教学示例]
>
> 陈建民《驴唇不对马嘴》中曾举过一个例子，说是20世纪30年代山东军阀韩复榘语文素养相当差，却特别喜欢卖弄自己，话语经常错误百出，以致闹出了不少笑话。一次聚会上，他这样说：
>
> 今天到会的人十分茂盛，敝人实在很感冒，你们都是大学生，懂得七八国英文，我不懂这些，今天真是鹤立鸡群了。（陈建民《驴唇不对马嘴》）

教学关注点：错用词语、词语搭配不当、言文矛盾、词类误用、风格不协调。

教学法提示：合作探究法、讨论法。

第三节 修辞语病拓展实践策划

拓展实践是引导学生把课堂上所学到的修辞语病评改的相关理论知识与汉语修辞实践真正结合的实战阶段，目的是以课外拓展实践形式来锻炼并培养学生评改修辞语病的能力。关注点是培养锻炼并全面提高学生辨识、评价、修改修辞语病的能力。

一、修辞语病拓展实践要求

（1）培养学生对汉语修辞语病的评改意识，要求学生在语文实践中重视修辞表达中出现的修辞语病，学会辩证对待相关修辞语病。

（2）促使学生在语文实践中充分运用所学修辞语病评改的原则、要求、方法和技巧，把修辞语病理论知识转化为识别评改修辞语病的技能。

（3）引导学生学会利用特定语体规制和具体语境条件研判、识别、评价、修改修辞语病，锻炼并提高学生的综合性修辞语病评改能力。

二、修辞语病实践策划路径

第一步：落实参加语文实践的话语领域。研判并确认话语实践活动属于日常交际领域、社会交际领域、艺术交际领域中的哪一种。

第二步：在确定话语交际领域后，要研判并确认所要选用的语文体式，比如，是新闻语体、事务语体、科学语体、文学语体、演讲语体、广告语体、谈话语体、网络语体等中的哪一种以及哪一种下位语文体式；或者是两种以上语体以及下位语文体式的交叉语体，比如文学语体与演讲语体的交叉、书卷语体与口头语体的交叉；等等。要促使学生根据特定语体对修辞应用的不同要求做出正确的判断。为什么要这样做？因为有些修辞表达从常识上来看是错误的，但是在某个特定语体规制和具体语境下，却借助于语体和语境条件实现了跨范畴转化，化腐朽为神奇了。虽然无理，但却巧妙。有些语言表达，看起来是规范句，但是在某个特定语体规制下和具体语境中，却是不得体的，是真正的修辞意义上的病句。这些问题，要引导学生在拓展实践活动中认真加以解决，不能留下"后遗症"。否则，就会混淆病句、常规句、佳句之间的界限，也就难以识别评改真正的修辞语病了。

第三步：上文已经说过，各种语体及其下位语文体式中都存在程度不等的修辞语病现象，在评改实践中依然要坚持得体性总原则，紧密结合特定语体和具体语境，从语言规范、语义搭配、逻辑事理、文化规约、心理认知、现实情境等角度，平衡把握好语病评改的相关准则和细则，采用适宜的评改方法和手段，开展综合性修辞语病评改实践活动。

三、修辞语病实践策划示例

实践活动示例1 日常交际领域话语实践。

实践目的：锻炼学生在日常交际领域中评改修辞语病的能力。

实践任务：在微信平台或者QQ上用汉语和中国朋友（或外国朋友）聊天，就某个热点话题展开讨论。

实践过程：

（1）按照正常的交际模式进行交际。

（2）紧紧围绕着该热点话题组织话语，立意要正确，内容要具体。

（3）讨论时间尽量长一点，尽可能多交流、多说话，以便于采集较多的修辞样本。

（4）对讨论中双方所生成的修辞话语进行整理，根据所学汉语修辞学理论知识加以研判，确认修辞语病及其类型。

（5）结合语体规制和语境条件，采用适宜的评改方法对双方修辞话语中出现的修辞语病，包括语音修辞语病、词语修辞语病、句子修辞语病、风格修辞语病、语体修辞语病、辞格修辞语病等现象进行评改。

实践活动示例2 社会交际领域话语实践。

实践目的：锻炼学生在社会交际领域中评改修辞语病的能力。

实践任务：要求或鼓励学生积极参与社会实践，帮助相关管理部门审阅导游词、演讲稿、解说词、广告文案、讲话稿、总结报告、宣传单张等公务性文字材料。

认真审读下列事务语体公示体式例文并对修辞语病做出修改。

公 示

根据学校科研量化考核及奖励办法文件精神，结合我院学科建设规划，经文学院学术委员会审议，院务委员会审定，党组织会议确定提交党政联席会讨论决定，现向全院教职工公示《文学院科研教研奖励办法（2018版）（讨论稿）》，公示时间从即日起3个工作日，即10月30日—11月1日。

如有异议，请提交书面意见至文学院办公室。

联系人：×××

联系电话：××××××××××

文学院
2018年10月30日

实践过程:

(1) 学生要根据所学汉语修辞理论知识仔细审读相关修辞文本。

(2) 充分结合特定语体规制和具体语境条件研判、评价相关修辞话语,从中发现存在的修辞语病问题。

(3) 坚持得体性原则,按照修辞语病评改的基本要求,选用恰当的修改方法,对修辞语病进行综合评改。

(4) 把发现的问题及其修改结果,及时反馈给授权人或管理部门,相互沟通以达成共识,从而实现共赢目的。

实践活动示例3 艺术交际领域话语实践。

实践目的:锻炼学生在艺术交际领域中评改修辞语病的能力。

实践任务:要求或鼓励学生积极参与文学作品审阅或评改活动。

实践过程:

(1) 学生主动接受文学作品的审读评阅任务。

(2) 结合文学语体下各语文体式的修辞应用要求,对特定文学作品的语言应用状况进行综合性评判,看文本语言是否存在不足和缺陷。

(3) 针对存在的修辞语病,结合特定语体规制以及具体语境条件并采用相应的评改手段和方法,进行加工、修改、完善,以使作品的语言应用更加恰当、更加适宜。

【思考与练习】

1. 请收集修辞语病例子。要求:①语境修辞偏误、语体修辞失范、语音修辞失误、词语修辞不妥、句子修辞错误、辞格修辞不当、语意歧解、风格塑造失当等各种常见语病类型各10个;②要注意例子所适用的语境条件;③尽量从不同常见语体中收集。

2. 把通常语法意义上所谓通不通的"病句"与逻辑意义上所谓对不对的"病句"做比较,分析它们之间的异同;然后再从修辞学意义上来审视所谓好不好的"修辞病句"与"语法病句""逻辑病句"之间有什么异同。以此作为讲授内容,要求采用合作探究法、讨论法、总结点评法进行教学,请就此设计微型教学方案。

3. 把病句观形成、评改原则、评改方法和方式等基本理论知识作为讲授内容,设计微型教学方案。

4. 以修辞语病评改能力培养作为教学内容,采用项目式教学法开展教学。请据此设计开展项目式教学的微型方案。

5. 以夸张失误作为教学内容,设计微型教学方案。

6. 以句式杂糅作为教学内容,设计微型教学方案。

7. 以词性误用作为教学内容,设计微型教学方案。

8. 以音节不匀称作为教学内容,设计微型教学方案。

9. 以表意重复啰唆作为教学内容,设计微型教学方案。

10. 以比喻、排比、比拟失当作为教学内容,设计微型教学方案。

11. 根据本章教学重点与难点,设计课外作业题。要求:①填空题10道,答案均为分析理解性内容;②选择题10道,答案均为分析理解性内容;③判断题10道,答案均为分析理解性内容。

12. 随机抽取学生的书面语言成品，比如书评、散文、网络短文、微博短文、读后感、记叙文、议论文、说明文、杂谈等，生生之间互评语言应用的得体状况，并在班上或小组内部分享评点结果。请以此为话题，从综合分析角度设计微型教学方案。

13. 提供1～3篇新近看到的网络上或身边出现的较有影响力的修辞作品作为检测文本，辨识研判其中是否存在修辞语病。如果有，要求分析造成错误的原因，并提出修改意见。请以此为话题，设计微型教学方案。

14. 结合本章拓展实践环节提出的要求，组织学生依据不同话题分组合作开展课外社会调查，就社会用语存在的问题提交调查报告。请以此为实践话题，设计出相应的实践路径，并提出切实可行的要求和做法。

15. 汉语修辞学教学中，应该如何培养学生的辩证病句观？请结合实际谈谈自己的构想与主张。

16. 以"如何看待病句、通句、佳句三者之间的辩证关系"为题，分组合作开展讨论，并把小组讨论结果分享给全班同学。并以此为话题，设计微型教学方案。

17. 请以第四学段（七至九年级）语文课病句教学为话题，分组合作开展问卷调查，并根据任课教师的安排，各组在本班分享问卷调查结果。

18. 你认为中小学语文教学中，应该把病句教学的重心放在哪些方面？请陈述理由。

19. 你认为修辞语病单元教学应该把着力点聚焦于哪些方面？为什么？

第十一章　汉语修辞教学效果检测

【教学目标与要求】

要求学生（准教师），掌握汉语修辞教学效果检测的基本原则、指标细则、方式和方法，在此基础上熟悉试题库建设和考核工作程序，并锻炼自己的试题库建设能力和试卷命题设计能力。

【教学重点】

试题库建设能力培养、试卷命题设计能力培养、教学效果检测能力培养。

【教学难点】

试题库建设能力培养、试卷命题设计能力培养、教学效果检测能力培养。

教学效果检测实际上就是对教师教的质量、学生学的效果的总体反馈与测试，属于本书"五位一体"创新教学联动机制中的第五个环节。在这个环节中，关注的焦点是教学效果检测的原则、指标、方式、方法等重点内容。这是汉语修辞教学中有效开展教学效果检测必须解决的主要问题。

第一节　检测原则及指标细则

一、检测的基本原则

对汉语修辞教学质量的反馈与检测，要坚持如下几个基本原则。

（一）要确定明确而又合理的检测目标

反馈检测的目的是什么？要实现什么愿望？要达到什么要求？要达到什么样的知识目标与能力目标？要得到这些问题的答案，都必须结合课程教学总目标与单元教学分目标，分别对学生课程知识学习与能力培养情况、单元知识学习与单元能力培养情况进行反馈检测，审慎确定明确而又合理的检测目标。

（二）要拟定操作性较强的检测指标及细则

在反馈检测过程中，要以实事求是的态度，结合课程教学目的、单元教学目标、各章节达成目标、单项能力目标、综合能力目标、单一理论知识目标、综合知识目标等来考量相关检测指标及细则。指标及细则的拟定要切实可行、科学合理，具有较强的可操作性。

（三）要优化选择多样化的检测策略[①]

可以根据不同反馈检测目的慎重考虑选择什么样的检测手段、方式和方法。比如从由"谁"检测来看，通常可以由教育教学管理部门或教师组织检测，也可以是学生自发反馈检测。从检测"时间"安排来看，通常可以采用持续性和阶段性两种策略，持续性检测贯穿整个教学过程，随时随地进行反馈检测；阶段性检测，或在课前、课中、课后，或在期中、期末，或在章节后、课程结束后。"时效性"是最佳时间策略。从具体检测手段和方法来看，诸如点评法、知识问答法、竞赛评比法、教师评价法、生生互评法、提问法、讨论法、作业批改与讲评法、单元测验法、阶段考试法、期末考试法、短文写作法、实践法、训练法等都在可选之列。

（四）要给出较为可靠的检测结果

检测结果有没有说服力，关键是要看结果是否可靠、是否可信。因此，汉语修辞教学质量检测必须尊重"教""学"事实，坚持一致的客观的标准，做到公正公平，给出真实可靠的检测结果。要按照具体指标和细则对学生汉语修辞学习效果，做出客观理性的评价，实事求是地给出相应等级或成绩。

二、检测指标及细则

根据第二章设定的教学思路，在汉语修辞教学中把修辞理解能力与修辞表达能力作为两个抓手，而理解和表达都离不开修辞理论知识，因此，本章仅从知识目标以及能力（表达和理解）目标这两个维度入手，尝试构拟反馈检测的指标及细则，其他能力指标与细则的拟定暂不考虑。

（一）知识目标检测指标与细则

1. 知识目标检测指标

知识目标检测指标是要考查学生对汉语修辞学理论知识学习和掌握的程度。考查学生是否熟悉汉语修辞学理论体系，是否掌握各单元教学的相关内容，是否真正理解一些基本概念、属性特征、修辞要求、修辞技巧等。

2. 知识目标检测细则

分四个级别，即优秀等级、良好等级、合格等级和不合格等级，分别标注为 A 级、B 级、C 级和 D 级。

（1）A 级反馈检测细则。A 级是最高一级，也就是优秀等级，要求最高。

其一，熟悉所学汉语修辞学理论体系，了解其他颇具代表性的汉语修辞学思想和修辞主张。

其二，掌握汉语修辞原则、语体修辞、语境修辞、语音修辞、词语修辞、句子修辞、辞格修辞和风格修辞等相关修辞理论知识。

[①] 孟建安：《口语交际教学新思维》，暨南大学出版社 2018 年版，第 238－239 页。

其三，熟练地运用汉语修辞理论知识指导自己的语文实践和修辞应用。

其四，熟练地运用汉语修辞理论知识分析理解相关汉语修辞现象。

（2）B级反馈检测细则。B级是良好等级，要求比较高。

其一，较为熟悉所学汉语修辞学理论体系，比较了解其他颇具代表性的汉语修辞学思想和修辞主张。

其二，较好地掌握汉语修辞原则、语体修辞、语境修辞、语音修辞、词语修辞、句子修辞、辞格修辞和风格修辞等相关修辞理论知识。

其三，比较熟练地运用汉语修辞理论知识指导自己的语文实践和修辞应用。

其四，比较熟练地运用汉语修辞理论知识分析理解相关汉语修辞现象。

（3）C级反馈检测细则。C级是合格等级，要求一般。

其一，基本熟悉所学汉语修辞学理论体系，基本了解其他颇具代表性的汉语修辞学思想和修辞主张。

其二，基本掌握汉语修辞原则、语体修辞、语境修辞、语音修辞、词语修辞、句子修辞、辞格修辞和风格修辞等相关修辞理论知识。

其三，能够运用汉语修辞理论知识指导自己的语文实践和修辞应用。

其四，能够运用汉语修辞理论知识分析理解相关汉语修辞现象。

（4）D级反馈检测细则。D级是不合格等级，要求最低。

其一，不太熟悉甚至完全不熟悉所学汉语修辞学理论体系，对其他颇具代表性的汉语修辞学思想和修辞主张不太了解甚至完全不了解。

其二，还没有完全掌握汉语修辞原则、语体修辞、语境修辞、语音修辞、词语修辞、句子修辞、辞格修辞和风格修辞等相关修辞理论知识。

其三，不太熟练甚至完全不能运用汉语修辞理论知识指导自己的语文实践和修辞应用。

其四，不太熟练甚至不能运用汉语修辞理论知识分析理解相关汉语修辞现象。

（二）能力目标检测指标与细则

1. 能力目标检测指标

根据本节上文的思路，我们把要素能力目标即修辞理解能力目标和修辞表达能力目标的实现作为检测指标。

2. 能力目标检测细则

理解能力目标反馈检测细则如下。

（1）A级反馈检测细则。A级是最高一级，属于优秀等级，修辞要求最高。

其一，口语修辞中听音能力和辨音能力强，书面语中文本阅读能力强。

其二，利用特定语体规制和具体语境条件分析理解修辞话语的能力强。

其三，语意分析与语意理解能力强，对修辞话语真实内涵的理解准确到位。

（2）B级反馈检测细则。B级是良好等级，修辞要求比较高。

其一，具有比较强的语音听辨能力和文本阅读能力。

其二，能够较好地利用特定语体规制和具体语境条件分析理解修辞话语。

其三，语意分析与语意理解能力较强，能够准确推导修辞话语的真实内涵。

（3）C级反馈检测细则。C级属于合格等级，修辞要求一般。

其一，口语修辞中听音能力和辨音能力一般，书面语中文本阅读能力一般。

其二，基本能够利用特定语体规制和具体语境条件来分析理解修辞话语。

其三，语意分析与语意理解能力一般，对修辞话语内涵的理解基本准确。

（4）D级反馈检测细则。D级属于不合格等级，修辞要求最低。

其一，听音能力和辨音能力比较差，书面语中文本阅读能力比较差。

其二，还不能够利用特定语体规制和具体语境条件分析理解修辞话语。

其三，语意分析与语意理解能力较差，不少时候还不能准确地推导出修辞话语的真实内涵。

表达能力目标反馈检测细则如下。

分四个级别，即优秀等级、良好等级、合格等级和不合格等级，分别标注为A级、B级、C级和D级。

（1）A级反馈检测细则。A级是最高一级，也就是优秀等级，修辞要求最高。

其一，普通话水平高，能够自如地选择口头语言和书面语言，熟练地选用汉语言材料表情达意。

其二，主动利用语体规制和具体语境条件，创造和把控语境条件能力强。

其三，对汉语修辞原则、语体修辞、语境修辞、语音修辞、词语修辞、句子修辞、辞格修辞、风格修辞等的运作能力强。

其四，规范修辞表达、变异修辞表达和综合修辞表达能力强，表情达意非常恰当得体。

（2）B级反馈检测细则。B级是良好等级，修辞要求比较高。

其一，普通话水平较高，能够比较自如地选择口头语言和书面语言，比较熟练地选用汉语言材料表情达意。

其二，比较主动地利用语体规制和具体语境条件，创造和把控语境条件能力比较强。

其三，对汉语修辞原则、语体修辞、语境修辞、语音修辞、词语修辞、句子修辞、辞格修辞、风格修辞等的运作能力比较强。

其四，规范修辞表达、变异修辞表达和综合修辞表达能力比较强，能够做到得体有度。

（3）C级反馈检测细则。C级是合格等级，修辞要求一般。

其一，普通话水平一般，能够在口头语言和书面语言之间做出较为恰当的选择，能够选用相应的汉语言材料表情达意。

其二，能够利用语体规制和具体语境条件，创造和把控语境条件能力一般。

其三，对汉语修辞原则、语体修辞、语境修辞、语音修辞、词语修辞、句子修辞、辞格修辞、风格修辞等的运作能力一般。

其四，规范修辞表达、变异修辞表达和综合修辞表达能力一般，基本能够做到得体有度。

(4) D级反馈检测细则。D级是不合格等级，修辞要求最低。

其一，普通话水平比较差，难以在口头语言和书面语言之间做出较为恰当的选择，选用汉语言材料表情达意的能力较差。

其二，还不能充分利用语体规制和具体语境条件，创造和把控语境条件能力比较差。

其三，对汉语修辞原则、语体修辞、语境修辞、语音修辞、词语修辞、句子修辞、辞格修辞、风格修辞等的运作能力比较差。

其四，规范修辞表达、变异修辞表达和综合修辞表达能力比较差，不少时候修辞表达还不能做到恰当得体。

第二节 检测方式与方法

一、检测方式

不同反馈检测方式凸显了反馈检测主体所设定反馈检测策略的差异。反馈检测方式的选择往往与反馈检测指导思想、反馈检测原则、反馈检测目的、反馈检测主体、反馈检测客体、反馈检测过程、反馈检测方法、反馈检测内容、反馈检测结果等有着千丝万缕的联系。

反馈检测是多元化的，检测方式也有很多。比如有定性检测与定量检测、单项检测和综合检测、内部检测和外部检测、即时检测和定期检测、显性检测和隐性检测、课内检测和课外检测、形成性检测和终结性检测等。教学中，不在于采用了多少反馈检测方式，关键在于是否能够选择适宜可靠的检测方式并做出相对客观有效的检测。

二、检测方法

借鉴既有研究成果，并把这些观点和做法从口语交际能力训练效果评价演绎到更为宽泛意义上的教学质量检测上，对知识目标和能力目标实现程度的检测可以采用如下方法，鼓励、倡导任课教师更多时候优化采用过程性检测方法。[①]

（一）在课堂讲授中检测

这是要从学生学习汉语修辞学课开始直到课程结业，在不同教学阶段或不同单元教学过程对其汉语修辞知识掌握情况以及汉语修辞能力进行评价或测试，并分类建立或单独建立学习提升情况小档案，以便评定学生课程学习情况和修辞能力所达到的程度。这个过程中，可以根据检测原则、目标、指标和细则等要求，对学生进行问卷调查，做访谈记录等。

（二）在模拟训练中检测

这是要设定训练目标，提出具体训练要求，并创设特定情境进行模拟训练，在训练

---

① 孟建安：《口语交际教学新思维》，暨南大学出版社2018年版，第245－252页。

过程中对学生学习效果进行鉴别，更为全面地检测学生对修辞理论知识和修辞能力目标的达成状况。

（三）在实践应用中检测

这是把学生推到语文实践活动的现场进行真枪实弹的演练，由交际对象对学生汉语修辞知识掌握程度和修辞应用能力做出评价与反馈。这种反馈检测方法依托实践活动，是一种自然观察法。比如让学生参加演讲比赛、辩论比赛、主持人大赛、购物、旅游等活动，以考查学生在现实汉语言生活中的汉语修辞应用能力。

（四）在考试考查中检测

这是检测学生对汉语修辞知识掌握程度以及汉语修辞能力强弱的重要手段和方法之一。教学中，要考虑如下两个主要问题。

考核主体：通常是任课教师、课程组、学科组、教务部门、竞赛组织者等任何一方，也可以是多个考核主体共同考核，以教务部门（或教师）组织的期末或期中考核为常态。

考核方式：开卷考试、闭卷考试、无纸化考核等方法。在这些考核方法中，尤以开卷或闭卷考试（考查）为常态，考试或考查结果以等级制或百分制形式记录在案，并作为学生汉语修辞学课程的主要考核成绩。

第三节　试题库建设构想

一、试题库建设要求

试题库建设质量会直接影响到试卷命题质量。汉语修辞学课教学效果检测中，试题库建设是一项艰巨的任务，需要借助于课程组的力量，依赖于集体的智慧，经过较长时间的思考、积累、语料收集整理与科学设计才能做得尽善尽美。本节尝试提出试题库建设的四项基本要求，以供从事汉语修辞学教学者与教学研究者思考。

（一）突出应用，兼顾理论

汉语修辞学课教学的终极目的就是培养学生的汉语修辞应用能力，因此，在建设试题库过程中，同样要坚持培养目标和教学理念。题型结构、内容结构、题量配置等都必须体现这一点。所给出的试题库必须突出修辞应用能力的考核，注重汉语修辞能力状况的检测，要多在应用能力考核上下功夫。当然，突出应用能力考核不意味着就可以忽略汉语修辞理论知识的考查，在突出应用能力考核的同时，还必须兼顾理论知识的考核。

（二）突出重点，兼顾全面

汉语修辞学课有课程重点，每个章节又有每个章节的重点。重点又分两种：一种是理论知识重点，一种是应用能力重点。根据本课程培养目标，在试题库建设中自然要以应用能力考核为重点；根据章节教学目标，除了应用能力重点之外，还有理论知识重点，因此，还必须把每个章节的理论知识重点涵盖在内。强调突出重点，但不放弃非重点内容，内容要兼顾整个汉语修辞学课内容。基于这种思考，试题库建设以教学重点考核为首选，在首选中又尤以应用能力考核为优选，然后才是对非重点教学内容的考核。

（三）突出主观，兼顾客观

主观题最能够考查学生对汉语修辞学理论知识的掌握程度以及综合修辞应用能力，包括对汉语修辞现象的分析理解能力、评价判断能力和汉语修辞表达能力。客观题注重考查学生对汉语修辞理论知识的记忆能力和熟悉程度，以及简单的分析能力。要想通过汉语修辞教学，引导促使学生既能够掌握汉语修辞学基本理论与基础知识，又能够强化培养其汉语修辞应用能力，那么，在试题库建设过程中，必须加大主观题的数量和难度，适当减少客观题的数量与难度，做到既突出主观分析题，又兼顾客观说明题。

（四）突出精良，兼顾数量

既然是"库"，就意味着库存试题应该秩序井然，而且试题存量较大。试题库建设水平如何，在很大程度上要看所设计的试题类型是不是科学合理，试题内容是不是合理精练，试题观测点是不是放在课程总体教学目标和单元教学目标的达成上。因此，在汉语修辞学课试题库建设中要充分考虑试题类型、试题内容、试题观测点等几个重要问题。与此同时，为了试卷命题有更多选择余地，还必须尽可能多地扩充试题数量，以确保试题库试题的保有量。

二、试题库模板示例

（对外）汉语修辞学　试题库

一、解释题

1.
2.
3.
……

（说明：着重考查学生对汉语修辞学基本概念、术语等知识点的识记情况。）

二、填空题

1.
2.
3.
……

（说明：着重考查学生对汉语修辞学基本概念、名词、术语等知识点的识记情况，以及简单应用能力。）

三、选择题

（一）单项选择题

1.

2.

3.

……

（二）多项选择题

1.

2.

3.

……

（说明：着重考查学生对概念、术语、原理等知识点的识记情况，以及对简单修辞现象的分析理解能力和简单应用能力。）

四、判断题（正确的，打"√"；错误的，打"×"）

1.

2.

3.

……

（说明：着重考查学生对概念、术语、原理等知识点的识记情况，以及对简单修辞现象的认知判断能力。）

五、分析题

（一）……

1.

2.

3.

……

（二）……

1.

2.

3.

……

（N）……

……

（说明：①着重考查学生对单一修辞现象和综合修辞现象的分析理解能力；②根据各单元教学内容，可以再从不同角度设计更有针对性的多样化的试题类型。）

六、简答题

1.

2.

3.

……

（说明：着重考查学生对汉语修辞基本理论、基础知识的识记和理解能力，以及对易混概念、易混修辞原理、易混修辞手段等异同的比较辨别能力。）

七、评改题

1.

2.

3.

……

（说明：要求对修辞偏误现象进行修改并说明理由。着重考查学生评改修辞偏误的能力，包括对偏误原因的分析能力和修改能力。）

八、应用题

1.

2.

3.

……

（说明：意在考查学生的综合修辞应用能力，重点考查学生的综合修辞表达能力。）

……

N、……

……

（说明：可以根据检测意愿等设计更多试题类型，以考查学生的相关修辞能力。）

第四节　考试卷命题设计

一、试卷命题要求

试卷质量是以试卷命题质量为基础的。无论是课程测试还是单元教学测试，都可以采用试卷命题形式来进行。在试卷命题过程中，如果是结业考核（考查或考试）试卷命题，要把汉语修辞学课所有内容都涵盖在考核范围之内，但要把握好教学重点与难点，以强化课程总体教学目标；如果是单元教学考核试卷命题，则要把单元教学内容纳入考核范围之内，必须紧紧围绕着单元教学的重点与难点，以强化单元教学目标的达成。

试卷命题要求与试题库建设要求基本一致，但试卷命题要求更具体、更有针对性，因此还必须坚持以教学大纲为准绳并结合当届学生课程学习实际来命题。课程结业考核也好，单元内容考核也罢，试卷命题要做到区分适度、题型适当、难易适中、内容适量。具体来说，要符合以下几个基本要求。

（1）要以能力考核为主，但不忽略知识考核，要分配好分数权重。

（2）考试题难易程度要适中，要兼顾修辞能力特别强的和修辞能力特别差的学生。

（3）考试内容覆盖面要宽广，但也要突出教学重点，尤其要关注文化差异内容，而不能眉毛胡子一把抓。

(4) 考试题量大小要适宜，以大多数学生在120分钟内做完试卷为常态。

(5) 考试题型不能太少，但也不能太多，以4～7种题型为宜。

(6) 考试卷为三套（每套都含试卷、评分标准与参考答案）。从横向看，要做到三套试卷在内容上重复率不超过一定比例；从纵向来看，上下连续三届学生试卷内容重复率也不能超过一定比例。

二、试卷模板示例

××学院/系课程考试试卷

××专业××级《（对外）汉语修辞学》试卷（A/B/C卷）

（20××—20××学年度第×学期）

题号	一	二	三	四	五	六	七	总分
得分								

一、解释题（每小题×分，共×分）

得分	评卷人

1.

2.

3.

……

二、判断题（正确的，在题后括号内打"√"；

错误的，在题后括号内打"×"。每小题×分，共×分）

得分	评卷人

1.　　　　　　　　　　　　　（　）

2.　　　　　　　　　　　　　（　）

3.　　　　　　　　　　　　　（　）

……

三、分析题（每小题×分，共×分）

得分	评卷人

1.

2.

……

四、简答题（每小题×分，共×分）

得分	评卷人

1.

2.

……

五、改错题（每小题×分，共×分）

得分	评卷人

1.
2.
……

六、应用题（每小题×分，共×分）

得分	评卷人

1.
2.
3.
……

三、试题内容说明[①]

试卷试题内容涵盖知识题和能力题两大类。

（一）知识题内涵界定

知识题属于识记题，着重考查学生对汉语修辞学有关名词、概念、原理等知识点的记忆程度，并考查学生是否能够正确认知和表达。示例中的解释题以及部分判断题就属于知识题。

（二）能力题内涵界定

（1）理解题是在记忆基础上考查学生的修辞理解能力。着重考查学生是否能够全面掌握汉语修辞学基本概念、基本原理、基本知识、基本方法的属性特征，以及是否能够掌握它们之间的区别与联系。示例中，简答题、部分判断题就属于理解题。

（2）应用题分为简单应用和综合应用两种情况。其一，简单应用题着重考查在理解基础上，学生是否能够运用所学汉语修辞学理论知识解决简单的汉语修辞应用问题。示例中，部分判断题、分析题、改错题就属于简单应用题。其二，综合应用题是在简单应用的基础上，着重考查学生是否能够运用所学汉语修辞理论知识综合分析和解决比较复杂的汉语修辞应用问题，尤其是综合修辞表达问题。说明：不同层次内容分数比例可据情确定为相应的比例，不同题型分数所占比例，可根据各学校命题原则和学生实际进行科学合理的调整。

四、评分标准与参考答案

（一）基本要求

（1）评分标准要科学，参考答案要严谨。

[①] 本部分内容参考肇庆学院等部分高校教务处制定的试卷命题说明。

（2）评分标准要细化，判分依据要合理。

（3）客观题答案要准确无误，主观题答案要鼓励创新。

（二）模板示例

××学院/系课程考试试卷

××专业××级《（对外）汉语修辞学》试卷（A/B/C 卷）

（20××—20××学年度第×学期）

评分标准与参考答案

一、×××题（共×题，每小题×分，共×分）

评分标准与参考答案：

1. ……

2. ……

3. ……

二、×××题（共×题，每小题×分，共×分）

评分标准与参考答案：

1. ……

2. ……

3. ……

（其余可类推）

【思考与练习】

1. 请建设汉语修辞学课微型试题库。要求如下：

（1）题型包括名词解释、填空、判断、选择（含单项选择、多项选择）、分析、问答、应用（含简单应用题、综合应用题）、论述、改错，等等。

（2）每种题型下不少于10道小题。

（3）要附上相应的评分标准与参考答案。

2. 请出一份期末考查试卷。要求：

（1）卷面总分为100分。

（2）试卷题型不少于5种，但不多于7种。

（3）知识性题目占20%，分析理解性、应用性题目占80%。

（4）每道题必须附有评分标准和参考答案，客观题答案必须具有排他性，主观题答案允许创新。

附录：教学方案示例

说明：我们特意从汉语国际教育专业、汉语言文学专业学生作业以及中小学语文教师教案中选出 14 个微型教学方案附录于此。选例中，教学对象涵盖外国留学生、国内大学生、中学生和小学生。这 14 组同学的微型教学方案是学习汉语修辞学、对外汉语修辞教学专题、中小学语文修辞实践课后，学生根据授课教师要求，在汲取学界既有教学经验、教学设计思想和教学研究成果基础上完成的课外拓展性作业，既有对课程学习的心得体会，又有对学界教研成果、教学案例的借鉴和引用，同时又是对开展汉语修辞学课教学的一次有益的教学设计训练。从教学内容上看，既有关于某种修辞理论知识的教学设计，也有关于中小学语文课文中某种特定修辞现象的教学设计。虽有诸多不足，但提供了难得的模拟性教学设计案例。需要特别说明的是，在收入本书时，针对简要点评部分，我们尽可能从不同角度去发掘教学方案设计的闪光点，而对设计中存在的诸如学时安排未必合理、重点难点处理未必准确、教学选例未必恰当、教学组织未必严谨、教学方法未必优化等问题没有过多地纠缠，以期给入选者以更多的鼓励与鞭策。

【教学方案示例 1】

"公文事务语体"教学设计

肖楚殷　陈敏娴

一、教学目标

掌握公文语体语言应用的基本要求及特点，学会在公文语体管控下进行得体的语言表达。

二、教学重点与难点

重点：掌握公文语体的要求及在语言运用上的特点。
难点：特定（公文）事务语文体式中的语言运用能力培养。

三、教学内容

公文语体的内涵、语言应用（词语、句子、辞格）特点与基本要求。

四、教学方法

举例分析法、对比法、讲练法、问答法。

五、教学对象

中文专业本科二年级学生。

六、教学课时

2课时。

七、教学过程

（一）导入

出示两个例子，让学生从用词用句方面对比它们的不同。

①右列四条，全边区军民人等一律遵照，不得违背。倘有不法之徒胆敢阴谋捣乱，本府本处言出法随，勿谓言之不预。切切。此布。（《陕甘宁边区政府第八路军后方留守处布告》）

② 雪落在中国的大地上/寒冷在封锁着中国呀……/饥馑的大地/……/伸出乞援的/颤抖的双臂//中国的苦痛与灾难/像这雪夜一样广阔而漫长……（艾青《雪落在中国的大地上》）

引导学生回答并讲解：

例① 属于事务语体中的公文事务语体，用词准确洗练，言辞威严，文章精悍，又多用短句、祈使句。

例② 属于文学语体中的韵文体，选用富有色彩的词语做具象描写，全诗以短句为主，并具有浓烈的情感。

由以上两句的对比，引出公文语体的含义及要求。

（二）讲解

1. PPT出示公文语体的含义并做适度讲解

公文语体是事务语体的分体之一，是人们在公务活动中形成并使用的。具体界定由教师加以解释。

2. 通过例子引导学生概括公文语体的基本要求

出示例子（让学生根据下划线文字总结公文语体的要求）：

北京市人民政府关于在2014年亚太经济合作组织会议期间调休放假的通告

2014年亚太经济合作组织领导人非正式会议将于11月在北京召开。经国务院批准，除保障亚太经济合作组织会议和国事活动、城市运行等必要的工作岗位外，在京中央和国家机关、事业单位和社会团体，<u>北京市机关、事业单位和社会团体，11月7日至11月12日调休放假，共6天</u>。其中，11月7日（星期五）、10日（星期一）放假，11月11日（星期二）、12日（星期三）调休，11月2日（星期日）、15日（星期六）

上班。本市行政区域内的企业和其他社会组织,可根据实际情况自行安排。

特此通告

北京市人民政府
2014 年 10 月 9 日

从"北京市机关、事业单位和社会团体,11 月 7 日至 11 月 12 日调休放假,共 6 天"可以看出,公文语体所要求的时间、地点、数量、范围等必须写得十分肯定明确,以免发生歧义和误解,这是公文语言表达明确性的基本要求。

从"特此通告"和"北京市人民政府 2014 年 10 月 9 日"可以看出,公文语体有比较固定的格式,不能有随意性,比如通报的标题、发文日期都有一定的格式,这是公文语体篇章结构规格性的基本要求。

从整体上看,公文语体的内容通常比较简明扼要、清楚通顺,不能有废话、离题万里,这是公文语体表意简要性的基本要求。

过渡引入新内容:同一个意思可以有不同的表达手段,那么在公文语体中该如何选择表达手段呢?引导学生从词语修辞、句子修辞、辞格修辞等方面去思考相关问题。

3. 公文语体使用的词语

出示例子后引导学生总结。例子:

①由公安机关依照《治安管理处罚条例》予以惩罚。

②对违反有关法律、法规和《规划》的行为,规划、文物等行政主管部门必须依法予以认真查处。

③值此新春佳节到来之际,我谨代表公司领导班子向全体同人致以最真诚的祝福。

学生分组讨论,各组学生代表发言,老师总结知识点(1):

多用专用词语、文言词语。公文语体中有大量的专用词语,例如"遵照""承蒙""任免""审核""予以查处"等。

有些文言词语已成为现代公文语体的专用词语,例如"欣悉""兹因""值此……之际"等。

多用规范的书面语,少用或不用口语、方言词语、俚俗词语和谚语,因为这些词语进入公文语体会破坏其严肃性、庄重性。

再出示例子(PPT),进一步从短语角度分析:

①情节严重拒不交代的。

②关于党的建设的几个问题。

③调查、保护和合理利用地表水、地下水资源。

提问并总结知识点(2):

多用"的"字短语、介词短语和联合短语。

【课堂练习1】

指出下例中不符合公文语体要求的地方并改正:

①《国家税务局关于整顿城乡做小买卖的税收秩序的通告》

参考评改:"做小买卖的"过于口语化,应改成"个体商业户"。

②三年前他还是个稼娃,如今成了企业家。

参考评改:"稼娃"属于方言,不符合公文语体的要求,应改成"农民"。

4. 公文语体使用的句式

出示例子并与学生互动,引出句式使用问题。

①国家发展自然科学和社会科学事业,普及科学和技术知识,奖励科学研究成果和技术发明创造。

②国家依照法律规定保护公民的私有财产权和继承权。

③国家保障自然资源的合理利用,保护珍贵的动物和植物。禁止任何组织或者个人用任何手段侵占或者破坏自然资源。

④一经公布,全党、全国上下都必须遵照执行,不得违背,不得有误。

采用问答式教学法,启发引导学生思考回答问题。

师:大家看这些句子,在句类上有一个很明显的特点,都是什么句?

生:陈述句。

师:对!大家再看例③中的"禁止"和例④中的"不得",大家觉得它们都是什么句呢?

生:祈使句。

师:很好!由此我们可以总结出公文语体在句式方面的要求。

出示PPT并总结知识点(1):

公文语体要求句法完整严谨,主要使用陈述句、祈使句。陈述句常用助词"了"表示完成动态,或用肯定与否定的判断句式。祈使句式常用命令、禁止、请求等语气。例如"望照此办理""不得有误""当否,请批复"。

再出示例子:

①一般说来,中央的指示是面向全国的,是带有普遍意义的。其中,有的属于原则性的指示,只有和各地区、各部门、各单位的具体实际相结合,使之具体化,才能真正解决那里的问题。(《中共中央关于各级领导干部要亲自动手起草重要文件,不要一切由秘书代劳的指示》)

②近年来,我国许多地方鼠害严重,不仅使农业、林业、食品业等遭受很大损失,而且传播疾病,影响人民健康。(《国务院关于开展春季灭鼠活动的通知》)

讨论并总结知识点(2):

公文语体较少用口语句式,而较多运用常式单句、并列复句和文言句式,表意周密、逻辑严谨。

5. 公文语体的辞格应用

通过公文语体与文学语体修辞方式的对比,让学生掌握公文语体中辞格应用的特点。教学法提示:比较法、问答法。

(1)排比(公文语体与文学语体进行对比)。

①各地要加快建立危化品事故应急救援体系,努力做到应急救援军事化、救援力量网络化、应急演练制度化。

②您的鼓励,让我们扬起了奋斗的风帆;

您的渊博，让我们沐浴了知识的阳光；
您的奉献，让我们领略了师德的风范。
师生问答互动（参考思路）。
师：同学们知道这两个句子分别属于什么语体吗？
生：①是公文语体，②是文学语体。
师：那大家能看出它们在辞格运用上有什么相同之处？
生：都运用了排比。
师：那它们在表达情感方面有什么不同吗？
生：文学语体表达的情感比较强烈，表达了对老师的赞美。
师：那大家觉得公文语体表达的情感强烈吗？
生：不强烈。
由此引导学生总结：

公文语体辞格修辞不同于文学语体。公文语体的排比与语势、文章感情无关，其作用一方面是使句式整齐，另一方面是使内容更为周全。

以类似的方式讲解引导学生公文语体中其他修辞格的运用。

（2）反复（公文语体与文学语体进行对比）。

①拒绝这个协定，就是表示国民党反动派决心将他们发动的反革命战争打到底。拒绝这个协定，就是表示国民党反动派在今年一月一日所提议的和平谈判，不过是企图阻止人民解放军向前推进……拒绝这个协定，就是表示南京李宗仁政府所谓承认中共八个和平条件为谈判基础是完全虚伪的。（毛泽东《向全国进军的命令》）

②遍江北的野色都绿了/麦子也绿了/水也绿了/鸭尾巴也绿了/茅草盖也绿了/穷人的饿眼儿也绿了。（康自清《和平的春里》）

师生问答互动，教师讲解：

例①义正辞严，三次运用"拒绝这个协定，就是表示……"，为的是强调观点，体现了公文语体庄重严谨的语言风格。例②属于文学语体中的韵文体（诗歌体式），诗歌里七次重复"绿了"，衬托了美好春色中20世纪初中国农民的贫困形象，塑造了繁丰含蓄之风格。

【课堂练习2】

1. 根据所给内容拟写标题

因全国物业管理市场管理不规范，导致物业公司与业主矛盾频出，纠纷不断。作为《国家建设部物业管理条例》的配套法规，国家建设部出台了一份对物业费用收取进行管理的法规性文件。

2. 修改下列公文语体文中语句的错误

①简报的词语一定要简洁明了，切忌不要冗长啰唆。

②年终，我厂对上级规定的任务已基本上差不多全部完成了。

3. 修改下列公文中的画线部分

关于交通肇事是否给被害者家属抚恤金问题的请示

最高人民法院：

  我省××县人民法院报告说，他们认为只要不是由被害者自己的过失引起的死亡事故，不管被害者能不能劳动，都应酌情给钱。几年来实践经验证明这样做有利于安抚死者家属，这种做法对不对，请批复。

××省高级人民法院
2018年6月1日

（三）课后拓展作业

  请根据下面所给材料拟写一份通知。要求：①坚持语体先行原则；②根据"通知"语文体式修辞应用要求拟写；③不超过150字。

  教育部拟于2018年8月30日到9月5日在北京大学召开全国高等教育工作会议，研究部署今后一个时期的高教工作。参加会议人员：各普通高校校长。与会各校将拟提交会议交流的经验介绍材料，自印120份带到会议上。

联系人：郭先生
电话188××××4623

【简评】

  该教学方案，抓住了公文事务语体语言应用的基本要求和在词语修辞、句子修辞、辞格修辞以及风格修辞方面的主要特征，教学目标明确，重点把握较好，整个方案设计比较合理。需要特别说的是：第一，具有较强的语体管控意识，突出特定语体文中的实例分析；第二，恰当运用了比较、问答、讲练等教学方法，每一小节基本上都有分析、有总结；第三，注重培养并训练学生在公文事务语体管控下的语言应用能力，课堂练习和课外拓展训练的设计足以证明这一点；第四，教学过程各个环节的设计比较明确，注重师生互动、讲练结合。

【教学方案示例2】
"语言语境"教学设计
方 琼

一、教学目标

  （1）让学生了解并掌握语言语境的含义，在具体例子中体会语言语境对语言表达的制约与影响作用。

  （2）训练并提高学生利用具体语言语境条件进行修辞理解和修辞表达的能力。

二、教学重点与难点

  （1）让学生理解和掌握语言语境对修辞运用的作用，提高学生的修辞分析与理解能力。

(2) 培养学生利用具体语境进行修辞表达的能力。

三、教学内容

语言语境内涵、功能与作用。

四、教学方法

讲练法、举例分析法、视频法、讨论法。

五、教学对象

高级汉语水平的学生。

六、教学课时

2课时。

七、教学过程

(一) 教学导入

在PPT上面播放有关中国近现代发展变化的视频，跟学生讲中国由于顺应了时代发展的潮流，才有今天所取得的辉煌成就。运用类似的原理，再引出"语言语境"这一概念以及对修辞应用的影响。

注解：语言语境就如近现代的时代潮流，语言语境对修辞应用的影响就如同中国顺应时代潮流而产生的一系列变化。

(二) 理论讲授

1. 语言语境的含义

语言语境，就是指篇章内部的环境，或称上下文语境，是指词、短语、语段或篇章的前后关系，它可以帮助理解词、短语等语言成分的特定意义。

2. 语言语境的基本功能及作用

语言语境的基本功能是制约与解释。

作用是确定语句的基本含义，分化歧义，理解语言现象及其表达效果，进行语言表达。

(三) 举例分析

① (他) 用小烟锅在羊皮烟包里挖着，挖着，仿佛要挖出悲惨生活的原因，挖出抗拒命运的法子。

分析：句子中的"悲惨的生活"和"抗拒命运的法子"用"挖"一词来搭配。一般情况下，不用"挖"，这样做的目的是承接句子前面的两个"挖"，采用了拈连的修辞格，顺应了上下文语境的需要。

②记得转战陕北。有天夜里住进田次湾，十几个人与毛泽东挤入一座窑里睡。房东大嫂不安地在说："这窑洞太小了，地方也太小了，对不住首长了。"毛泽东依着大嫂的节奏喃喃道："我们的队伍太多了，人马太多了，对不住大嫂了。"说得大嫂和同志们都哈哈大笑起来。

提示：细读大嫂与毛泽东的这两句话，思考为什么最后大嫂和同志们都哈哈大笑起来。

分析：毛泽东的话是顺着上文大嫂说的话说出来的，仿造出了与大嫂话语结构相似、语气一致、语意相对的话语，反映在形式上是句式、节奏和韵律的相似，在内容上两相对照的。之所以引起大家哈哈大笑，上文语境条件起到了很大的作用。

③唉，我现在想想，那时真是太聪明了。（朱自清《背影》）

思考：这句话的意思真的是作者夸自己聪明吗？如果不是，"聪明"到底是什么意思？

分析：如果孤立地看这句话，是无法真正理解"聪明"的意思的。对照上下文语境，我们可以推知，这是作者自嘲的话，其实是想表达作者当时没体会到父爱的一种自责和愧疚。嘴上说自己自以为聪明，其实是非常愚蠢，没体会到老父亲的良苦用心。"聪明"在这里与本意相去很远，有反语的意味，也就是反话正说。

①"义哥是一手好拳棒，这两下，一定够他受用了。"壁角的驼背忽然高兴起来。

"他这贱骨头打不怕，还要说可怜可怜哩。"

花白胡子的人说，"打了这种东西，有什么可怜呢？"

康大叔显出看他不上的样子，冷笑着说，"你没有听清我的话；看他神气，是说阿义可怜哩！"（鲁迅《药》）

提示：该例属于文学语体中的小说语文体式。

思考："可怜"究竟是谁可怜？

分析：革命者夏瑜被阿义给打了，连说"可怜"；茶馆里的看客们对"可怜"一词产生了误解，认为夏瑜可怜。鲁迅巧妙地利用看客们对"可怜"词义的误解，来批判当时国民的麻木冷漠与可悲。可见，如果歧义句在文学语体中运用得当，不仅能够使语言更加贴切，而且可以给读者提供更为广阔的思维空间，从而加深作品的思想内涵。

②他飘飘然地飞了大半天，飘进土谷祠，照例应该躺下便打鼾。（鲁迅《阿Q正传》）

分析："飞"和"飘"都不是形容人的词语，利用上下文的联系，这里巧妙地采用比拟（拟物）手法刻画阿Q这一人物形象，以彰显阿Q在调戏小尼姑之后得意的心情。

（四）课堂练习

1. 观察下列句子，请根据上下文语境条件研判这些句子有什么问题，应该怎么修改

①由于树林茂密，我们的骑兵队伍起初没有被发现，直到听了马蹄声，山上的敌军才鸣枪报警。

参考评改：句子前后意思脱节，语句不协调、不连贯。这句话总共有四个分句，第二个分句是以我军为主语的被动句，而第四个分句则是以山上的敌军为主语的主动句，前后意思就不连贯。可以考虑将第二个分句改为"敌人没有发现我们的骑兵队伍"，删除第四个分句的"山上的敌军"。这样就使语句前后语态保持协调，顺应了下文语意的主动性。

②他敏感、机灵，脑子反应很快。无论遇到什么事情，都能随机应变，化被动为主动。在政治运动中，他表现得更为突出，每次都当上积极分子。人们称他"一贯正确"。

参考评改：这段话中，句子前后感情色彩不一致。这段话有四个句子，前面三个句子是对那个人的褒扬，褒义色彩浓厚。可是，最后一句中的"一贯正确"又似乎稍带贬义，造成反语辞格修辞不当。可以将最后一句改为：人们称他为"先进积极分子"。

2. 根据上下文意思，把下面所列语句依次（或有选择性地）填进空白横线处

（1）内心里拥有善，_____，_____，_____。积淀在我们血液里的和融化在我们脚步中的，都是这样一点一滴播撒和积累下的善。_____，从而形成一泓循环的水流，_____，_____。

①看见贫穷而情不自禁地产生同情
②看见寒冷而愿意去雪中送炭
③才会看见弱小而自觉前去扶助
④我们在感动别人的同时，也被别人感动着
⑤滋润着我们哪怕苦涩而艰难的日子
⑥帮助我们度过相濡以沫的人生

参考答案：③①②④⑤⑥

（2）乐观的人看见问题后面的机会，_____。机会从来不会主动敲响你的门，无论你等待多少年，_____。朝着既定目标前进，_____。

①悲观的人则看见机会后面的问题
②悲观的人只看见机会后面的问题
③只如一阵风拂面而过，需要你有反应能力和追随速度
④要你有反应能力和追随速度，它只如一阵风拂面而过
⑤你就会发现机会的存在，充分发挥你的潜能
⑥尽量发挥你的潜能，你就会发现机会的存在

参考答案：②③⑥

附：板书设计

语言语境 {
1. 含义
2. 基本功能：制约与解释
3. 作用：①确定语句的基本含义
　　　　②理解歧义
　　　　③理解修辞及其表达效果
}

（五）课后拓展作业

以"中秋节"或者中国其他传统节日为话题，写一段500字左右的文字。要求：
（1）立意正确，表意要明确，思路要清晰。
（2）使用3个"把"字句、3个"被"字句、4个感叹句，并使得这些句式、句类与上下文语境相适应。同时，至少使用3个修辞格式，并做到文章题旨得体。

【简评】

该教学方案把"讲"与"练"结合起来。需要特别说的是以下几点。第一，思路是先讲后练，首先解决语言语境的概念、功能与作用等理论知识问题，然后要求学生利用所学语言语境理论知识对较多的语境用例加以理解分析，以强化学生修辞理解能力的训练。第二，自测性课堂练习题的设计，更能够现场检测学生对所讲语言语境理论知识的掌握程度，并能够发现存在的问题，以便及时加以指导。第三，设计了课后拓展性修辞实践题，实践题目设计既有命题性质，又有自主性质；要求具体明确，切实可行。这样既能使教师起到引领作用，又能使学生充分彰显自己的主体意识。第四，教学方法较为灵活。第五，板书设计简洁明了，基本概括了本节课所讲的主要内容。

【教学方案示例3】

"谐音修辞"教学设计

林清秀

一、教学目标

通过教学使学生熟悉谐音修辞的基本理论知识，掌握谐音的修辞效果，培养并提升学生在特定语体规制下和具体语境中运用谐音修辞的能力。

二、教学重点与难点

重点：培养学生利用谐音手段进行修辞表达的能力，培养学生理解谐音修辞现象的能力。

难点：利用谐音修辞手段分化歧义能力的培养。

三、教学内容

谐音修辞内涵、谐音修辞现象、歧义分化。

四、教学方法

讲授法、讨论法、文化阐释法。

五、教学对象

中文专业本科二年级学生。

六、教学课时

1 课时。

七、教学过程

（一）趣味导入

在学习新课之前，我们先来看几张图片（出示几张中国春节大门年画）。请同学们找出一些有寓意的东西，与同学互相交流。

例子①：门上贴的"福"字贴反了，福"倒"与福"到"谐音。

例子②：年画上画着一个男孩抱着一条鲤鱼，"鱼"和"余"谐音，寓意为年年有余。

同学们还知道其他的谐音民俗吗？大家一起来交流一下！

师生互动，讨论。

在这里，人们巧用谐音手段表达了对新年美好的祝愿，这是谐音文化的一种表现。那么，谐音是什么呢？下面让我们一起来学习谐音修辞。

（二）讲解

1. 谐音修辞的内涵

人们利用谐音手段把本无联系的音同或音近的两个词语联系起来，在特定环境中，使得本词与谐音词的意义间建立起较为稳固的并行关系而形成的语音相谐现象，就是谐音。同音词、近音词、同韵词等是构成谐音的语言材料。

2. 谐音修辞应用

在汉语里，谐音已成为一种大量、经常、系统存在的语言现象。它不但常出现在言语交际、各类民俗、民事活动和文学作品中，还经常出现在一些非言语交际活动中，诸如谚语、歇后语、人名、地名、广告语、流行语及民间艺术中。今天就让咱们一起邀游"谐音趣味王国"吧！

（1）谐音民俗。

例子①：大年初一早晨，上海人第一顿饭大都要吃年糕。同学们知道这是为什么吗？这种风俗产生于宋代，盛行于清代，"年糕"与"年高"谐音，这是一种美好的愿望，给人一种心理上的暗示，寓意年年高升。与之类似的还有在古代中国多以"糕粽"赠赴考书生，"糕粽"谐音"高中"，便有了祝其"金榜题名"之意。

例子②：在中国，腊月下旬至除夕，家家大扫除，称为"除尘"，谐音"除陈"，意为去除晦气。过年期间不能破柴，因为"柴"与"财"谐音，即破财之意。春节期间，打碎了东西，要说"岁岁（碎碎）平安"。春节拜年时，长辈要将红包送给晚辈，称"压岁钱"，谐音"压祟"，寄托了长辈期望晚辈平安的美好心意。

诸如此类的民俗还有很多。除了运用谐音表达对美好生活的期盼与祝愿外，人们还竭力运用谐音手段来规避那些不吉利的字词。在日常言语交际中，也可以利用谐音手段，恰当地运用吉利话来避开人们避讳或厌恶的语言，或诙谐，或风趣，或解嘲，都是礼貌友好、与人为善的表示。

（2）谐音歇后语。

第一步：大家先看看这些歇后语。仔细读一读，认真观察，说说你发现了什么。

外甥打灯笼——照旧（舅）

孔夫子搬家——净是输（书）

小葱拌豆腐——一清（青）二白

上鞋不用锥子——真（针）好

四月的冰河——开动（冻）了

隔着门缝吹喇叭——名（鸣）声在外

第二步：师生交流歇后语的修辞作用。这类谐音歇后语都是使字面上的语音与另一个同音词发生过渡，从而生发出新的词义，产生一种诙谐俏皮、出其不意的修辞表达效果。

第三步：课堂小练习。根据以下歇后语的前半部分，补充后半部分，使歇后语能够整体呈现，以此来帮助学生识记歇后语并理解歇后语的内部构造。

① 狐狸吵架——（　　）　　　②老九的兄弟——（　　）

② 和尚的房子——（　　）　　④和尚打伞——（　　）

参考答案：①一派胡（狐）言；②老实（十）；③妙（庙）；④无法（发）无天

（3）谐音对联。

指名学生朗读，并让学生分组讨论，说说其中的寓意或表达效果。

例子①：

上联：二三四五

下联：六七八九

横批：缺一少十

分析：数字一到十中，上联缺一，下联少十，正好是"缺一少十"。"一"与"衣"同音，"十"与"食"同音，通过对联可以看出作者"缺衣少食"的境况。

例子②：

上联：两船并行，橹速不如帆快

下联：八音齐奏，笛清难比箫和

上联"橹速"与"鲁肃"、"帆快"与"樊哙"谐音，含文臣不如武将之意；下联为另一人所对，"笛清"与"狄青"、"箫和"与"萧何"谐音，含武将不及文臣之意。

在对联体式中，谐音修辞就是利用了词语音同音近的关系，采用谐音手段造成字面与字里意思的不一致，使诗句产生双重意义，从而实现真正的修辞目的。

（4）谐音诗歌。

请学生朗读诗歌。注意正音，指导读出节奏和韵味，感受谐音用法的妙处。

例子①：

春蚕到死丝方尽，蜡炬成灰泪始干。

分析："丝"谐"思"，以蚕丝谐情思。春蚕吐丝，连绵不断，吐之既尽，命亦逐亡，表明女子对爱情执着不渝，至死方休。

例子②：

井底点灯深烛伊，共郎长行莫围棋。

分析："烛"谐"嘱"，"围棋"谐"违期"，表明女子与情郎长别时，曾深嘱勿过时而不归之意。

（5）谐音广告。

导入：大家能看出这些短语分别是什么商品的广告词吗？（提示：可以利用手机网络搜索。）

随心所浴（欲）　　咳（刻）不容缓　　默默无蚊（闻）
终生无汗（憾）　　酒（久）负胜名　　骑（其）乐无穷
一鸣（鸣）惊人　　别无锁（所）求　　饮（引）以为荣

参考答案：热水器广告、止咳药广告、蚊香广告、空调广告、酒类广告、自行车广告、灯具广告、锁头广告、饮品广告。

评析：以上广告语都采用了谐音修辞手段，增加了广告的幽默感和趣味性，使广告语言更具有吸引力。例如"随心所浴"中的"浴"与"欲"谐音，这是一种热水器的广告用语。人们在高压力的工作后，如果能够随心所欲地洗个热水澡，该是多么幸福的事啊！选用这个词当广告，既符合了人们的心理需求，又能切实解决问题，可谓体贴入微，相信会燃起受众的购买欲望。

提问并讨论：除了上面这些广告语之外，你们还见过类似的吗？

让学生展开想象的翅膀，寻找收集类似的广告词，各抒己见，畅所欲言。

（三）畅谈感受，总结提升

（1）通过以上学习，大家对谐音有什么新的认识呢？

（2）课堂小结。

（四）布置作业，课外延伸

（1）查找体现谐音特点的古诗、歇后语、对联或笑话，准备和同学交流。

（2）课后积累一些谐音小故事，并分析运用谐音妙在哪里。

【简评】

该方案从谐音文化入手，由民风民俗中大家都熟知的语言与事物之间对应的趣味谐音现象导入谐音修辞。这个思路不错，能够引起学生学习谐音修辞的兴趣。整个教学过程中，以谐音歇后语、谐音对联、谐音诗歌、谐音广告语等几种谐音修辞应用现象作为依托，带领学生思考、领会、吃透谐音修辞的实质，并通过文化阐释、互动讨论掌握谐音修辞应用的基本技能。教法比较灵活，采用了分析、问答、引导、练习等手段来强化谐音修辞理论知识的学习以及应用能力的培养，这一点值得肯定。

【教学方案示例4】

《黄鹤楼》语音修辞教学设计
李梅婷

一、教学目的与要求

了解汉语语音修辞的特点,学会分析课文中的语音修辞现象,并能够合理运用语音修辞手段。

二、教学内容

崔颢《黄鹤楼》的语音修辞。

三、教学重点

语音修辞的含义和手段。

四、教学难点

语音修辞运用。

五、教学对象

八年级学生。

六、教学学时

1课时。

七、教学方法

运用讲授法、讨论法、练习法、问答法,讲授时演示文稿与板书结合。

八、教学过程

(一)导入

从朗读崔颢的《黄鹤楼》体会诗句的语音修辞特征引入。

昔人已乘黄鹤去,此地空余黄鹤楼。
黄鹤一去不复返,白云千载空悠悠。
晴川历历汉阳树,芳草萋萋鹦鹉洲。
日暮乡关何处是?烟波江上使人愁。

今天我将和大家一起来说说语音修辞问题。谁能告诉我《黄鹤楼》在语音应用方面有什么突出特征?

(提示:主要从音节、韵脚、平仄三方面来理解)

（二）梳理与探究

1. 学生梳理：什么样的修辞叫语音修辞

学生发表意见后，老师点评总结。

参考理解：语音修辞就是利用恰当的修辞手段来调配语言的声音，以有效表情达意的一种语音修辞行为或修辞现象。它大体包括音节的配合、声调的协调和押韵的和谐等。

2. 学生梳理：语音修辞有哪些手段

学生发表意见后，老师讲解。

参考理解：①利用音强、音长形成节奏；②利用音高变化调配平仄韵律；③利用音质条件合理配置双声、叠韵、押韵、谐音。

通过朗读《黄鹤楼》，梳理语音修辞的内容，掌握以下知识点：①音节整齐匀称；②声调平仄相间；③韵脚和谐悦耳；④叠音自然动听；⑤双声叠韵回环。

3. 语音修辞的探究

①轻轻的我走了，／正如我轻轻的来；／我轻轻的招手，／作别西天的云彩；／／……悄悄的我走了，／正如我悄悄的来，／我挥一挥衣袖，／不带走一片云彩。（徐志摩《再别康桥》）

②她彷徨在这寂寥的雨巷／撑着油纸伞／像我一样／像我一样地／默默彳亍着／冷漠，凄清，又惆怅。（戴望舒《雨巷》）

问：以上诗句运用了什么样的语音修辞手段？有什么妙处？你还能举出类似的语言现象吗？

参考理解：语音修辞要达到两种效果：一是匀称协调，富有整齐美；二是有变化，不呆板。具体来说，调配语音的主要手段有调整音节组合，如对偶、联绵词、叠音词的运用）、平仄声调的变化、押韵等。

（三）作业布置

为了更好地理解语音修辞的功效，尝试分析《黄鹤楼》诗句中所凸显的语音修辞效果。

（四）效果检测

1. 分析下列语例的叠音和节奏特征

小草偷偷地从土里钻出来，嫩嫩的，绿绿的。园子里，田野里，瞧去，一大片一大片满是的。坐着，躺着，打两个滚，踢几脚球，赛几趟跑，捉几回迷藏。风轻悄悄的，草软绵绵的。（朱自清《春》）

参考答案：该语例使用"偷偷地""嫩嫩的""绿绿的""轻悄悄的""软绵绵的"等叠音词语来描写小草和风，能使之更加形象、生动，具有直观性，而且由于音节长短不一、停顿不一，给人一种欢快、稚气、错落的节奏感。

2. 比较原句与改句的音节结构特征，并分析其修辞效果上的差异

原句：他的命就是数学。

改句：他的生命就是数学。（徐迟《哥德巴赫猜想》）

参考答案：原文中的单音节词"命"改为双音节词"生命"。"命"与"生命"音节长短不同。"命"是单音节词，与双音节词"数学"前后音节不匀称，在上下文语音语境中读起来、听起来都不是特别舒适。"生命"与"数学"都是双音节词语，音节数量一致，二者相互对应，形成匀称和谐的舒适的美感。

（五）课外拓展

（1）观察现实语言生活，并从中收集5个语音修辞例子。

（2）尝试运用有效的语音修辞手段写一篇小短文，在适当时候面向本小组同学把小短文说出来，并由本组同学点评优劣，以此训练自己的语音修辞能力。

【简评】

该方案用一节课时间来领略崔颢《黄鹤楼》的语音修辞形象。由于教学时间的制约，只能抓住诗句中特别突出的语音修辞特征来讲，课堂上很难有更多的拓展性讲解与训练。该教学设计做到了这一点。从朗读体会诗句语音修辞特征导入课堂教学，采用提问、讨论、讲解、小结等方法，由此来强化学生的语音修辞意识和技能培养。效果检测部分，以大家熟知的典范的用例作为语料，从叠音、节奏、音节等方面考查学生对语音修辞知识的掌握程度以及对语音修辞现象的分析理解能力。尤其需要肯定的是，课外拓展环节所设计的两个语言实践活动，不仅能够促使学生重视语料的收集与整理，而且训练了学生的语音修辞实践能力。

【教学方案示例5】

"词语变异"教学设计

方　琼

一、教学目标

（1）培养学生在具体语境中掌握变性、变形、变义、变色的能力。

（2）增强学生在具体语境中的分析理解能力以及在日常生活中规范使用的能力。

二、教学重点与难点

培养学生学会利用语境条件辨析和理解变异修辞的能力。

三、教学内容

词语变异修辞，涵盖变性、变形、变义、变色。

四、教学方法

视频法、例证分析法、对比法、问答法。

五、教学对象

中级汉语水平的学生。

六、教学课时

1课时（45分钟）。

七、教学过程

（一）视频导入

教师在PPT上播放有关"基因变异"给人体带来变化的视频，由此可以类推出变异修辞给句子所带来的不同效果，然后进入新课。

（二）知识讲授，案例分析

词语修辞中的变异应用是指打破语言常规，利用不合语法、不合逻辑、不合事理的语言形式表达思想感情的修辞现象，主要包括词性变异、词形变异、词义变异、词语色彩变异等现象。

1. 词性变异

在当前，就是歌颂三中全会以来的新气象，歌颂改革的新高潮，也同时针砭了不正之风，起到了文学作品的"纪委"作用。（王晓明《提调空间的开创》）

分析："纪委"本是纪律检查委员会的简称，是一个专有名词的缩略语。但用在上面句子中，变成了动词。词性的转换导致了词义随之改变，此处由于上下文的帮助，该词被赋予了"检查监督"这一临时意义。正是因为这一变异手法的使用，文中所论文学作品的作用更形象化了。

2. 词形变异

有时几个旁听人倒也对他肃然有些起敬了。（鲁迅《阿Q正传》）

分析："肃然起敬"本是一个定型化的成语，但是在这一文学语体（小说体式）中借助于语境条件被拆解了，由此来更加酣畅淋漓地嘲弄阿Q，使语言表达更富有情感。

3. 词义变异

人人都称赞她为"小仙女"。

分析：这里"小仙女"的意思并不是说明她是从天上下凡来的，而是临时添加了词义，表明那个女孩很温婉，很漂亮，很讨人喜欢。

4. 词语色彩变异

词的色彩义可以从多个方面来理解，比如感情色彩、语体色彩、风格色彩、形象色彩等。仅从在感情色彩方面看，通常表现为褒词贬用和贬词褒用两种变异现象。

（1）褒词贬用。即把用在向好方面的词语用在向坏方面。

你可真聪明啊，砸了玻璃还赖在别人身上。

分析："聪明"是褒义词，但在句中并无赞扬之意，而是讽刺别人犯错不敢承认，还诬陷别人。

（2）贬词褒用。即把用在向坏方面的词语用在向好方面。

小明妈妈说："你这个坏小子，又给我送礼物。"

分析："坏小子"是贬义词，在这个句子里却表达了喜爱的情感。这正是基于中国文化中一直以来所蕴含的委婉含蓄特质。作为妈妈，由于受传统文化含蓄委婉心理因素的支配而不好意思直接表达喜爱、开心之意，因此采用正话反说的方式来表达个人的情感。

（三）课堂练习

要求：分析下面句子，说说属于变异修辞的哪种表现并说明理由。

总体思路：展示不同类型的语例，根据学生实际，课堂上分组合作讨论。给学生几分钟讨论时间，之后鼓励各组踊跃发言，说出本组讨论结果；教师简要点评。

①琳琳是我们家里的小公主。

分析：属于变异修辞中的词语临时变义。在这里，"小公主"并不是指古代皇帝的女儿，而是家中最娇贵的女儿，取临时义。

②小丽随后说道，她的反应向来很快，编瞎话从来不打磕巴，而且一脸诚实。

分析："诚实"一词感情色彩发生了变异。结合句中语境，可以看出"诚实"一词并不是赞美小丽的，而是讽刺批评，属于褒词贬用，也就是感情色彩变异。

③他腼腼腆腆，比姑娘还姑娘，名字叫陈忠和。（鲁光《敲开世界大门的冠军》）

分析：属于词性变异应用。"还"后面的"姑娘"由于出现在"比什么还什么"结构中，名词被临时转换为形容词来使用，修辞用意在于强化姑娘腼腆羞涩的性格特征。

④他们看起来虽然是郎才不女貌，但他们已经携手走过了人生的大半辈子。

分析：属于词形变异现象。"郎才女貌"是一个成语，中间不可以添加其他成分，但是该例中加了"不"字，形成"郎才不女貌"这样的新颖组合，从侧面衬托出他们感情至深，恩爱有加。

（四）课堂小结

这堂课主要学习词语修辞中变异修辞的几种表现形式。通过案例分析以及练习，可以帮助学生掌握辨析、理解词语变异的技巧。

首先，要根据所学变异修辞理论知识来研判修辞用例属于哪种变异修辞现象。其次，要抓住各种变异修辞的主要特质，如词性变异要抓住名词、动词、形容词等词性之间的相互转化；词形变异、色彩变异要先熟悉词语的本来组合及其色彩，注意理解所使用的具体对象、特定场合等语境条件以及特定的语体规制。最后，要结合具体语境和特定语体规制做出适当的分析。

附：板书设计

$$\text{变异修辞}\begin{cases}1.\text{词性变异（名词做动词、形容词做动词、动词做名词等）}\\2.\text{词形变异（拆解、添加、删减、替换）}\\3.\text{词义变异（临时义、语境义）}\\4.\text{色彩变异（褒作贬、贬作褒；"言""文"变化）}\end{cases}$$

（五）课后拓展合作训练

（1）从日常语言生活中收集四类词语变异应用现象，通过分组讨论合作探究，找出语例变异应用的语境因素，并从修辞效果角度加以分析。

（2）从文学语体（如诗歌、散文、小说、剧本等）中收集四类词语变异应用现象，通过合作探究，和老师交流，找出语例变异应用的语境因素，并从修辞效果角度加以分析。

【简评】

该方案把教学重点放在了词语变异修辞分析理解能力的培养与训练上。从教学内容上来说，抓住了词语变异的四种表现；从教学方法上说，以讲解为主，辅之以练习，并试图通过视频导入、提问等方式引导学生领会、掌握相关理论知识；从教学思路来看，由板书可以看出，思路清晰，重点难点把握适当；从实践训练来看，课堂练习题与课后拓展性合作训练题的适量设计，有助于进一步提升学生对词语变异修辞现象的分析理解能力。

【教学方案示例6】

鲁迅《故乡》词语修辞教学设计

郭锐君

一、学情分析

《故乡》选自人教版九年级上册《语文》。九年级的初中生已经有相当好的阅读基础，可以自主疏通文章。老师要做的是引导学生进行更加深入的探讨学习，炼字、炼词便是其中的一个方面。本设计将聚焦于本文词语应用的分析与解读。

二、教学目标

（1）学生从小说中学习作家词语锤炼的方法与技巧，并能够结合语体和语境对词语应用进行合理分析。

（2）掌握炼词的方法，把握好词语修辞知识。

（3）培养学生有关散言体式的词语修辞能力。

三、教学重点与难点

（1）引导学生联系上下文对词语运用进行恰当的修辞分析。
（2）把握词语修辞应用的一般规律。

四、教学内容

词语应用现象分析与解读。

五、教学方法

设疑思考法、开放式讨论法。

六、教学学时

1课时。

七、教学过程

（一）导入课文

大家应该都听说过"画龙点睛"这个成语。这个成语多比喻写文章或讲话时，在关键处用几句话点明实质，使内容生动有力。今天，我们不讲句子，专门来讲词语，感受词语在句子甚至文章中"画龙点睛"的作用，也就是我们通常所说的炼词。接下来让我们走进课文——鲁迅《故乡》的词语世界。

（二）简要介绍词语修辞知识

"词语修辞"着眼于词语的选择和搭配，类似于古人的"炼字"。有时候，句工只在一字之间；有时候，为了达到一种特殊表达效果，词语之间可以超越常规进行组合，使人留下深刻印象。从不同角度看，词语可以分为同义词、反义词、单音节词、多音节词、动词、名词、书面语词、方言词等，词语的使用较为自由而且形式多样化。

（三）词语修辞分析

（1）阅读小说，找出表示颜色的词语，并分析其修辞效果。（自主回答）

①时候既然是深冬，渐近故乡时，天气又阴晦了，冷风吹进船舱中，呜呜的响，从蓬隙向外一望，苍黄的天底下，远近横着几个萧索的荒村，没有一些活气。

引导学生："阴晦""苍黄"两个带有色彩的词语，描绘出一个阴暗的深冬的故乡景象，一种萧瑟悲凉的情感气氛跃然纸上。注意：比较这两个词的异同。

②先前的紫色的圆脸，已经变作灰黄，而且加上了很深的皱纹；眼睛也像他父亲一样，周围都肿得通红。

引导学生：用了"紫色""灰黄""通红"等词语，"紫色"是对儿时闰土的描写，"灰黄"是描述成年闰土，这两者的对比，给人一种强烈的视觉冲突，表现出闰土生活的沧桑。"通红"则写出闰土终年生活在海边，饱受恶劣环境的侵害。注意：比较这三个词的异同。

（2）联系上下文，分析下面句子中带有下划线的词语。（提问）

①时候既然是深冬，渐近故乡时，天气又阴晦了，冷风吹进船舱中，呜呜的响，从蓬隙向外一望，苍黄的天底下，远近<u>横</u>着几个萧索的荒村，没有一些活气。

分析理解：一个"横"字向我们展示出苍天下的几个荒村，给人一种被遗弃的凌乱的深远压抑之感。

②我的母亲很高兴，但也<u>藏</u>着许多凄凉的神情，教我坐下，歇息，喝茶，且不谈搬家的事。

分析理解：启发学生，解释"藏"意。在描写母亲的神情时，用了一个"藏"字，这个字用在此处极妙。外出谋生多年的儿子归来，母子相见，自然高兴，但世况日下，家境衰微，母亲难免凄凉，而此种感觉又不能扫了母子相见之兴，因此"藏"便在情理之中。"藏"是有意识地隐藏而不想外露，是生怕露出凄凉的神情，牵引起刚回家儿子的悲凉之感。这个单音节动词虽然朴素平易，但能引人思索，大有深意。

③他回过头去说，"水生，给老爷磕头。"便<u>拖</u>出躲在背后的孩子来。

分析理解：写闰土让躲在身后的水生出来时，出乎意料地用了一个"拖"字。其实，还有很多其他同义词可供选择，如"拉""拽""牵""扯""领"等，但作者偏偏用了一个"拖"。这个词用在此处给人一种画面感，非常生动具体，大人焦急地用力推拉孩子出来，而孩子却双脚蹬地，躬身后拉。假如用了其他的词，读者则只能想象到闰土的动作，却无法看到水生的心理和动作。一个"拖"还披露出闰土在"老爷"面前的不安与恭敬，这对于刻画闰土的麻木自卑起了一定的作用。

（3）你是否发现，小说有表达矛盾的地方，请你找出来并分享你的看法。（讨论分享。提示：反义词。）

①我的母亲很高兴，但也藏着许多凄凉的神情，教我坐下，歇息，喝茶，且不谈搬家的事。

引导学生讨论：作者在表述母亲见到离家多时的儿子时，用了"高兴"和"凄凉"两个在具体语境中有着相反意义的词语，看似互相矛盾，实则合情合理。儿子离家多年，好不容易可以母子相见，作为母亲是发自内心地高兴的，但是此时家境衰落，儿子回来也意味着自己不得不面对这个现实，自己也即将背井离乡，这对于一个旧时代的传统母亲来说又是难以承受的。因此，这种"高兴"便带有一种不开心的情感，"高兴"与"凄凉"临时同义。

②那西瓜地上的银项圈的小英雄的影像，我本来十分清楚，现在却忽地模糊了，又使我非常的悲哀。

引导学生讨论："清楚"与"模糊"是一对反义词，"我"本来对于小时候和闰土的那段经历记忆犹新，因为那个热情纯真的少年闰土是"我"心灵深处的美好的回忆。但是，很多年过去了，当年的那个他已经是一个饱经沧桑而变得麻木的人了，"我"和他已经隔绝到无法挽救的地步了，"我"只要一想少年闰土，就不得不面对现在的闰土，这是"我"不忍心接受的。简单地说，"清楚"是记忆深处的美好的保留，"模糊"

是不愿意记起的表达。通过对比，更能反映出那时的"我"与现在的"我"不同的心理状况；同时，又能从侧面衬托出闰土形象的先后变化。

（四）课外拓展检测

（1）从词语修辞角度赏析诗句"天阔鸟行疑没草，地卑江势欲沉山"。

参考理解："沉"字用得好，城门地势低，放眼望去，浩荡的江水仿佛要把远处的山峦淹没似的。采用夸张的修辞手法，"沉"字写出水势之大。

（2）在句子"哗——哗——哗——侧耳细听，涛声滚滚……啊，松涛！犹如一支庞大的仪仗队，浩浩荡荡，鼓乐齐鸣，奏响了一支雄壮的贺兰山交响乐。伴着激烈的心跳，我陶醉得想哭"中，"哗"的使用有怎样的表达效果？

参考理解：象声词"哗——"的反复铺排，使文章显得文气浩荡，一泻千里，极为传神地状写出贺兰山的高大奇伟和松涛的激越雄浑。

（五）小结

提示：主要从词语修辞理论知识、词语应用分析、词语应用技巧三个方面总结。尤其要重点指出，掌握词语修辞分析的技能和步骤，要求学生基本上按照"释字义—描景象—说手法—点作用"来进行。

（六）作业布置

（1）掌握小说《故乡》中词语应用分析的答题技巧。

（2）联系所学知识，写一段话。要求：①注意"炼字"技巧，强调词语运用的修辞效果；②立意正确，内容不限。

示例：当黄昏到来的时候，大地呈现出少有的含蓄、瑰丽。扛着农具、腋下夹着青草的农民们，不紧不慢地沿着村边的小路走来。牛羊舔着被草汁染绿了的唇，边走边朝村口张望着。炊烟袅袅，传递着诗意般的怡然，旷野消停下来，高天仿佛一个城府极深的老者，静静地悬在那里，俯视着人的安逸，蓄禽的悠闲。不久，夜幕降临了。这时灯火相继跳上了农家的窗棂，星星本分地贴在天幕上，眨着水灵灵的眼睛。从庄稼地里吹过来的风，慢悠悠地穿过树林、场院，顺着窗户孔走进来，屋里即刻便弥漫着一股庄稼的清香。熟睡的鸟儿，不时发出珠玉滑落般的梦呓。不远处，是青蛙、蝈蝈、虫子高低起伏的合唱，时断时续地在院落里跌落。（舒正《镌刻在心底的岁月》）

【简评】

该教学方案紧紧抓住《故乡》中的词语锤炼开展课堂教学，把文中色彩词、同义词、反义词作为重点教学内容，主要采用设疑思考法、开放式讨论法等教学方法，引导学生在了解掌握词语修辞知识基础上，学会利用具体语境条件运用词语。方案设计项目齐全，尤其是对学情的分析，虽然简单，但"备课"意识很强，值得提倡。课外检测题和作业题，既是对所学课文知识点学习效果的检测，也是对学生词语应用能力的又一次训练；既体现了老师的引领性，又突出了学生的自主性。

【教学方案示例7】
《包身工》词语修辞教学设计

吴沛玲

一、教学目标

以词语运用艺术为切入点，了解报告文学体语言运用的特色，掌握该文语言运用艺术，培养学生在报告文学语体规制下的词语应用能力。

二、教学重点与难点

抓住该文独具特色的词语应用特征，分析并品味词语应用艺术，通过对重点词语运用的分析来体会作者的感情。

三、教学内容

《包身工》中的词语运用。

四、教学方法

（1）讲授法：主要以 PPT 的形式来进行课堂展示，让学生能够更加直观地了解学习内容，辅之以工整规范、设计合理的板书。

（2）讨论法：课堂中会穿插学生的讨论与观点分享，以 4～6 人为组织单位进行 5 分钟课堂讨论，鼓励学生积极发言。

五、教学对象

高中一年级学生。

六、教学课时

1 课时。

七、教学过程

（一）导入

夏衍《包身工》被誉为我国报告文学的里程碑，其深刻的思想内容受到人们的极高评价，它的语言也独具特色，下面就让我们一起来品味文章中词语运用的特色，体会作者的感情吧！

（二）整体感知

阅读全文，了解文体（语体）特点、作者及作品基本信息，教师带着学生做简要说明。（提示："报告文学"的特点——新闻性、文学性、政论性。）

（三）分析词语的运用特色

（1）词语运用的时代性。

在一种特殊优惠的保护之下，吸收着廉价劳动力的滋养，在中国的东洋厂飞跃地庞大了。

例中词语运用具有鲜明的时代性。"特殊优惠""东洋厂"等词语体现了当时的时代背景，说明当时帝国主义获得了巨额利润，而这种利润正是建立在对包身工残酷、野蛮的剥削上的。

（2）大量数词的运用。

①上午四点过一刻、四点半之后、五点钟。

②七尺阔、十二尺深的工房楼下，横七竖八地躺满了十六七个"猪猡"。

③单就这福临路的东洋厂讲，光绪二十八年三井系的资本收买大纯纱厂而创立第一厂的时候，锭子还不到两万，可是三十年之后，他们已经有了六个纱厂，五个布厂，二十五万锭子，三千张布机，八千工人和一千二百万元的资本。

以上三例运用了大量精确的数字，以翔实的事实来描写，更具说服力。这些数字充分说明了包身工所过的非人生活以及帝国主义、资本家对他们的残酷压榨。

（3）广泛使用充满形象色彩的词语。

外头工人的衣服多少地整洁一点，很多穿着旗袍，黄色或者淡蓝的橡皮鞋子，十七八岁的小姑娘们有时爱搽些粉，甚至也有人烫过头发。包身工就没有这种福气了。她们没有例外地穿着短衣，上面是褪色和油腻了的湖绿乃至莲青的短衫，下面是玄色或者条纹的裤子，长头发，很多还梳着辫子，破脏的粗布鞋，缠过未放大的脚，走路也就有点蹒跚的样子。

这一段中出现了"整洁""玄色""褪色""穿着""梳着"等充满形象色彩的词语，给读者一种如见其人的视觉形象感，把外头工人、包身工的形象特征鲜明地反映了出来。

（4）褒词贬用。提示：褒义词借助于具体语境条件会发生变色，即褒义变为贬义。

①有几个"慈祥"的老板到小菜场去收集一些莴苣的菜叶，用盐一浸，这就是她们难得的佳肴。

"慈祥"这个褒义词，在这句中借助于上下文语境条件转为贬义了。这说明有的老板提供"粥菜"，看起来好像是为了改善包身工生活，实质上却是心怀鬼胎，是为了从包身工身上榨取更多的利润。"佳肴"本是褒义词，指美味可口的鱼肉等荤菜，作者故意称从菜场上收集来的菜叶为"佳肴"，临时变褒为贬，反衬出包身工粥菜之难得及质量之差，暗含着极大的讽刺意味。

②东洋婆望了一会儿，也许是她不喜欢这种不文明的殴打，也许是她要介绍一种更合理的惩戒方法……

这句中的"文明""合理"褒词贬用。对包身工惩罚的残酷程度是一样的，而所谓的"文明"与"合理"，只不过是说让包身工顶皮带盘心子比直接殴打包身工更省力，看上去也不那么血腥而已。

（四）作业布置

（1）从课文中再找出一些富有特色的词语，并分析这些词语运用的效果及其深刻含义。

（2）完成相关的课后思考题。

（五）课外拓展

课外阅读魏巍从朝鲜战场归来后所著报告文学《谁是最可爱的人》，找出其中在应用上富有特色的词语，并分析这些有特色的词语"特"在什么地方。

（六）效果检测

阅读以下片段，从词语应用角度回答问题。

看着这种饲养小姑娘谋利的制度，我不禁想起孩子时候看到过的船户养墨鸭捕鱼的事了。和乌鸦很相像的那种怪样子的墨鸭，整排地停在船上，它们的脚是用绳子吊住了的，下水捕鱼，起水的时候船户就在它的颈子上轻轻地一挤，吐了再捕，捕了再吐，墨鸭整天地捕鱼，卖鱼得钱的却是养墨鸭的船户。但是，从我们孩子的眼里看来，船户对墨鸭并没有怎样虐待，而现在，将这种关系转移到人和人的中间，便连这一点施与的温情也已经不存在了！

在这千万被饲养者中间，没有光，没有热，没有温情，没有希望……没有法律，没有人道。这儿有的是二十世纪的烂熟了的技术、机械、体制和对这种体制忠实服役的十六世纪封建制度下的奴隶！

黑夜，静寂得好像死一般的黑夜！但是，黎明的到来，毕竟是无法抗拒的。索洛警告美国人当心枕木下的尸首，我也想警告某一些人，当心呻吟着的那些锭子上的冤魂！

（1）如何理解文中"饲养"的含义？

理解参考："饲养"本是用于喂养动物，这里用在包身工身上是一种拟物手法，揭露了资本家只是把包身工当作会说话挣钱的动物，不把包身工当人对待这一惨无人道的事实。用这个词，表达了作者对帝国主义、资本家残酷剥削包身工的强烈愤慨以及对包身工的无限同情。

（2）"在这千万被饲养者中间……制度下的奴隶！"其中，"没有……""有时……"是等词语反复使用，这一词语应用现象有什么作用？

理解参考：开头连续用了五个"没有……"，由此作为提示语构成排比句或辞格，表现了作者对包身工处境的同情。用"没有……"和"有时是……"形成对比，肯定与否定对举出现，更能够揭露包身工制度的残酷和野蛮，更能凸显作者对这一制度的强烈抗议与呐喊。

（3）"黑夜，静寂和像死一般的黑夜！但是，黎明的到来，毕竟是无法抗拒的。"句中的"黑夜"象征着什么？"黎明"象征着什么？用"毕竟"一词表现了作者怎样的感情？

理解参考："黑夜"象征着旧社会；"黎明"象征着光明的新世界；"毕竟"一词表

现了作者对新社会出现的坚强信念,预示着旧制度的必然灭亡、新社会的必然诞生。

【简评】

把夏衍《包身工》中词语应用作为教学设计的抓手,结合课文从修辞学角度进行讲解分析。选择文中的几个关键词语,把它们放在报告文学语体规制下和具体语境中,分析了作者之所以变异应用这些词语的目的、条件和效果。教案中,没有面面俱到,没有脱离课文大讲词语修辞理论知识,而且拓展部分和效果检测部分依然能抓住课文以及同类语体规制中语言应用中的"词眼"来设计。这样就能促使学生抓住报告文学体式中实实在在的"词语"来学习词语的变异应用,以此来训练并提升学生锤炼词语的能力。

【教学方案示例8】
"整句和散句"教学设计
余思雨　柯超碟　李文静

一、教学目标

通过讲授和用例分析让学生理解整句和散句的基本特点、修辞作用,并能够对整句和散句做出区分。

二、教学重点与难点

整句和散句的特征、整句和散句的区别。

三、教学内容

整散句的特征和作用、整句与散句的区别。

四、教学方法

讲授、例证分析、问答法。

五、教学对象

中级汉语水平的学生。

六、教学课时

30分钟。

七、教学过程

导入:同学们,说话、写文章时,选择不同的句式可以起到添加文采、增强语言表现力的作用。在汉语中,从不同角度看有多种类型不同的句式,整句和散句就是其中非常重要的两种句式。那么，该如何理解整句和散句的特点、修辞作用呢？它们之间有什么不同？

第一步，分析讲解：举例分析讲解整散句理论知识。

（一）整散句的特征与作用

1. 整句的特征与作用

整句的内涵：结构相同或相似的一组句子，叫整句。

①山‖朗润起来了，水‖涨起来了，太阳的脸‖红起来了。

②山峦‖爽朗，湖水‖清静，日里‖披满阳光，夜里‖缀满星辰。

从语音、词语、结构、字数、效果等不同角度做简要分析并总结如下。

整句的特征：字数大致相同，结构基本一致。

整句的作用：节奏鲜明、音调和谐、易于上口、整齐划一。

2. 散句的特征与作用

散句的内涵：结构不同、字数不一样的句子，叫散句。

①这些年，常常有人从北方不远千里而来。瞧一瞧南国花市的盛况。还常常可以见到好些国际友人，也陶醉在这东方的节日情调中。

②天空布满了乌云，到处都是灰蒙蒙的一片，一时大雨倾盆。

从语音、词语、结构、字数、效果等不同角度做简要分析并总结如下。

散句的特征：结构不同、句子长短不齐、交错运用。

散句的作用：富于变化、错落有致、形式灵活、使用性广；句子灵活自然，富有变化，避免单调。

（二）整散句的交错使用

汉民族追求语言的变化美，整句和散句的交错使用呈现一种变化美，节律整齐，散而不乱，朗读起来朗朗上口。

1. 先整后散

燕子去了，有再来的时候；杨柳枯了，有再青的时候；桃花谢了，有再开的时候；但是，聪明的，你告诉我，我们的日子为什么一去不复返呢。

问答式教学，一问一答中做出简要分析。

2. 先散后整

在古老的年代，玛瑙河对岸是一片森林，森林边上的树落里，有一个叫米拉朵黑的年轻人，也是出色的猎手。

论力气，米拉朵黑能够和野熊摔跤。

论人才，米拉朵黑像天神一样英俊。

论性情，米拉朵黑像一个温柔的少女。

问答式教学，一问一答中做出简要分析。

第二步，在理解整散句基本理论知识基础上，结合语料分析找出整句和散句两种句式之间的主要不同之处。

（三）整句与散句的区别

结合整句和散句例子，讨论分析并做出区分。要提醒学生抓住整句和散句各自不同特征深入思辨。

①在长江面前，大海是蔚蓝的；在黄河面前，大海是蔚蓝的；在其他江河湖泊面前，大海也是蔚蓝的。（整句）

②这就是说，我们的学风还有些不正的地方，我们的党风也有些不正的地方，我们的文风也有些不正的地方。（整句）

③度过了讨饭的童年生活和在财东马房里睡过觉的少年时代，青年时代又在深山远林里打过短工，他简直不知道世界上什么叫困难。（散句）

④他是个热心的人。在谁遭遇不幸，他总是去安慰周济；遇到别人家办喜事，他会登门祝贺；逢到雨季，他还会去帮人家检查屋漏。（散句）

讨论、分析、总结：

主要从字数、结构、效果等方面加以分析，以区分整句和散句。

字数上：整句要求句子长度基本相当，散句则要求长短不一。

结构上：整句要求结构相近，散句则要求结构相异。

效果上：整句声音和谐，语音铿锵，结构统一，形态对称，表现出整齐划一的美；散句则语气跌宕，长短交错，结构多样，灵活自然，富有生气。

第三步，课外合作探究。

如何促使这两种句式相互转换？

【简评】

该方案设定教学时间为30分钟，应该能够解决所要解决的问题。把教学目标确定为促使学生理解整句、散句的特征与作用及其区分上，目标明确，也比较合理。在教学方法上，基本上采用讲解法并辅之以例证法、问答法、分析法，这些虽属于传统的常规教学方法，但只要教师能够利用富有感染力的教学语言吸引学生，引导学生把注意力集中到教学内容上来，讲清楚，说透彻，同样能够有效地完成教学目标。关于整散句的不同点，在实例分析与讨论基础之上，由师生共同加以总结与归纳，这种做法值得肯定。

【教学方案示例9】

杨绛《老王》句式教学设计

黄丽焰

课前准备：（当前中学语文课语言应用教学情况）

当下中学语文教学更加注重对学生价值观的培养。在散文教学过程中，中学教师更注重对人物形象的分析、环境描写的赏析以及对时间情节的概括与描述。不难发现，语言应用教学被有意无意地忽略了，更多时候是作为一种辅助手段去帮助学生理解课文，因此，深入开展语言应用教学显得特别重要。这节课，为的是让学生从不同角度了解句子类型并掌握句式应用的基本要求。

一、教学目标与要求

（1）学生能够了解相应的语体知识尤其是散言体知识点，并能够依据文体类型对课文语体归属做出判断。

（2）引导学生了解楚句子类型，理清散言体句式修辞的重要内容，并在此基础上分析并掌握课文《老王》的句子应用特征。

二、教学重点与难点

在学生了解散言体句式修辞的基础上，对文章进行应用分析，并从中分析人物形象、特点；了解事件的来龙去脉；把握文章的主题思想。

四、教学内容

杨绛《老王》中的句式选择。

五、教学方法

理论分析法、举例分析法、问答法、讨论法。

六、教学学时

1课时。

七、教学对象

七年级学生。

八、教学过程

（一）语体认知（导入）

（1）你所知道的语体有哪些？分别是什么？

提示：谈话语体、事务语体、政论语体、科学语体、广告语体、文学语体、新闻语体、演讲语体、网络语体。

（2）我们着重讲述文学语体中的散言体，应该从哪些方面把握散言体的修辞特征？

引导理解：语音应用特征、词语应用特征、句子应用特征、辞格应用特征、言说体式应用特征。

重点理解：句子修辞特征。

（二）整体把握句子应用特征（即句式修辞）

简要提示：中学常见的句子类型以及它们的作用（例子说明更清晰）。

（1）陈述句：说明事实，肯定语气。（例如：今天下雨了。我还没有吃饭。）

（2）疑问句：加强语气，发人深思，激发读者思想感情，增强气势和说服力。（例如：你们怎么能破坏环境呢？你们怎么可以白白浪费粮食呢？）

（3）祈使句：要求、请求或者命令别人做/不做一件事情。（例如：您请坐啊！帮帮我的忙吧！）

（4）感叹句：抒发情感，表达观点，起到强调作用。（例如：为祖国的繁荣昌盛而奋斗！我多么想回家看看他老人家啊！）

（5）省略句：表示语言的省略部分，或表示语气的断续、连续。（例如：①虫儿飞走的夜晚，是寂静，是孤单，是心碎……；②我……我不是故意的，这……真的不关我的事。）

（6）倒装句：为了强调、突出等语用目的。（例如：他站在那儿，静悄悄地。他退休了吧，大概。）

（7）独词句：结构不完整，却能让听者理解其中的意思，用于日常交流较多。（例如：你的书/同学们在公园野餐的时候，有同学大喊一声"蝴蝶"，大家都能领会他的意思。）

（8）短句：短小精悍，活泼有力，能简明扼要地叙述事实，简洁生动地表现人物、事物的迅速变化，表达人物的激动情绪或肯定语气。（例如：有些人，有些事，有些风景，一旦入眼入心，即便刹那，也是永恒。）

（三）立足原文（即《老王》），分析理解文中句式

作答内容：先总结概括，再举例说明表达效果。

（1）陈述句频繁出现，解释说明效果强烈。

①我常坐老王的三轮。他蹬，我坐，一路上我们说着闲话。

分析讨论：表明作者和老王之间的关系是主顾关系，为后面故事情节的发展做铺垫，使事情的开展合理有序。

②有一年夏天，老王给我们楼下人家送冰，愿意给我们家带送，车费减半。……可是过些时老王病了，不知什么病，花钱吃了不知什么药，总不见好。

分析讨论：用陈述语气叙述老王的善良以及他所遭遇的境况。那时的老王总会记得帮作者送冰并且只收一半的车费，之前受助，如今涌泉相报，这份知恩图报的善良令人感动。

（2）多使用疑问句，表现作者的关心与思考。

①你体悟到这些人的善良了吗？

②你是怎样对待他们的？

③"啊呀，老王，你好些了吗？"

④"老王怎么了？好些没有？

⑤因为吃了他的香油和鸡蛋？因为他来表示感谢，我却拿钱去侮辱他？

分析讨论：作者以疑问句开篇，以疑问句结篇。虽然最后有回答，但是在整篇散文中我们可以看出，作者对老王这一个小人物格外同情与关心。不仅关心他的日常生活，而且在他去世后，还引发了一段关于社会底层人物的思考。由此可知，通过与老王的接

触,作者极力呼吁,要关注与帮助社会上的弱者,尊重他们,爱护他们。这些情感的表达靠的就是文中疑问句的广泛运用。

(3) 短句多次出现,句意直接明了。
①有个哥哥,死了,有两个侄儿,"没出息",此外就没什么亲人。
②乘客不愿坐他的车,怕他看不清,撞了什么。
③他只说:"我不吃。"

分析讨论:通过几个短句,简明扼要地介绍了老王的家庭状况——孤苦无依;他的生活状况——漂泊无常。就是这么一个小人物,却仍旧懂得知恩图报,在生命的最后一刻都记得曾经给过他帮助的人,善良可贵,人品无价!

(四) 归纳总结

答题的规范性:
(1) 先总括句式特征→……句子特征。
(2) 列举出相应类型的句子。
(3) 结合散文的分析特点,具体分析事件、人物及其主题思想。

(五) 效果检测

分析《从百草园到三味书屋》中以下例子的句式特征。
①冬天的百草园比较的无味;雪一下,可就两样了。/薄薄的雪,是不行的;总须积雪盖了地面一两天。(提示:短句,下雪以及捕鸟的乐趣。)
②"人都到那里去了!"/"不知道!"/"读书!"(提示:感叹句,先生的严厉。)
③我家的后面有一个很大的园,相传叫作百草园。/长的草里是不去的,因为相传这园里有一条很大的赤练蛇。/冬天的百草园比较无味。(提示:陈述句,解释说明百草园的各类情况。)

(六) 作业布置

试着分析《紫藤萝瀑布》的句式修辞特征。

【简评】

该微型教案把杨绛散文《老王》中的句式选择作为教学内容,突出了课文中句子运用的主要特征。比较明显的长处是:第一,教学从语体认知导入,教师备课过程中有较为明显的语体意识,这样就能够更好地引导学生注重语体规制对句式选择的制导作用;第二,从较为宏观的层面梳理了中学语文课中常见的句子类型,促使学生养成从整体出发观察句子类型的意识;第三,效果检测以及作业布置,都把学生熟悉的课文纳入考查范围,学生更有兴趣,更愿意在老师的引领下训练自己的构句、择句能力。

【教学方案示例 10】

拟人句教学设计

辜慕华

一、教学目标

学习拟人句,体会句子的趣味性。

二、教学重点与难点

教学重点:让学生在朗读中体会句子的有趣。
教学难点:引导学生体会句子有趣在哪里。

三、教学方法(教法、学法)

朗读法、问答法、讨论法、模仿法。

四、教学对象

小学二年级学生。

五、教学课时

1 课时。

六、课前准备

课前指导学生通过网上查询等方式查找什么叫拟人句;做好分组工作,分组并指定小组长。

七、教学过程

(一)读一读

(1)请同学们读读题目要求:你觉得下面的句子有趣吗?有趣在哪里?
(2)出示句子:
①"我要把自己藏起来。"雾把自己藏了起来。
②风拿了我的毛巾跟手帕,擦过了汗,都扔在地上了。又拿了妹妹的圆帽子,当作铁环滚走了。
讨论并鼓励学生踊跃发言。

(二)导一导

老师指导:这两段话,把雾、风都当作孩子来写,用上奇特的想象让起雾、刮风等现象变得有趣。
全班交流:四个小组分别派一名代表汇报。

学生代表汇报，参考答案：

（1）第一段话中，作者没有直接说看不清大海，而是用"雾把大海藏了起来"这样生动的语言表现出来，多有趣啊！

（2）第二段话中，作者用"拿、擦、扔、滚走"这些表示动作的词语去描写风，使我们仿佛看到了一个淘气的孩子，多有趣啊！

教师小结：这两个句子，把雾、风都当作孩子在玩来写，用奇特的想象使起雾、刮风等普通的现象变得有趣。这样的句子就叫拟人句。拟人是修辞方法，把事物当作人一样来写，把人的动作与感情赋予原本不具备人的动作和感情的事物身上，生动、形象、具体。我们今后也可以学习运用这样的方法，让表达生动有趣。

（三）拓一拓

（1）把句子补充完整，使生动有趣。
①早晨，（太阳公公一大早就到天庭去上班了。）
②风一吹，（小草低下了头，弯下了腰，都快趴到地上了。）
（2）请同学们再说两个有趣的句子。
①早晨，（   ）
②风一吹，（   ）

【简评】

该微型教案结合小学二年级学生的心智特征并依托教材内容就拟人句（或拟人辞格）开展课堂教学。不面面俱到，不讲大道理，不做所谓理论上的深入分析，而是稳稳地抓住拟人句"有趣性"这一点，列举浅显易懂的拟人化句子，通过小组讨论方式，采用模仿、问答等教学方法，循循善诱，引导并帮助学生提炼出拟人句或拟人格的趣味性特征。由此，促使学生在有趣中认知、学习、仿造有趣的句子，在较短时间内训练学生初步具备创造并运用拟人句的能力。教学设计有针对性，具体而又实用。

【教学方案示例11】

夸张辞格教学设计

林清秀　李红梅

一、教学目标

（1）通过讲解，让学生熟悉夸张辞格的基本内涵、类型及构成条件，并掌握夸张在语文实践中的作用与价值。
（2）培养学生分析理解夸张辞格以及运用夸张辞格进行语言表达的能力。

二、教学重点与难点

教学重点：分析理解及运用夸张辞格的能力。

教学难点：夸张辞格的应用。

三、教学内容

夸张辞格的内涵、类型、构成条件、作用、运用等。

四、教学方法

讲授法、直观法、问答法、循循善诱法、练习法。

五、教学对象

中文专业本科一年级学生。

六、教学课时

2 课时。

七、教学步骤

（一）激情（图片）导入

出示学生比较熟悉的具有强烈夸张效果的图片（佛祖的五指山、哪吒的三头六臂、孙悟空的金箍棒等），让学生直观感受图片带来的视觉震撼，以激发学生的学习热情。请学生说一说有什么感受和想法，体验夸张所带来的乐趣和视觉感受。

（二）了解夸张的含义

首先，展示几个生活中可能出现的句子，引导学生根据既有知识判断用了哪种修辞方法。

①这个巴掌大的地方，怎么能盖房子呢？

③一滴太白酒，十里草木香。

④飞流直下三千尺，疑是银河落九天。

简要分析：在生活中，我们也常常运用夸张辞格。如上例，"这个巴掌大的地方，怎么能盖房子呢"，就是在口语中经常说或听到的夸张辞格，这是口头语体中夸张的运用；"一滴太白酒，十里草木香"是广告语体中运用的夸张手法；"飞流直下三千尺，疑是银河落九天"则是在文学语体中对夸张的运用。

进而给出夸张含义。据上推定：夸张实际上是为了达到某种表达效果的需要，对事物的形象、特征、作用、程度等方面着意夸大或缩小的修辞方式。夸张是运用丰富的想象力，在客观现实基础上有目的地放大或缩小事物的形象特征，以增强表达效果的修辞手法。

（三）认识夸张的类型

夸张有三种：扩大、缩小、超前。通过展示多个例句，引导并提问，让学生理解并掌握夸张类型。

1. 扩大夸张

我端起搪瓷碗，觉得这个碗有千斤重，怎么也送不到嘴边。

提问学生：（出示各种碗的照片）碗可能有千斤重吗？这里运用了哪种夸张呢（扩大、缩小、超前）？通过这样的夸张，反映了"我"当时怎样的心情？

飞流直下三千尺，疑是银河落九天。（李白《望庐山瀑布》）

提问学生：诗句中飞流下来的瀑布有多高？——三千尺。请同学们再想象一下，三千尺的瀑布给你带来什么样的感觉呢？生活中有没有这么高的瀑布呢？——没有。那么这里运用了哪种夸张呢（扩大、缩小、超前）？——扩大。

老师讲解：扩大夸张，为了达到生动的表达效果，我们在语言表达过程中故意把一般事物往大、多、快、高、长、强等方面说。

2. 缩小夸张

五岭逶迤腾细浪，乌蒙磅礴走泥丸。（毛泽东《七律·长征》）

提问学生：（先出示"细浪""泥丸"照片）请同学们想象一下走在上面的感觉；（再出示五岭山、乌蒙山照片）请同学们想象自己走完这些山以后又是什么感觉。作者为什么这样写呢？

老师讲解：把绵延千里的五岭山脉视作微波细浪，从红军脚下轻轻流过，把高大广阔的乌蒙山脉看成小小泥丸，从红军脚下慢慢滚去，通过藐视五岭、乌蒙之小，突出红军的高大光辉形象。

他跑得比蜗牛还慢。

提问学生：（出示人慢跑的视频，再出示蜗牛走的视频）蜗牛是怎么走的？蜗牛走得快吗？我们又是怎么跑的呢？我们会比蜗牛还慢吗？所以，这句话运用了什么夸张呀？说明了什么呢？

老师讲解：缩小夸张，即故意把一般事物往小、少、慢、矮、短、弱等处说。

在许多剧文体、散言体、韵文体中都允许大量地使用缩小夸张。如把人缩小成比蚂蚁还小的人，以演绎神奇的故事，这就是对缩小夸张的使用。

3. 超前夸张

看到这鲜绿的麦苗，我就闻到了白面馒头的香味来了。

提问学生：（出示麦苗的图片）同学们，你们看到了什么？（出示白面馒头的照片）同学们，当馒头出现在你面前的时候，你们闻到了什么？当只有麦苗出现在你面前的时候，你会闻到馒头的香味吗？思考一下，麦苗跟白面馒头有什么联系？这句话是看见麦苗就闻到了白面馒头的香味，在我们的现实生活中，是先有馒头后有麦苗，还是先有麦苗后有馒头呢？所以，这就是我们要讲的最后一种夸张——超前夸张。

粉面含春威不露，丹唇未启笑先闻。（《红楼梦》）

提问学生：（出示一段女子笑声音频）这是什么声音？（出示《红楼梦》描写王熙凤的视频片段）嘴唇紧闭能发出笑声吗？诗句中描写的女子还没开启丹唇我们就先听闻笑声了，你能做到吗？现实情况应该是，先张开嘴唇后发出笑声才对。这里说"丹唇未启笑先闻"是运用了什么修辞？作者为什么这样写呢？——表现出了王熙凤美丽的外表和泼辣的性格。

老师讲解：超前夸张，即在先后出现的两个事物中，故意把后出现的事说成是先出现的，或是同时出现的。

◇课堂小练：

根据刚刚学过的三种夸张内涵以及构成特征，做以下练习。

指出下列句子各属于哪种方式的夸张。

①白发三千丈，缘愁似个长。（扩大夸张）

②他酒没沾唇，脸就红了。（超前夸张）

③当兵一当三四年，打仗总打了百十回吧，身上一根汗毛也没碰断。（缩小夸张）

（四）解析夸张的构成条件

以客观现实为基础，表达者主观上故意为之，对人或事物属性尽量往大的、小的或超前的方面做极端形容。

（五）理解夸张的作用

教师简要分析提点。

（1）揭示本质，给人以启示。

（2）烘托气氛，增强感染力。

（3）富于联想，创造气氛。

（六）学会在特定语体规制下和具体语境中运用夸张

先讲注意事项，然后再按照要求进行造句、填空练习，训练学生初步学会运用夸张。

1. 运用夸张要注意的问题

讲解，提醒学生要特别注意：

（1）夸张不是浮夸，必须合乎情理，不能脱离生活的基础和依据。

（2）夸张和真实要有一定的距离，否则就分不清是在说事实还是在夸张。

（3）夸张要注意出现的语体和语境。比如，事务语体、科学语体、新闻语体等不宜使用夸张，文学语体中经常运用夸张辞格。

2. 使用夸张手法进行表达

看时间是否紧张进行适当调整，学生分多组合作造句、写语段，教师点评。

富得（流油）	气得（火冒三丈）
思念（一日不见，如隔三秋）	浪费（一掷千金）
穷得（揭不开锅）	危急（千钧一发）
艰难（水深火热）	干净得（一尘不染）
高兴得（一蹦三尺高）	困难小得（芝麻大）
黑得（伸手不见五指）	容易得（不费吹灰之力）
建筑高得（高耸入云，直插云霄）	时间短得（一眨眼工夫，弹指之间）

声音大得（地动山摇，排山倒海，震耳欲聋，惊天动地）

3. 改写成夸张句

看时间是否紧张进行适当调整，学生分多组讨论，分别给出结论，教师点评。

原句	参考改句
广场上人很多。	广场上人山人海。
他的歌声很响亮。	他的歌声响彻云霄。
会场上响起了热烈的掌声。	会场上响起了雷鸣般的掌声
这座楼真高。	这座楼高耸入云。
教室里真安静。	教室里安静得连针掉在地上都听得见。
学校的操场真小。	学校的操场只有巴掌大。
他的心很痛。	他的心痛如刀绞。
他的心眼儿很小。	他的心眼儿只有针眼那么大。

（七）课外拓展训练

春节是中国人的重大传统节日。在这一天，人们有拜年、贴春联、挂年画、贴窗花、放爆竹、发红包、穿新衣、吃饺子、守岁、舞龙舞狮、挂灯笼等习俗。请以过春节为背景，运用之前学过的修辞格式（例如，比喻、拟人、排比）和这节课所学夸张辞格，写一篇小作文。要求：题目自拟；立意正确，思路清晰；综合应用比喻、拟人、排比、夸张等辞格；篇幅为300字左右。

【简评】

该微型方案中，教学内容丰富，重点难点处理比较恰当，紧紧围绕着教学目标来设计教学步骤。主要采用讲解法、直观法（图片展示）、问答法、练习法等教学方法来讲授夸张辞格理论知识，教学方法灵活，尤其是图片展示法更能让学生通过视觉、听觉直观感受和理解夸张辞格的基本特征与要求。课堂上形式不一的小练习、课后拓展训练作业，既强化了对学生应用能力的培养，又巩固了对理论知识的理解。尤其是课后拓展训练作业的设计，使学生在践行夸张辞格理论知识的同时，进一步了解中国文化中的节日（春节）文化，以促使自己在现实生活中能够做到入乡随俗。

【教学方案示例12】
《紫藤萝瀑布》反复辞格教学设计
綦思萌

一、教材

《紫藤萝瀑布》选自人教版教材七年级下册《语文》，作者是宗璞。

二、学情分析

在小学阶段，学生主要以学习比喻、拟人等较为易懂的修辞手法为主，而较少接触反复辞格，所以对反复辞格的理论知识和实际运用还缺乏足够的了解。到了七年级下学期，随着年龄的增长，学生的学习能力增强了，认知能力提升了，思辨能力和审美能力都得到了发展，在此基础上学习理解并运用这种修辞手法的难度降低了很多。

三、教学目标与要求

（1）在对课文有一定了解的基础上找出文中的反复修辞手法，并简要分析反复修辞手法运用状况，体会作者的独特情感。

（2）学习反复辞格的主要修辞作用，学会恰当运用这种修辞手法。

四、教学内容

《紫藤萝瀑布》一文中反复辞格的应用。

五、教学重点与难点

（1）教学重点：①学习本文反复修辞手法，分析评鉴在文中的具体表现方式；②体会作者利用反复辞格表达思想感情的优势。

（2）教学难点：在掌握反复辞格基本用法的基础上，要求学生能够举一反三，学会分析和应用反复辞格。

六、教学方法

问答法、讨论法、多媒体教学法、画面想象法、对比法。

七、教学对象

七年级学生。

八、课时安排

1课时。

九、教学过程

（一）情景导入

在课程开始时，老师用投影仪在屏幕上向学生展示：什么是反复？反复这种修辞手法的作用是什么？让学生举手作答。（提示：主动引发学生对于反复手法的思考，激发学生学习反复手法的兴趣，为接下来的课程学习做好铺垫）

学生回答问题后，老师简单总结，点出：反复辞格的主要作用是通过词语、句子等语言应用上的叠现形式，反复刺激读者，以引起注意；突出情感表达，强调文章的重要内容。

点出：《紫藤萝瀑布》一文中有多处运用了反复修辞手法。引出下文：让我们在鉴赏课文的同时学习反复修辞格式。

在这里，老师给出关键字词，让学生分组讨论反复手法的运用。

（二）例子分析

第一组：
①只是深深浅浅的紫，仿佛在流动，在欢笑，在不停地生长。
②它是万花中的一朵，也正是一朵朵花，组成了万花灿烂的流动的瀑布。
③我只是伫立凝望，觉得这一条紫藤萝瀑布不只在我眼前，也在我心上缓缓流过。流着流着，它带走了这些时一直压在我心上的关于生死的疑惑，关于疾病的痛楚。

讨论总结：反复修辞手法的运用可增强情感表达效果。第一、二句都用到了"流动"一词，属于间隔性反复。这表现的是紫藤萝花的"流动"，实际上更是指紫藤萝旺盛而蓬勃的生命力的流动，同时也是美的流动。这样写使紫藤萝花更具有动态美。第三句中的"流着流着"是连续性反复，作者看到眼前仿佛在流动的紫藤萝，对生命有了不一样的感想。紫藤萝花"流过"作者心间，带走了作者"关于生死的困惑，关于疾病的痛楚"，留下了对于人生的感悟理解与对未来的希望。在这流动中的，是作者苦痛的释然，是情感的归于平静。

第二组：
①从未见过开得这样盛的藤萝，只见一片辉煌的淡紫色，像一条瀑布。
②颜色便上浅下深，好像那紫色沉淀下来了，沉淀在最嫩最小的花苞里。
⑤在这浅紫色的光辉和浅紫色的芳香中，我不觉加快了脚步。

讨论总结：反复的运用在景物描写上有利于情感的渲染。作者把"紫色"这个颜色词语作为藤萝花的主色调，由此生发，把花的光辉描绘成"淡紫色"、把花的芳香描绘成"浅紫色"，又使反复与通感辞格交织在一起。作者将重点放在"紫"上，反复却又新颖，别具特色。作者在表达情感上没有直接抒发或大肆渲染，而是通过紫藤萝瀑布的色彩表达出自己的情感。文中反复多次出现紫色，是对浓浓情感的渲染。作者在欣赏"紫"藤萝瀑布时，更多的是对生命的欣赏，对旺盛的生命力的欣赏。这"紫色"也点亮了作者灰暗的世界。在这个过程中，作者获得的心灵上的宁静和洗涤。

提示：老师通过给学生展示紫藤萝瀑布一些图片，让学生发挥想象，体会作者的情感。

（三）拓展延伸

反复与排比比较：在修辞格式中，排比也有强调的修辞作用。与反复相比，两者都含有相似的词语，在表达形式上也十分相似，使用时容易混淆。需要通过比较找出二者之间的差异性。

①您不是雨露，却带来了希望；您不是太阳，却带来了温暖；您不是泉水，却带来了生命。（排比）
②坚持！坚持！胜利就在前方！（反复）

比较并讨论：通过例句对比，不难发现：第一例中，"您不是……却带来了……"，一共出现三次，结构基本一致，语意相关，语气相同，符合排比的构成条件；第二句，

"坚持"这个独词句先后连续出现两次，符合反复的构成条件。

由此得出结论：排比是两个或两个以上结构相似语气一致的语句或句法成分排在一起来构成的，起到增强语气、充分抒情的作用；反复则是特意先后多次使用同一个词语或者句子，造成反复咏叹、情感浓烈的效果。

（四）效果检测

老师给学生找出三个例子，让学生分析其中的修辞手法。

①沉默呵，沉默！不在沉默中爆发，就在沉默中灭亡。（鲁迅《记念刘和珍君》）

参考理解：运用了反复修辞手法。其中"沉默"一词多次间隔性出现，表达了作者对当时环境的愤怒和无奈，以及渴望唤醒当时颓废国民的强烈愿望。

②盼望着，盼望着，东风来了，春天的脚步近了。（朱自清《春》）

参考理解：连续两次使用"盼望着"，突出了人们对春天的期盼之情，表达了人们对春天的喜爱之情。

③周总理，我们的好总理，你在哪里啊，你在哪里？（柯岩《周总理，你在哪里》）

参考理解："你在哪里"这句话连续两次出现，属于连续性反复修辞格式。深切地表达了人民群众对周总理的思念和爱戴。

（五）课后作业

在学完本课后，让学生写一篇关于学习反复修辞手法的感想，在感想中要求学生加入自己对这种手法的理解。（目的：加深学生记忆，使学生将反复辞格知识真正变为自己的东西。）

【简评】

该微型教学方案以宗璞的散文《紫藤萝瀑布》为范本，把教学重心聚焦于反复修辞格式的应用上。设计虽然"微型"，但麻雀虽小，五脏俱全。从教材、学情分析，到教学目标与要求、重点与难点，再到教学效果检测与课后作业安排，思路清楚，该做什么，不该做什么，都心中有数。尤其值得说的是，把反复与排比放在一起作比，不仅促使学生加深理解掌握反复修辞格式的基本属性、构成条件和修辞作用，更能够让学生在对比中了解、掌握排比构拟和运用的基本要求，由此澄清学生对于这两种易混辞格的模糊认识。这种教学思路值得肯定。此外，该教学方案虽然说的是选文反复教学，但在拓展、检测环节都选用了其他课文用例，既立足于选用，又不拘泥于选文，开拓了学生的视野，也有助于举一反三。

【教学方案示例 13】
"反问与设问"辞格教学设计

陈洁敏　方　琼

一、教学目标

(1) 让学生了解、掌握反问与设问的含义和用法。
(2) 让学生学会区分反问与设问，提高学生恰当运用设问与反问的能力。

二、教学重点与难点

重点：培养学生分析理解反问与设问的能力、运用设问和反问的能力。
难点：理解和掌握反问与设问的区别，提高学生恰当运用这两种修辞格的能力。

三、教学内容

设问与反问的内涵、类型、构成条件、区别。

四、教学方法

讲授法、举例法、对比法、演绎法、图示法。

五、教学对象

中高级水平的汉语学习者。

六、教学课时

1 课时。

七、教学过程

（一）教学导入

由教师在 PPT 上展示一张宠物小狗的图片，然后向学生提问："你们觉得这只小狗可爱吗？"学生回答。然后老师又说："我很喜欢这条小狗，难道你们不喜欢这么可爱的小狗吗？"学生回答。老师请学生重复一遍老师刚才提出的两个问句。学生回答，老师在 PPT 上展示，最后直接进入反问与设问的教学。

（二）讲授新课

1. "设问"教学
(1) 含义：根据需要提出问题后作答，即自问自答。
作用：突出强调，启发引导，启发读者深入探究，增强文章说服力。
(2) 表现样式。
其一，一问一答式，即一个提问一个答案。

是谁创造了人类世界？是我们劳动群众。

分析：自己提问自己说出答案。这样设计，提醒读者或听众注意，是为了突出"劳动群众"。

数学难吗？其实不难。

分析："其实不难"是对前面提问的回答，强调了数学并不难，由此激发学生的学习兴趣。

其二，多问一答式，即围绕一个中心先提出一连串的问题，接着予以总的解答，以使多个答案相对集中地出现，由此来增强文章的气势。

啊，是谁，这么早就把那亲切的令人陶醉的乡音送到我的耳畔？是谁，这么早就用他那吱吱哇哇的悦耳动听的音乐唤醒了玫瑰色的黎明？是一个年轻人。

分析："乡音"与"音乐"都是由一个年轻人发（唱）出来的，该例连续运用两个问句之后，统一给出答案，这样就更加突出强调了"一个年轻人"。

其三，连问连答式，即连续使用一问一答。这种形式的设问，能造成一种步步紧逼、势不可当的气势，具有强大的论辩力量。

人的正确思想是从哪里来的？是从天上掉下来的吗？不是。是人的头脑中固有的吗？不是。人的正确思想，只能从社会实践中来，只能从社会的生产斗争、阶级斗争和科学实验这三项实践中来。（毛泽东《人的正确思想是从哪里来的》）

分析：连续设问。首先提出问题：人的正确思想是从哪里来的，令人深思。接着连用两个设问句，否定了唯心主义的观点。进而用唯物主义认识论，正确而全面地回答了"正确思想"的来源问题。文章有起伏，耐人寻味。

2．"反问"教学

（1）界定概念：反问是用问的形式表达确定意思或者加重语气进行强调的一种修辞手法。这类辞格常用"难道""怎么"等反问词连接，答案就在问句中。

了解作用：鲜明有力，语气更强烈。

（2）反问句表现形式。

其一，肯定形式的反问，表示否定的意思。

例①：我有这么笨吗？

分析：说话者在强调自己并不笨。

例②：难道数学有那么难吗？

分析：说话者在强调数学不难。

其二，否定形式的反问，表示肯定的意思。

例①：难道我会不知道？

分析：说话者在强调自己是知道的。

例②：这么简单的道理，难道你不懂吗？

分析：说话者在强调这么简单的道理对方应该懂却都不懂，带有质问的语气。

3．"反问与设问异同辨析"教学

让学生观察下面的句子，让他们说出哪些是设问，哪些是反问。

① 难道我会不知道？（反问，说话者在强调自己是知道的）

② 小李有这么笨吗？（反问，强调小李并不笨）
③ 你们怎么能不承认错误呢？（反问，强调要勇于承认错误）
④ 语文一定要背书吗？是的。（设问）

根据分析归纳两种辞格的异同。

相同点：都是用问句形式表达，都是无疑而问。

不同点：

第一，在内容结构上。设问是自问自答；反问是问而不答，可以从问句本身体会答案。

第二，在修辞作用上。设问主要是为了引起读者的记忆，激发读者的兴趣；反问主要是为了加强语气，明确表达某种观点和思想感情。

第三，在句意上，设问本身不表示肯定什么或否定什么，只是一问一答的形式；反问则明确表示肯定和否定的内容，语气通常更加强烈。

（三）课堂练习

思路：根据时间来调控，按照要求或分组讨论判断，或一问一答式给出答案。

题目：研判下列各句使用了反问还是设问，并说明理由。

1. 在阳光下，大片青松的边沿闪动着白花花的银裙，不是像海边的浪花吗？（提示：反问）
2. 人与山的关系日益密切，怎能不让我们感到亲切、舒服呢？（提示：反问）
3. 这优良的成绩是怎样得来的呢？那是他平时刻苦锻炼的结果。（提示：设问）
4. 这怎么忍受得了呢？那么热。（提示：反问）
5. 咱们不早就分好工了吗？（提示：反问）
6. 难道丁丽丽仅仅是跳过一个"山羊"的高度吗？不，她是越过了一个思想高度。（提示：设问）
7. 还有什么别的话比这句话更足以表达我们这时的全部感情呢？（提示：反问）
8. 丁丽丽锻炼刻苦，那么对学习是否也这样呢？也是如此。（提示：设问）
9. 这么远，箭哪能射得到呢？（提示：反问）

（四）课堂小结

这节课主要学习反问与设问的含义、类型以及反问与设问之间的异同点，希望同学们在日常生活中能够准确运用反问与设问。

附：板书设计

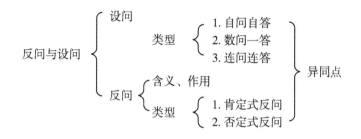

(五) 课后拓展性作业

分析下列句子属于哪种修辞格（反问、设问），谈谈为什么？
①什么叫正气呢？正气就是所谓浩然之气。
②难道你要违背人类的真理吗？
③遇到困难，我们共产党员怎么能退缩呢？
④小苍鹰怎么会获得今天这样的荣誉呢？绝对不可能。

【简评】

设问和反问是人们经常用到的两种修辞格式，没有什么艰涩难懂的理论知识，所以对学生来说，无论是理解层面还是运用，难度都不是很大，只要抓住这两种辞格构成的基本特征就能够区分开来。该方案用1个课时讲解、举例、分析，足以让学生了解、把握相关理论知识；课堂练习采用问答式教学法，师生之间的简单互动，不仅有助于帮助学生进一步理解掌握设问反问的一般特征，也有助于训练学生快速识辨两种辞格的能力。板书简洁明了，反映了课堂教学的主要内容。

【教学设计示例14】
"双重否定句偏误"教学设计
阮懿秋

一、教学目标

通过讲解、训练，促使学生弄清楚造成双重否定偏误的原因，学会研判识别偏误现象，并能够采用相应办法避免或消除偏误现象，从而能够正确使用双重否定句。

二、教学重点与难点

学会识别双重否定偏误现象、掌握纠正偏误的能力、正确使用双重否定句。

三、教学内容

双重否定句类型及产生原因、如何消除双重否定偏误现象。

四、教学方法

讨论法、分析法、朗读法、讲授法、比较法。

五、授课课型

综合课。

六、教学对象

高级汉语水平的学生。

七、教学课时

1课时。

八、教学过程

（一）复习双重否定句

1. 朗读（比较）句子

（1）全班同学都参加了这次植树活动。
全班没有一个同学不参加这次植树活动。
（2）山坡下的每一块地都被大水淹没了。
山坡下没有一块地不被大水淹没。
（3）这意想不到的错误，让所有观众都惊呆了。
这意想不到的错误，没有一个观众不惊呆。
（4）每一个孩子都爱自己的母亲。
没有一个孩子不爱自己的母亲。

2. 如何理解双重否定句

双重否定句最常见的是前后连用两次否定，有两个否定性词语，也可以用一个否定词再加上否定意义的反问语气。这两种情况都是两次否定构成否定之否定关系，表示肯定的意思，它比一般的肯定句语气更强，更加坚定有力。因此，判断是不是双重否定句，关键是看两次否定（含反问语气）之间是不是否定之否定关系。

（二）双重否定偏误原因分析

1. 遗漏

遗漏是指学习者在语言表达过程中少用或漏掉了某个或某几个成分而导致的偏误。例如：

①在人生过程中，男女结交是很自然的，因为人本是群体性的，而人与人之间，不论在生活上、工作上、学业上还是别的场合，都不得（不）与他人交流、结交等。

②如果安乐死是合法的话，和法律的效用便抵触了，社会便混乱了，那（岂不是）

每一个患了不治之症的人都有被家人杀掉的危险了吗?

讲解:例①是双重否定句的部分遗漏。"不得不"的第二个"不"属于双重否定句中不可缺少的部分,但是在句中没有出现,由此造成双重否定不当。例②是双重否定句核心部分的遗漏。"岂不是"是反问语气加上否定词这种特殊的双重否定句的核心词语,但是被漏掉了,使得整个句子出现了问题。

2. 错序

错序是指句子中某一个成分或某几个成分在句中放错了位置,导致句子语序出现问题而产生的偏误。例如:

①老和尚的身体不好,不得不他一个人下山挑水。
②因为有强制性,不得不大家按表打扫。
③原来小孩子都希望不是能看歌手吗?

例①、例②中,"不得不"作为状语放在了主语之前,由于语序不当而导致该双重否定句出现偏误。这两例应该将"不得不"和主语交换位置,用来修饰谓语,这样双重否定就没问题了。例③用"不是……吗"是反问句,否定词本应该放在谓语之前,而偏误用例则把否定词放错位置了。

3. 误加

误加是指在不应该出现否定词情况下,学习者误以为可以使用否定词而出现的偏误。例如:

①结果造成误会,(不得不)互相感情不好,互相不能了解甚至打架。
②我每听到这种话,就觉得(不得不)需要制定关于安乐死的法律。

学习者利用所学知识,知道"不得不"表示必须而且加强语气,就使用"不得不",导致句子出现错误。

4. 误用

误用是指在该使用目标语的语言环境中,没有使用目标语,而是使用了与目标语词义或者用法相同或相近的其他词语,从而产生偏误。例如:

①我们丝毫也没有不(没)受别人帮助的时间。
②最后,孩子的兴趣无一不(没有)跟父母的兴趣相关。
③但无时无刻不(没)想念您。

讲解:括号内为误用词。这些都会对词义的理解和词语搭配造成偏差,从而导致整个双重否定句出现偏误。

(三)巩固练习

1. 分析偏误类型并加以修改

让学生先讨论,然后点名让学生轮流回答,最后老师带着学生分析题目。

①为了让学生专心学习,更清楚将来的重要性,那(难道)不是家长和老师的教育问题吗?(遗漏)
②不得不他们三个人着急地去山下抬水,拼命救火。(错序)
③我们在生活中农作物是一定(无非)需要的。(误用)

④难道（因为）学校不是大家努力学习的地方吗？（误用）
2. 各小组展示句子
根据学生人数分若干组，分别用双重否定句描述上周做过的比较有意思的事情。

（四）总结所学知识点、布置作业

附：板书设计

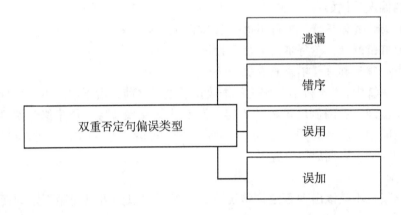

【简评】
　　该教学方案就双重否定偏误这个知识点来设计教学，教学内容具体单一，有助于学生理解并掌握相关知识与技能。方案中，对双重否定（句）的认知虽然有别于学界常识（方案中所谓双重否定句实际上是泛指含有双重否定的句子），但对于教学对象是学生这一事实来说，拓宽双重否定（句）偏误的范围，更有助于培养学生正确使用双重否定（句）的能力，而且从教学角度看，也多多少少有设计者自己的想法。方案能够结合学生双重否定偏误语例加以归类，并找出造成偏误的主要原因。例句大多是学生熟悉的，甚至是学生自己语言表达中出现的偏误，这一点更接地气，值得肯定。巩固练习的设计毫无疑问会强化学生正确运用双重否定（句）的能力。

参考文献

[1] 陈垂民,黎运汉. 新编现代汉语. 北京:高等教育出版社,1989.
[2] 陈光磊. 语言教学中的文化导入. 语言教学与研究,1992(3).
[3] 陈光磊. 语言教学与文化背景知识的相关性. 语言教学与研究,1987(2).
[4] 陈光磊. 汉语:跨文化走向世界. 上海:上海三联书店,2014.
[5] 陈光磊. 修辞论稿. 北京:北京语言文化大学出版社,2001.
[6] 陈光磊. 对外汉语的语用修辞教学. 修辞学习,2006(2).
[7] 陈汝东. 简论以修辞为纲的对外汉语教学理念. 云南师范大学学报,2004(2).
[8] 陈汝东. 对外汉语修辞学. 南宁:广西教育出版社,2000.
[9] 陈汝东. 当代汉语修辞学. 北京:北京大学出版社,2004.
[10] 陈汝东. 认知修辞学. 广州:广东教育出版社,2001.
[11] 陈望道. 修辞学发凡. 上海:上海教育出版社,1997.
[12] 陈颖. 面向汉语国际教育的修辞学教学改革. 北京教育学院学报,2016(1).
[13] 程祥徽,邓骏捷,张剑华. 语言风格学. 南宁:广西教育出版社,2000.
[14] 程祥徽. 略论语体风格. 修辞学习,1994(2).
[15] 崔永华. 对外汉语教学设计导论. 北京:北京语言大学出版社,2008.
[16] 丁金国. 语体风格分析纲要. 广州:暨南大学出版社,2009.
[17] 丁金国. 再论对外汉语教学中的语体意识. 语言文字应用,1999(2).
[18] 冯广艺. 变异修辞学(修订版). 武汉:湖北教育出版社,2004.
[19] 何自然. 序言//李军. 话语修辞理论与实践. 上海:上海外语教育出版社,2008.
[20] 何兆熊. 新编语用学概要. 上海:上海外语教育出版社,2000.
[21] 胡裕树. 现代汉语. 上海:上海教育出版社,1987.
[22] 胡范铸. 幽默语言学. 上海:上海科学院出版社,1987.
[23] 黄伯荣,廖序东. 现代汉语. 5版. 北京:高等教育出版社,2011.
[24] 黄兵. 语体渗透再认识:类型、连续统:以公文语体与其他语体的相互渗透为例. 秘书,2018(6).
[25] 金锡谟. 病句分析. 北京:书目文献出版社,1983.
[26] 李军. 话语修辞理论与实践. 上海:上海外语教育出版社,2008.
[27] 李泉. 论对外汉语教材的实用性. 语言教学与研究,2007(3).
[28] 李裕德. 怎样改病句. 北京:北京出版社,1980.
[29] 李名方. 得体修辞学研究. 南京:河海大学出版社,1999.
[30] 李廷扬. 语法修辞学. 贵阳:贵州人民出版社,2008.
[31] 黎运汉,盛永生. 汉语修辞学. 广州:暨南大学出版社,2006.
[32] 黎运汉. 汉语风格学. 广州:广东教育出版社,2000.

[33] 黎运汉，盛永生. 汉语语体修辞. 广州：暨南大学出版社，2009.

[34] 李熙宗. "语体"和"语文体式"//黎运汉，肖沛雄. 迈向 21 世纪的修辞学研究. 广州：广东人民出版社，2001.

[35] 吕必松. 对外汉语教学研究. 北京：北京语言学院出版社，1993.

[36] 吕叔湘，朱德熙. 语法修辞讲话. 北京：中国青年出版社，1979.

[37] 刘伯奎. 教师口语：表述与训练. 上海：华东师范大学出版社，1994.

[38] 刘凤玲，曾毅平. 修辞·语体·风格. 香港：香港文化教育出版有限公司，2000.

[39] 刘凤玲，邱冬梅. 修辞学与语文教学. 广州：暨南大学出版社，2010.

[40] 刘颂浩. 对外汉语教学研究. 北京：北京教育科学出版社，2005.

[41] 刘珣. 对外汉语作为第二语言教学的基本原则：兼论海内外汉语教学的学科建设. 世界汉语教学，1997（1）.

[42] 刘珣. 对外汉语教学引论. 北京：北京语言大学出版社，1999.

[43] 刘智超. 浅论对外汉语修辞教学的内容与方法. 沈阳：辽宁大学，2012.

[44] 鲁健骥. 对外汉语教学思考集. 北京：北京语言文化大学出版社，1999.

[45] 陆俭明. "对外汉语教学"中的语法教学. 语言教学与研究，2000（3）.

[46] 陆庆和. 对外汉语教学中的修辞问题. 语言教学与研究，1998（2）.

[47] 陆庆和. 对外汉语教学中的得体性问题//李名方. 得体修辞学研究. 南京：河海大学出版社，1999.

[48] 马国彦. 对外汉语教学中修辞的定位、教学原则与策略. 世界汉语教学学会通讯，2012（2）.

[49] 孟建安. 汉语病句修辞. 北京：中国文联出版社，2000.

[50] 孟建安. 实用语体修辞训练教程. 广州：中山大学出版社，2019.

[51] 孟建安. 修辞语义：描写与阐释. 广州：暨南大学出版社，2015.

[52] 孟建安. 汉语修辞转化论. 广州：暨南大学出版社，2013.

[53] 孟建安. 人际交往语言学. 广州：世界图书出版广东有限公司，2019.

[54] 孟建安. 口语交际教学新思维. 广州：暨南大学出版社，2018.

[55] 倪宝元. 大学修辞. 上海：上海教育出版社，1994.

[56] 倪宝元. 汉语修辞新篇章：从名家改笔中学习修辞. 北京：商务印书馆，1992.

[57] 聂焱. 广义同义修辞学. 北京：中国社会科学出版社，2009.

[58] 秦惠兰. 对外汉语修辞教学的理念与实践. 华文教学与研究，2010（1）.

[59] 秦惠兰. 也谈对外汉语教学中的修辞教学. 现代语文（语言研究版），2006（9）.

[60] 秦惠兰. 对外汉语修辞教学系列课程的实践性研究. 国际修辞学研究，2012.

[61] 时蓉华. 现代社会心理学. 华东师范大学出版社，1989.

[62] 谭汝为. 修辞文化与对外汉语教学. 绍兴文理学院学报，2004（2）.

[63] 唐松波，黄建霖. 汉语修辞格大辞典. 北京：中国国际广播出版社，1989.

[64] 王德春，陈晨. 现代修辞学. 南昌：江西教育出版社，1989.

[65] 王建华，周明强，盛爱萍. 现代汉语语境研究. 杭州：浙江大学出版社，2002.

[66] 王希杰. 修辞学新论. 北京：北京语言学院出版社，1993.

[67] 王希杰. 修辞学通论. 南京：南京大学出版社，1996.

[68] 王希杰. 汉语修辞学. 北京：商务印书馆，2004.

[69] 王希杰. 修辞学导论. 杭州：浙江教育出版社，2000.

[70] 王希杰. 论词语搭配的规则与偏离. 山东师范大学学报（人文社会科学版），1995（1）.

[71] 王绍龄. 言语交际. 开封：河南大学出版社，1991.

[72] 汪国胜. 修辞教学的目标定位. 华中师范大学学报（人文社会科学版），2010（2）.

[73] 汪国胜. 修辞教学应使学生树立正确的修辞观. 云梦学刊，1994（2）.

[74] 韦志成. 语文教学情境论. 南宁：广西教育出版社，1996.

[75] 吴礼权. 现代汉语修辞学（修订版）. 上海：复旦大学出版社，2012.

[76] 吴礼权. 修辞心理学. 昆明：云南人民出版社，2002.

[77] 萧士栋，张仲良. 中学语文教学法教程. 郑州：河南教育出版社，1987.

[78] 邢福义. 现代汉语. 北京：高等教育出版社，1991.

[79] 徐子亮，吴仁甫. 实用对外汉语教学法. 3版. 北京：北京大学出版社，2013.

[80] 杨岱励. 怎样纠正病句. 上海：上海人民出版社，1975.

[81] 姚亚平. 人际关系语言学. 沈阳：辽宁教育出版社，1988.

[82] 袁晖，李熙宗. 汉语语体概论. 北京：商务印书馆，2005.

[83] 袁晖，路越，邓春. 语体风格研究和语言运用. 北京：北京师范大学出版社，2013.

[84] 张岱年，方克立. 中国文化概论. 北京：北京师范大学出版社，2004.

[85] 张静. 新编现代汉语. 上海：上海教育出版社，1986.

[86] 张华. 课程与教学论. 上海：上海教育出版社，2000.

[87] 张德明. 高校现代汉语修辞教学向何处去. 修辞学习，1991（3）.

[88] 张弓. 现代汉语修辞学. 石家庄：河北教育出版社，2014.

[89] 张志公. 修辞是一个选择过程. 修辞学习，1982（1）.

[90] 张英. 论对外汉语文化教学. 汉语学习，1994（5）.

[91] 赵金铭. 对外汉语教学概论. 北京：商务印书馆，2004.

[92] 赵贤洲. 文化差异与文化导入论略. 语言教学与研究，1989（1）.

[93] 赵毅，钱为钢. 言语交际学. 上海：上海三联书店，2003.

[94] 曾毅平. 修辞与社会语用论稿. 北京：中国社会科学出版社，2005.

[95] 曾毅平. 论领域变体性质的职场汉语教学. 当代修辞学，2018（1）.

[96] 曾毅平. 华语修辞. 广州：暨南大学出版社，2012.

[97] 郑荣馨. 语言得体艺术. 太原：书海出版社，2001.

[98] 郑荣馨. 语言表现风格论：语言美的探索. 合肥：安徽大学出版社，1999.

[99] 郑通涛，刘杨. 跨文化交际中的汉语话语误解研究. 广州：世界图书出版广东有限公司，2016.

[100] 周健，陈群. 语感培养模式：对外汉语教学的理念与实践. 北京：外语教学与

研究出版社，2011.
- [101] 周健. 对外汉语语感教学探索. 杭州：浙江大学出版社，2006.
- [102] 周健，彭小川，张军. 汉语教学法研修教程. 北京：人民教育出版社，2003.
- [103] 周小兵. 对外汉语教学中的跨文化交际. 中山大学学报（社会科学版），1996（6）.
- [104] 周小兵，朱奇志，周小宁. 外国人学汉语语法偏误研究. 北京：北京语言文化大学出版社，2007.
- [105] 周小兵. 对外汉语教学入门. 广州：中山大学出版社，2009.
- [106] 周一农. 词汇的文化意蕴涵. 上海：上海三联书店，2005.
- [107] 祝克懿. 掇沉珠集·李熙宗卷. 上海：复旦大学出版社，2010.
- [108] 易蒲. 小议"病例"修辞. 修辞学习，1992（2）.
- [109] 宗廷虎. 修辞的原则和标准. 修辞学习，1986（5）.
- [110] 宗廷虎，邓明以，李熙宗，等. 修辞新论. 上海：上海教育出版社，1988.
- [111] 宗廷虎. 宗廷虎修辞论集. 长春：吉林教育出版社，2003.

后 记

经过几年的努力终于可以定稿了,虽然心中依然有不少的遗憾。

大家都知道,在遵循教学大纲的前提下,同样的一节课,同样的教学目标,同样的教学内容,不同的老师会策划出不同甚至是迥异的教学方案。这也进一步证明了"教学有法,教无定法,贵在得法"这一说法所具有的普遍意义。在给汉语言文学、汉语国际教育、中小学骨干教师培训班等相关专业学生以及越南留学生分别讲授汉语修辞学、对外汉语修辞教学专题、中小学语文修辞实践、语法修辞、言语交际、现代汉语等相关课程的过程中,根据课程教学大纲要求以及不同单元的教学目标与教学内容,我们从教学论角度给学生适度布置了相应的课外拓展性训练作业,既有自主性课外语言实践(教学)活动设计,也有合作研究性语言实践(教学)活动设计。要求学生必须合作完成,在充分讨论探究的基础上,可以借鉴吸收汉语修辞学界、对外汉语教学界、汉语修辞教学界、语文教学界既有研究成果和做法,但不可以全盘"拿来",而要有自己较为独立而又开放性的教学思考。编著本书过程中,我们特意从汉语国际教育专业、汉语言文学专业不同年级的学生作业和中小学老师教案中选取了14个微型教学方案,在征得同意后,稍做改动与调整,并做了简要的评点,作为"附录"展示出来,以供各位读者参考。这14个微型方案分别是肖楚殷和陈敏娴的《"公文事务语体"教学设计》,方琼的《"语言语境"教学设计》和《"词语变异"教学设计》,林清秀的《"谐音修辞"教学设计》,李梅婷的《〈黄鹤楼〉语音修辞教学设计》,郭锐君的《鲁迅〈故乡〉词语修辞教学设计》,吴沛玲的《〈包身工〉词语修辞教学设计》,余思雨、柯超碟和李文静的《"整句和散句"教学设计》,黄丽焰的《杨绛〈老王〉句式教学设计》,辜慕华(广东省潮州市枫溪区枫溪小学教师)的《拟人句教学设计》,林清秀和李红梅的《夸张辞格教学设计》,綦思萌的《〈紫藤萝瀑布〉反复辞格教学设计》,陈洁敏和方琼的《"反问与设问"辞格教学设计》,阮懿秋的《"双重否定句偏误"教学设计》。在此特向以上诸位老师和同学付出辛苦的汗水与劳动表示谢意!同时,还要向给予这些老师和同学以丰富营养的学界同人致以崇高敬意!

我们试图把汉语言文学、汉语国际教育等中文背景下各相关专业学生以及外国留学生作为培养对象,并从汉语修辞学课任课教师的角度来讨论相关问题,以期为汉语修辞学课教学提供方法论意义上的教学理论方法与实践经验。基于教学之需以及表述上的便利,我们则把汉语修辞学、对外汉语修辞教学、对外汉语修辞学等课程教学作为依托,并把主要精力聚焦于汉语修辞学课教学方法论上。基于此,如果对学习汉语修辞学的学生主体稍做区分,并在教学重点和难点、教学内容和教学方法上做更具有针对性的调整,那么这本书所提供的教学理念、教学理论、教学设计和教学方法等就不仅仅适用于针对国内学生开设的(对外)汉语修辞学课教学,也适用于针对外国留学生开设的(对外)汉语修辞学课教学,只不过在教学中各有侧重而已。正是基于这种考虑,本书中绝大部分教学示例是以国内学生为教学对象，但也有一些教学示例则是以国外留学生为教学对象。

在讨论问题与编著本书的过程中，我们较为广泛地阅读并适当借鉴了汉语修辞教学界、汉语修辞学界、对外汉语教学界以及语文教育教学界的相关学术研究和教学研究成果，吸收了不少前辈、时贤、同人非常有益的观点和资料。我们尽量采用参考文献或者文中注释形式标注出来，以表达对诸位学者最崇高的敬意。由于时间久远，有些资料出处已经失记，也难免有错漏，在此深表谢意和歉意！肇庆学院文学院院长唐雪莹教授、语言学系主任张令吾教授为编著本书提供了合适的契机，并给予了热情的鼓励与支持；本书获得肇庆学院文学院中国语言文学重点学科经费资助。值此出版之际，谨致以由衷的谢意！

本书定名为《汉语修辞教学设计与策划》，就意味着有些教学理念和主张甚至具体做法还处在构想层次和初步试验阶段，有待进一步实践检测与验证；有些教学设计与教学策划还不很成熟，尚需进一步拓展理论宽度并增加理论深度。需要特别说明的是，为了给任课教师、学生留有更多的发挥空间，对一些教学用例、教学设想并没有做更为深入的阐释与延伸性分析，而只是做了引导性提示，以提请并启发任课教师在教学过程中朝着某些方面去思考问题并做出相应的努力。由于才疏学浅，错讹之处在所难免。敬请学界诸位前辈和同行批评指正！

记于七星湖畔砚园翰墨池北隅文笔峰下
孟建安
2020 年 11 月 28 日